KB068731

제 2 판

인공지능시대의
경영정보시스템

김승욱 지음

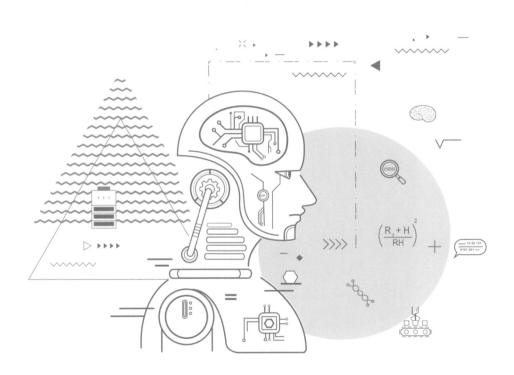

박영사

제2판 머리말

최근의 경영학이나 비즈니스 매니지먼트 관련 학문의 주요한 키워드로서 인공지능이 중요한 주제로 다루어져 가고 있고 이와 관련된 기계학습(machine learning)이나 딥 러닝(deep learning) 분야의 지식 및 알고리즘에 대한 중요성이 더욱 높아져 가고 있다. 그렇다면 인공지능의 학문적 배경의 핵심에는 무엇이 있을까? 라고 생각해 보면 오히려 응용수학이나 응용통계학 분야의 지식들이 더욱 중요해져 가고 있어 이러한 분야의 기초 지식이 더욱 필요한 상황이다. 경영학 분야는 실무 분야이고 비즈니스 분야이기 때문에 앞서 언급한 응용수학과 통계학 같은 논리적 지식이 필요한 분야의 기초적인 지식이 그다지 중요하지 않을 것 같지만 오히려 경영학 분야에서 깊이 성찰하고 살펴보면 의사결정 과학 같은 분야의 학문적 토대와 지식이 강력해야만 훌륭한 인공지능 비즈니스도 가능할 것으로 보여진다.

앞으로 미래에 전개될 인공지능의 활용이 다양한 분야에서 건전하게 활용되는 것을 희망하며 다양한 분야에서 인공지능이 안전하게 활용되고 비즈니스 영역으로 파생되는 것을 기대한다. 특히 헬스케어, 건강 그리고 뇌학과 등의 분야에서 더욱 활발한 연구과 실질적인 결과가 나타나길 기대한다. 우리 사회의 다양한 중독 분야, 즉 알코올 중독, 도박 중독, 니코틴 중독 등과 같은 중독과 관련된 사회적 비용이 너무 많이 늘어나고 있으며 알츠하이머 치매 등을 치료하는 데에도 인공지능이 활용되어서 그동안 잘 알지 못했던 미지의 과학 분야에도 인공지능이 건전하게 활용되고 연구되어서 실질적인 치료와 예방의 길이 빨리 열려야 할 것이다.

도박 중독이나 게임 중독 등에 대해서도 실제로 깊이 연구해 보면 왜 사람들이 도박이나 게임에 몰두하고 빠져들어서 개인의 삶을 망치고 파탄의 길로 접어드는지 사람들이 걱정만 할뿐 실질적인 방법들을 제시하지 못하고 있다. 왜 인간이 도박이나 게임과 같은 분야에 쾌락을 느끼고 빠져드는지 더욱 많은 연구가 실제적으로 이루어지지 못하는 것이 사실이다. 또한, 우리가 많은 맛집을 찾아다니고 혀가 즐거워하는 다양한 음식과 커피전문점들을 찾아다니면서 행복한 시간을 나누고 있지만 궁극적으로 입맛이라는 것을 자세히 살펴보면 실질적인 쾌락의 원인은 인간의 혀가 아닌 인간의 뇌가 대부분을 차지하고 있다.

한편, 극단적인 사례일 수 있지만 우리 사회의 규범이나 사회적 상식으로 보았을 때 도벽과 같은 범죄에 대해서도 어떤 이가 범죄를 저지르게 되면 사회적 규범에 따른 법에 따라서 인간 신체에 대한 자유를 박탈하고 구속시키는 것이 현재까지의 규범이었다면 보다 더 인간 뇌에 대한 연구를 통해서 어떻게 하면 부정적인 쾌락을 멈추게 할 수 있는지에 대한 뇌의 작용과 현상에 대한 연구를 통하여 중독과 관련된 범죄의 비율을 낮추는 시도가 필요할 것으로 판단된다. 물론 현재에도 인간의 부정적인 뇌의 활동과 쾌락에 대한 다양한 심리치료, 미술치료, 상담치료 등의 내용으로 다양한 치료가 실시되고 이는 것으로 알고 있지만, 먹지고 마시지도 않는 인공지능의 도움으로 더욱 이러한 분야가 발전될 수 있다고 생각된다. 결론만 따지자면 인간의 뇌를 즐겁게 하기 위해서 우리는 마시고 먹고 게임하고 흡연을 하게 되는 것이다. 하지만 우리들은 인간이 가진 뇌(brain)에 대해서는 많은 연구와 신경을 쓰지 못하며 살고 있다. 물론 전 세계의 다양한 관련 학자들이 밤을 새워 가면서 깊이 있는 연구를 진행하고 연구논문으로서 남기고 있지만, 앞서 언급한 것과 같이 인간의 우수한 연구 학자들과 인공지능의 결합으로 인간은 더욱 발전된 기술적 진보를 이룩할 것으로 보고 있다.

　　인공지능과 관련된 비즈니스 분야로는 고객관계관리 및 마케팅 분야 특히 콜센터 분야에서는 챗봇이 인간의 상담 및 반복적인 업무들을 급속하게 대체하고 있으며 최근 AI 면접이라는 것이 나타나서 수많은 지원자들을 상대로 자사에서 활용할 수 있는 우수한 인재인지 또한 적절한 직무 분야를 지원하려고 하는지 등의 내용으로 면접을 실시하고 있다. 또한 엘론 머스크는 뉴럴링크라는 회사를 설립하여 인공지능과 맞설 수 있는 수준의 인간의 지능을 높이는 방법으로 인간의 뇌 속에 연결부위를 임플란트하여 다양한 지식과 정보를 외부에서 인간의 뇌 속에 이식시키려는 노력을 진행하고 있다. 앞으로도 우리나라를 포함하여 전 세계적으로 다양한 분야의 인공지능과 관련된 연구가 진행되기를 바라며 또한 이러한 기초 연구를 통하여 위대한 혁신가들이 기존의 정해놓은 낡은 규칙들을 뛰어넘어서 인류를 위한 더욱 위한 도전과 성과가 나타나길 기대한다. 이러한 차원에서 경영정보시스템(MIS)도 기존의 정해진 규범과 틀을 벗어나서 더욱 도전적인 지식이 가득한 연구가 계속해서 이루어지고 또한 한편으로 기초적인 지식들이 잘 정리되어서 경영학 분야의 더욱 핵심적인 지식으로 발전하기를 기원한다.

인공지능 분야의 혁신적인 연구와
도전을 모두 함께 기대하면서
저자 드림

차 례

PART 02 빅데이터 분석과 인공지능

PART 03 경영정보시스템의 응용

CHAPTER 07 **정보보안과 프라이버시** 169

CHAPTER 08 **e-비즈니스와 전자상거래** 193

CHAPTER 09 **핀테크, 금융과 정보기술** 215

Management
Information
System

공유경제와
경영정보시스템

Management
Information
System

CHAPTER 01

공유경제와 경영정보시스템

정보시스템의 정의

오늘날 기업의 관리자들의 일상적인 활동은 대부분 정보와 관련된 것이다. 즉 정보를 수신, 처리, 전달하면서 다양한 업무에서 활용하고 있다. 실제로 정보는 조직에서 수행되는 거의 모든 활동의 기초가 되기 때문에 정보를 생산하고 관리하는 시스템의 개발은 필수적이다.

정보시스템은 데이터를 입력하고 입력받은 데이터를 주어진 절차에 따라 처리하며, 처리결과를 출력하는 입력－처리－출력의 과정을 가진 시스템이다. 기업에서 정보시스템은 의사결정을 하고 각종 업무활동을 통제하며 문제를 분석하고 제품−서비스를 생산하기 위해 필요한 정보를 산출하는데, 이러한 활동은 입력, 처리, 출력의 과정을 거치게 된다. 정보시스템은 또한 피드백을 필요로 하는데 출력물에 따라 입력에 대한 평가나 수정을 위한 것이다.

정보시스템은 단순히 하나의 객체로 이루어진 것이 아니라 여러 요소들이 조직화되어 시스템을 이루고 있는 것이다. 여기에는 컴퓨터 하드웨어, 소프트웨어, 데이터베이스, 통신, 사용자, 사용절차 등이 포함된다. 특히 현대의 정보시스템은 컴퓨터 하드웨어와 소프트웨어 기술을 기반으로 하고 있기 때문에 정보시스템을 CBIS(Computer−Based Information System)라고 표현하기도 한다.

특히 정보시스템의 여러 활용영역 가운데에서도 특히 경영활동에 초점을 두고 있어 정보시스템을 말할 때는 경영정보시스템(Management Information System: MIS)으로 부르기로 한다.

정보시스템은 다양하게 정의되고 있으나 그 중 가장 전통적이라 할 수 있는 것은 Davis와 Olson의 경영정보시스템에 관한 정의이다. 이들은 MIS를 "조직이 운영, 관리 및 의사결정 기능을 지원하기 위한 정보를 제공하는 통합적 인간−기계시스템(an Integrated man−machine system)으로 컴퓨터 하드웨어와 소프트웨어, 수작업 절차, 분석, 계획, 통제 및 의사결정을 위한 제반 모형, 그리고 데이터베이스를 활용하는 시스템"으로 정의하고 있다.

기업이 구축하고 있는 정보시스템은 일상적인 업무처리뿐만 아니라 조직의 전략을 지원하는 등 광범위한 기능을 하고 있으며 경영환경이 글로벌화 되어가면서 더욱 중요한 경쟁 전략적 무기가 되어 가고 있다.

고성능 컴퓨터, 소프트웨어, 네트워크는 조직을 보다 유연하게 만들고, 계층을 축소하여 단순한 조직의 운영을 가능하게 하며 시간과 장소에 제약을 받지 않고 업무 자체에만 집중하게 하여 업무흐름을 재구축할 수 있게 한다. 더 나아가, 인터넷 및 각종 네트워크의 발달은 조직의 경계를 허물고 전자상거래와 e-business라는 새로운 비즈니스 기회를 창출하고 있다. 이러한 상황에서 현대의 조직은 정보시스템 구축에 있어 다음과 같은 경영과제에 직면하게 된다.

① 효율적이고 경쟁력이 있는 정보시스템의 설계
② 글로벌 비즈니스 환경에서 시스템 요건 이해
③ 조직목표 실현을 지원하는 정보 아키텍처의 창조
④ 정보시스템의 비즈니스 가치의 평가
⑤ 종업원이 사회적 · 윤리적 책임을 지면서, 통제하고 이해하며 사용할 수 있는 정보시스템의 설계

1.2 정보시스템의 분류

정보시스템의 종류는 열거할 수 없을 만큼 많고, 정보기술을 유사한 업무에 적용하여도 기업의 특성에 따라 그 활용형태가 다를 수 있다. 이런 점에서 정보시스템을 이해하기 위한 가장 보편적인 분류체계는 경영계층과 연계시키는 것이다.

조직을 계층별로 보면 일반적으로 최고경영층, 중간관리층, 하위관리층으로 구성되어 있으며 각 계층이 담당하는 업무의 특성과 역할이 다르다. 따라서 정보시스템은 경영계층의 특성을 반영하여 구축되는 것이 바람직할 것이다.

기업에서 활용되는 정보시스템은 크게 운영업무를 위한 시스템과 관리자를 위한 시스템으로 구분할 수 있다. 전자는 기업활동에서 발생하는 자료를 처리해 주기 위함이고, 후자는 경영자의 관리활동 및 의사결정에 필요한 정보를 제

공하는 목적을 가진다.

운영을 위한 정보시스템에는 거래자료 처리시스템(Transaction Processing System: TPS), 관리자를 위한 정보시스템에는 경영정보시스템(Management Support System: MSS), 의사결정지원시스템(Decision Support System: DSS), 경영자정보시스템(Executive Information System: EIS) 등이 포함된다. Davis & Olson은 이와 같은 다양한 정보시스템을 광의의 경영정보시스템(Management Information System: MIS)의 범주 안에서 이해할 수 있다고 주장하였다.

이러한 정보시스템의 유형은 시대에 따라 변천해 왔다. 특히, 정보기술이 발전하는 과정과 조직이 요구하는 정보의 변화가 맞물려 다양한 정보시스템 유형이 등장해 오고 있음을 파악하는 것이 중요하다.

1.3	정보시스템의 전략적 활용

정보시스템이 기업에 도입된 초기에는 거래자료를 효율적으로 처리하는 것이 주된 역할이었다. 이후 정보화에 대한 경험이 누적되고 컴퓨터의 성능이 향상되고 가격도 하락하면서 컴퓨터에 보관된 다양한 자료를 분석하여 조직의 관리, 통제활동에 필요한 정보를 추출하여 경영자가 효과적으로 의사결정을 할 수 있도록 지원하는 역할이 강조되었다.

오늘날에는 정보기술이 기업의 경쟁적 우위를 확보하고 이를 통하여 이윤을 극대화하는 데 전략적으로 활용되고 있다. 이와 같은 전략정보시스템(Strategic Information System: SIS)은 조직의 목표, 업무, 제품, 서비스, 환경과의 관련성을 변화시켜 조직에 경쟁적 우위를 가져올 수 있게 하고 있다.

이러한 정보시스템의 역할의 변화를 보면 아래와 같다.

즉 정보시스템이 이용되는 기능적 측면에서 보면 기본적으로 거래처리를 하는 기능과 데이터베이스의 자료를 검색하고 분석하여 정보를 산출하는 기능으로 나눌 수 있는데, TPS가 거래처리를 대상으로 프로세스의 자동화를 목적으로 한다면, MSS는 정보요구의 충족을 위해 질의분석을 주로 한다고 볼 수 있다. 반면 SIS는 거래처리와 질의 분석을 모두 포함하면서 기업의 경영전략을 지원하고 형성하는 역할을 하는 것이다.

전략정보시스템은 다음 세 가지 차원의 전략 지원에 유용하게 적용될 수 있다.

첫째, 사업 차원에서는 가치사슬 분석을 통해 전략적 영향을 가지는 활동에 주목해 정보시스템에 투자한다. 비용, 절감, 제품 차별화, 새로운 시장 개척, 그리고 고객이나 공급자와의 네트워킹 구축 등이 영향을 준다.

둘째, 기업 차원에서는 정보시스템을 보다 고차원의 효율화와 서비스 향상에 활용한다. 해당 개별 사업단위의 업무를 연결하여 통합된 형태를 만들어내며, 전 사업장에서 지식 공유를 추진한다.

셋째, 업계 차원에서는 네트워크 경제의 개념을 활용하여 업종 내와 업종 간의 협조를 촉진하여 업계 전체의 유효성을 높인다. 정보공유를 위한 합작이나 업계 단체를 형성하고 업무를 조정하며 거래를 촉진하는 등의 역할을 한다.[1]

(1) 기업 전방조직(front-office)

기업의 정보시스템은 영업, 마케팅, 고객 서비스에 초점을 맞춰 기업 전방조직의 기능을 강화한다. 영업은 일반적으로 영업사원이 현장에서 직접 고객과

---

1) 이명호 외 7인 (2013), 「경영학으로의 초대, 제3판」, 박영사.

만나서 이루어지는 부분과 웹상에서 이루어지는 인터넷 세일즈 및 콜 센터의
상담원들의 텔레 세일즈 등이며 마케팅은 마케팅 계획을 수립하거나 캠페인을
수립하고 실행하는 부분들이며 서비스는 고객의 불만사항이나 요구사항들을 처
리해 주는 부분들을 말하고 있다.

　여기에는 전자메일, 채팅, 전화, 팩스 등 고객으로부터(inbound call)의 요구
사항들을 처리해 주며 기업 내부로부터 고객에게(outbound call) 행하여지는 텔
레 세일즈, 텔레 마케팅을 지원하는 콜 센터 애플리케이션이 하나의 중심을 이
루고 있다.

그림 1-1 │ **통합 고객관계관리 모형**

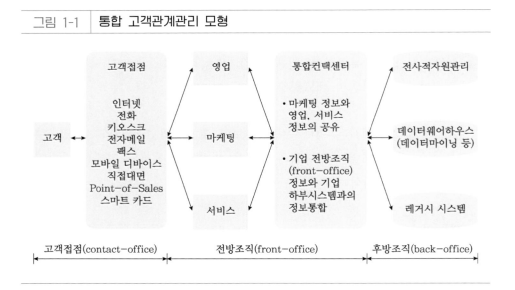

---

(2) 후방조직(back-office)

　경영정보시스템은 기업 레거시 시스템(legacy system), 전사적자원관리(Enterprise
Resource Planning: ERP) 시스템 그리고 데이터 웨어하우스(Data Warehouse) 등과도 통
합되어 운영되어야 한다.

(3) 고객접점(contact-office)

기업 정보시스템의 마지막 구성요소로서는 분석을 통해 얻은 정보들을 다양한 고객채널과 연계하여 시행하는 과정이 필요하다. 즉 기업과 고객의 모든 접점에서 고객 데이터를 바탕으로 분석된 정보를 이용하여 고객의 감동을 이끌어 낼 수 있는 실질적인 활동이 필요한 것이다.

종합적으로 고객의 입장에서는 고객이 모든 요구사항들을 시간이나 공간의 제약 없이 자선에게 필요한 정보를 획득할 수 있고, 제품을 구매하고 불만사항들에 대한 서비스를 받기 원하고 있다. 이러한 고객의 요구에 대한 대응 방법 및 과정은 고객에게 있어 경험으로써 축적되며 다음번에 제품 구매계획에 있어 중요한 의사결정의 판단으로 작용되고 있다. 따라서 기업은 고객에게 일관된 하나의 모습(one face to the customer)으로 고객 대응시 서비스 및 정보를 제공하여야 한다. 이를 달성하기 위해서는 기업은 모든 고객 채널들의 정보를 전방조직 또는 후방조직과 실시간으로 통합되어 있어야 한다.

1.4 경영정보시스템의 미래방향

우리는 지금까지 정보 기기를 중심으로 한 정보기술의 발전을 살펴 보았다. 정보기술은 기기뿐만 아니라, 응용과 활용면에서도 더 큰 변화와 충격을 안겨 주었다. 문서 편집기의 등장으로 타이프라이터가 사라졌고, 이메일로 인하여 길거리의 우체통이 자취를 감추었습니다. 그 많던 비디오 대여점은 영화 다운로드 사이트로 인하여 폐업을 하였고, 전자오락실은 온라인 게임으로 대체되었습니다. 과거 10여 년간 우리 사회에서 무엇이 사라지고, 무엇이 새로 생겼을까?

어제가 먼 옛날처럼 생각되는 시대에 우리가 살고 있다.

그러면, 이렇게 숨가쁘게 발전하고 있는 정보기술은 앞으로 어떻게 진화하게 될까? 물론, 정보기술이 다양한 모습을 하고 있어 다양한 측면에서 조망해 볼 수 있을 것이다. 여기서는 이해하기 쉽게 개념적인 측면에서 사회 발전과 연관하여 생각해 보기로 하겠다. 우리나라의 IT 발전을 기획하고 평가하는 기관으로 한국정보화진흥원이 있다.

한국정보화진흥원에서는 <미래사회 메가트랜드로 본 10대 미래기술 전망>이라는 보고서에서 미래 정보기술의 모습을 보여 주고 있다. 보고서는 각계 전문가의 의견을 수집·분석하여 미래 사회의 변혁을 주도할 정보기술의 모습을 도출하였다. 도출된 정보기술은 다섯 가지로 요약된다.

첫째, 인간생활, 감성, 정신적, 육체적, 능력 등과 같은 휴먼정보를 이용하거나 모방하는 기술과 서비스로 인간의 삶을 한 단계 진화시키는 정보기술.

둘째, 생물학, 나노학, 로봇공학 등과 결합되는 융합의학을 반전시키는 정보기술.

셋째, 지구환경 이변이 가시화되면서 주요 원일인 에너지 문제를 해결하기 위한 정보기술.

넷째, 기존 산업의 틀을 바꿀 수 있는 새로운 소재, 새로운 제품의 개발을 지원하는 정보기술.

다섯째, 자원과 사람 등 세상의 모두를 연결하고 접속하는 디지털 신세계를 만드는 정보기술의 다섯 가지이다.

각각에 대하여 대표적인 사례를 살펴 보면 다음과 같다.

첫째로, 인간의 삶을 진화시키는 IT입니다. 정보기술은 인간의 시각, 청각, 촉각 등 오감과 인지 기능을 자극하여 실제와 같은 느낌의 서비스를 제공할 것이다. 예를 들어, 공간적으로 멀리 있는 장소나 가상의 장소를 직접 가보지 않고도 네트워크 망을 통해 원격지와 연결하여 사용자들이 음성, 비디오, 그래픽 등을 공유하며 대화하고 회의할 수 있도록 도와주는 텔레프리젠스(telepresence) 같은 것이 일반화 될 것이다. 게임 속의 플레이어가 되어 직접 게임 속으로 들어가거나, 우주 공간에서 우주인으로 가상 체험을 하는 등의 가상현실(VirtualReality)도 보편화 수준에 접어 들고 있다.

보급이 시작되고 있는 3D TV나 영화의 내용에 따라 의자가 움직이고 비바람이 치는 4D 극장도 실감있게 제공하는 정보기술이다. 또한, 인간의 삶을 진화시키는 IT는 피부, 뇌, 팔, 다리 등 신체 일부에 장학 또는 이식한 형태로 다양한 서비스를 제공하는 것이다. 예를 들어, 600만불의 사나이와 같이 신체 장기의 일부가 컴퓨터로 대체되고, 뇌파로 컴퓨터를 조정하는 것 등이다. 컴퓨터 칩을 신체에 이식하여 신분 증명에 이용하거나 질병 치료에 활용할 수도 있을 것이다.

청소, 요리, 배달, 경비, 순찰, 방문자 접대 등과 같이 일상적이고 단순한 활동을 자동화한 가사 도우미 로봇, 위험한 작업을 전담하거나 인간이 접근하기 어려운 곳을 탐사하는 로봇 등이 인간을 노동의 고통에서 해방시켜 줄 것이다.

둘째로, 융합 의학을 발전시키는 IT는 거리와 장소에 구애받지 않는 의료 서비스, 신체의 생리학적 변화를 상시 모니터링하는 의료 서비스를 통해서 인간을 질병으로부터 해방시켜줄 것이다. 이미, 원격 진료와 같이 의료 서비스의 공간과 시간의 한계를 넘어서 상시 진단 서비스, 치료, 수술을 할 수 있는 시대가 되었고, 한국에 있으면서 외국의 유명 전문의의 치료와 수술을 받을 수 있는 시대가 되었습니다. 초소형 생체 로봇이 인체를 탐사하면서 혈당, 심전도, 산소레벨, 온도 등을 상시 모니터링하고 치료하는 것도 조만간 가능해질 것이다.

셋째로, 에너지 문제를 해결하는 IT는 중추적인 역할을 할 것입니다. 태양 에너지, 풍력, 해양 에너지, 수소 에너지, 연료 전지 등 신재생 에너지 개발의 핵심 요소가 되는 정보기술이다. 에너지를 저장, 운송, 전달을 위한 에너지 네트워크를 스마트 그리드(smart grid)라고 하는데, 교통망이나 컴퓨터 네트워크처럼 사회의 중요 자원 네트워크가 될 것이다. 브루스 윌리스가 주연한 <다이하드 4편>에서 전기와 도시가스 네트워크를 해킹하는 것을 볼 수 있는데, 이런 것이 스마트 그리드로 고도화될 것이다. 정보기술은 이산화 탄소, 온실 가스 감소를 통해 지구 환경 관리에도 크게 기여할 것이다.

넷째로, 새로운 소재나 새로운 제품의 개발을 지원하는 정보기술에 대하여 알아 보자. 기존의 옷감을 디스플레이 장치로 사용하거나 태양빛을 전류로 변화하여 휴대폰을 충전하는 스마트 섬유, 종이처럼 휘어지는 디스플레이 장치 등 정보기기와 연계한 다양한 신소재가 개발되고 있다. 자동으로 운전하는 자동운전 자동차가 있다. 구글(Google)은 이미 자동운전 자동차를 개발하여 시험 주행에 성공하였다고 한다. 모든 제품에 정보기기가 장치되어 스마트 기기로 진화하여 갈 것이다.

마지막 다섯 번째가 세상의 모두를 연결, 접속하여 디지털 신세계를 만드는 정보기술이다. 예를 들어, 마트에서 판매하는 농산물에 RFID(radio frequency identification)라는 무선 식별장치가 부착된다. RFID칩에 스마트 폰이나 정보기기를 접근시키면 농산물의 이력을 모두 파악할 수 있게 된다. 자동차도 무선 통신을 이용하여 인터넷에 연결되어 상태를 파악할 수 있고 고장난 곳을 원격으로 수리할 수도 있다. 또한 자동차끼리 주행 정보를 교환하여 사고를 미연에 방지할 수도 있다. 냉장고를 유선 또는 무선으로 인터넷에 연결하여 내용물을 파악하여 자동으로 주문할 수도 있다.

웹은 문서나 정보를 연결하여 거대한 정보의 네트워크를 구축하였다. 소셜 네트워크는 사람들을 연결하여 거대한 네트워크를 구축한 것이다. 앞으로는 세상의 모든 것이 연결괴어 거대한 정보 네트워크를 구축하는 사물 네트워크가 만들어질 것이다. 이러한 것을 Web of Things 또는 Internet of Things라고도 한다.

우리는 지금까지 미래의 정보기술의 모습과 그것이 가져 올 환상적인 서비스에 대하여 살펴 보았다. 어쩌면 공상 과학이나 판타지 소설에 나올 것만 같은 이야기라고 생각할 수도 있지만, 지금까지 이야기한 것은 현실입니다. 만약, 공상 소설 같다고 생각하였다면 그만큼 미래 정보기술이 충격으로 다가올 것이다.

미래 사회의 변혁을 주도할 6T 기술을 살펴 보면서, 정보기술의 중요성을 강조한 바가 있다. 다른 기술에 비하여 정보기술이 왜 중요할까? 정보기술은 모든 기술의 기반이 되는 기술로서 기술의 융합에 촉매로 작용하기 때문입니다. 기술의 융합! 그 중심에 정보기술이 자리하고 있는 것이다. 그렇다면, 정보기술은 기술 융합을 어떤 방향으로 이끌어 가고 있는 것일까? 즉, 스마트하고 소프트한 방향으로 기술을 진화시키고 있다. 정보기술을 아주 간단하게 요약하라고 하면, 기술의 융합, 스마트, 소프트가 정보기술의 키워드가 될 것이다. 기술의 융합, 스마트, 소프트 이 세 가지 키워드를 잊지 마시기 바란다.

1.5 공유경제와 정보기술

(1) 공유경제란

2008년 미국 하버드대 법대 로런스 레식 교수에 의해 처음 사용된 말로, 한 번 생산된 제품을 여럿이 공유해 쓰는 협력소비를 기본으로 한 경제방식을 말한다. 대량생산과 대량소비가 특징인 20세기 자본주의 경제에 대비해 생겨났다. 즉, 물품은 물론, 생산설비나 서비스 등을 개인이 소유할 필요 없이 필요한 만큼 빌려 쓰고, 자신이 필요 없는 경우 다른 사람에게 빌려 주는 공유소비의 의미를 담고 있다. 최근에는 경기침체와 환경오염에 대한 대안을 모색하는 사회운동으로 확대돼 쓰이고 있다[네이버 지식백과]공유경제 [共有經濟, sharing economy]

(시사상식사전, 박문각).

공유경제는 2008년 미국 하버드대 법대 로런스 레식 교수에 의해 처음 사용되었다.

공유경제는 더욱 구체적으로 들어가면, 자신이 소유한 물품이나 무형자원을 다른 사람에게 빌려주거나, 필요한 만큼 차용하여 사용하는 인터넷, 스마트폰 기반의 사회적 경제모델이다.

일반적으로, 공유경제 개념은 재화 및 서비스에 협력 창조－생산－유통－교환－소비를 포괄하며, 대량생산과 대량소비가 특징인 20세기 자본주의 경제에서, 소비수준을 유지하면서 비용을 줄이는 대안으로 등장하였다.

필요한 기간만큼의 대여와 자원의 유휴 시간 최소화를 통해 자원이용을 극대화하고 환경문제를 대처할 수 있는 대안을 연구하는 과정에서 이런 개념이 나오게 되었다. 물품, 생산설비, 서비스 등 생활에 필요한 것들을 개인이 소유하지 않고 필요한 만큼 빌려 쓰고 필요가 없는 경우 다른 사람에게 빌려주는 '나누는 방식' 즉, 공유하는 방식이 경기 침체와 환경오염 등의 대안으로 쓰이기 시작한 것이었다.

(2) 공유경제의 발전과 배경

ICT기술 및 서비스의 발달은 공유경제의 토대를 마련했다. SNS 및 스마트폰, 앱스토어 등 플랫폼 기반 서비스의 성장에 따라 세계 어느 곳이든 시간, 공간적 제약 없이 연결이 가능해졌고, 이러한 초연결사회의 도래는 공유경제 활성화의 단초를 제공하게 되었다.

공유경제적 개념은 전문기업뿐만 아니라 개인도 거래 주체로 참여할 수 있으며, 평판 조회를 통한 신뢰도의 제고는 공유경제가 성공적인 비즈니스로 성장하는 토대가 되었다.

　공유경제는 우리도 모르는 사이에 다양한 비즈니스 모델로 확장되었습니다. 공유경제는 상품 임대 및 대여를 넘어 전문 및 개인 서비스, 사무실과 거주 장소 임대, 자동차 및 대중교통 공유, 클라우드 펀딩 등 다양한 분야로 확대되었다.
　또한 집에서 공개 강의를 듣고, 공공 자전거를 타고, 코워킹 스페이스로 출근하여 일하고, 자신의 경험을 타인과 공유하는 공유경제가 일상 깊숙이 자리 잡게 되었다.

1.6 공유경제의 종류와 최근 이슈

(1) 우버택시

▶ 최근 이슈

‘서울시, 불법 콜택시 앱 우버 강력 제재’ 2014년 7월 21일에 나온 기사 제목이다.

기사 내용을 조금 살펴보면 "서울시는 지난 5월 우버코리아와 차량대여업체를 여객자동차운수사업법 제34조(유상운송 금지 등) 위반으로 경찰에 고발했다. (중략) 현행법 상 자가용 승용차나 렌터카 등을 이용해 요금을 받고 승객을 실어 나르면 여객자동차운수사업법 제81조에 따라 2년 이하 징역 또는 2천만원 이하 벌금에 처해질 수 있다"라고 소개하고 있다.

서울시에서 불법 콜택시로 규정하고 강력하게 제재를 가하고 있는 우버는 스마트폰 어플리케이션을 이용해 위치기반으로 기사를 호출하면 근처에 있는 차량과 연결해 주는 모바일앱 기반의 주문형 개인 기사 서비스이다.

고객은 우버를 부르고 목적지까지 이동 후 내리기만 하면 됩니다. 결제는 가입시 어플리케이션에 입력한 신용카드에서 자동으로 이뤄진다.

우버가 차별점을 가지는 것은 단순한 어플을 이용한 콜택시이기 때문이 아니다. 우버는 앱을 통해 기사를 고용하고 아우디, 벤츠 등의 브랜드에서 고급 세단을 제공한다. 그리고 기사의 프로필이 어플리케이션을 통해 제공되고, 이용 후 별점을 메기는 것으로 기사의 서비스나 신뢰도를 평가할 수도 있다.

우버는 별도의 기사나 자동차를 보유하지 않고 공항 등에서 이용하는 리무진 서비스 업체들을 연결하여 서비스를 제공하고 있다.

▶ 우버택시 논란과 문제점

< 워싱턴에서 진행 중인 우버 반대 시위, 연합뉴스>

이러한 우버택시의 장점에도 불구하고 공유경제가 더욱 활성화되어 보편화되기까진 상당한 시간이 소요될 것으로 보인다. 이는 공유경제를 차용한 거래 시스템이 법적인 보호의 맹점에 놓일 수 있다는 점과 그 자체가 불법일 수 있

다는 점에 기인한다고 볼 수 있다.

지난 8월, 런던, 파리, 베를린, 로마 등 유럽 주요 대도시를 중심으로 '우버'를 반대하는 택시 기사들의 시위가 확산되었다. 그 이유는 값싼 가격에 서비스 좋은 택시를 부를 수 있는 우버의 사업 모델이 기존 택시 산업의 질서를 흔들고 있다는 이유이다.

서울시도 지난 해 8월 여객자동차운수사업법 4조(면허), 34조(유상운송의 금지) 위반으로 우버를 경찰에 고발했다. 이 법에 따르면 렌트차량이나 자신의 차를 이용해 돈을 받고 승객을 태우는 행위는 불법이라 규정하고 있다. 이로 인해 지난 12월 29일, 박원순 서울시장은 우버택시는 불법이라는 입장을 명확히 하였으며 미국 필라델피아에서도 45여 개의 택시 회사로부터 우버택시는 불공정거래로 기소하였다.

'우버'뿐만 아니라 '에어비엔비'도 뉴욕을 비롯한 미국 일부 도시에서는 규제 대상이 된다.

(2) 로마의 친구 집에서 숙박을! 공유경제의 선두주자 에어비앤비

공유경제 중에 가장 대표적인 케이스 중 하나가 바로 자기 소유 주택이나 방을 공유하는 것을 연결해 주는 에어비앤비(AirBnb)라는 회사이다. 하나투어, 인터파크투어, 익스피디아, 아고다 등의 회사들이 호텔 체인이나 호텔 업체들을 중심으로 호텔의 예약을 도와준다면 에어비앤비는 개인이 가지고 있는 빈방이나 빈집을 공유한다.

방의 공급자 입장에선 빈방을 효율적으로 전 세계 고객들에게 공유할 수 있는 기회를 제공하고 방을 구하는 고객 입장에서는 호텔에서 구할 수 없는 저가의 방이나 보다 현지 문화를 가까이 접할 수 있는 여행지를 모색할 수 있어 양자에게 모두 win-win인 대표적인 공유경제의 사업 모델이다. 이 같은 사업 모델을 바탕으로 에어비앤비는 2014년 1월 기준 192개국에 50만개 이상의 객실을 보유하고 있으며 35만명의 집주인과 900만명 이상의 여행객을 연결해주고 있다.

기존의 호텔 사업의 근간을 흔들 수도 있는 사업 모델이기 때문에 각국의 정부가 단속에 나서기도 했다. 특히 휴가로 집을 비우는 사람들이 관광객에게 집을 빌려주는 경우가 많아 장기 휴가를 떠나는 뉴욕이나 유럽 쪽의 기존 호텔 체인의 반발이 큰 편이다.

뉴욕주는 30일 이내로 아파트 등 주택을 임대해주는 행위를 불법으로 규정했고 독일 베를린이 단기 주택임대를 법으로 막는 방안을 승인했다.

프랑스 파리 또한 이런 내용의 법안 도입을 놓고 투표를 진행할 예정이다. '불법이다. 아니다'를 두고 많은 논의가 일어나고 있으나 에어비앤비는 올해 4,672억 달러를 사모펀드로부터 투자받기도 하였고 기업가치도 10조 달러를 넘어서고 있어 새로운 숙박 플랫폼으로 자리잡고 있다.

(3) 우리나라에도 있다. 소셜 다이닝 집밥

'ㅈㅂㅂㅂ'라는 특이한 로고로 주목받고 있는 집밥은 국내에 등장한 공유경제 모델의 스타트업 서비스다. 앞서 소개해드린 두 가지 서비스는 여러 이익집단이나 정부로부터 규제를 받는 편이라면 이 소셜 다이닝 서비스 '집밥'은 카쉐어링 서비스 '쏘카'와 함께 서울시에서 선정한 바람직한 공유경제 사업 모델로 소개되고 있다.

집밥은 파티 주최자가 간단한 메인 메뉴만 준비하고 참석자들이 각자 취향에 맞는 메뉴나 와인 등을 갖고 오는 북미식의 포틀럭 파티와 비슷하다. 주최자가 주제, 시간, 장소를 선정해 올리면 참석자가 자유롭게 음식 혹은 돈을 가져오고 한끼 식사를 공유하게 된다. 주제도 다양해 IT를 주제로 모여 공부하고 밥을 한끼 먹는 모임, 퇴근 후 영화 모임 등 다양한 모임이 현재 190여 개가 진행되고 있다(2014년 7월 21일 기준).

집밥의 비즈니스 모델이 공유경제 생태계에서 유의미한 것은 소상공인 협동조합을 통해 작은 사회에 기여할 수 있기 때문이다.

치킨집 버블이라고 불릴 만큼 자영업자가 많아진 최근의 우리나라 사회 상황에서 집밥은 판로를 찾기 어려운 소상공인들이 색다른 모임 컨셉으로 매출을 올릴 수 있도록 도와주는 연결고리 역할을 지향하고 있다. 여기에 건강한 한끼 식사를 원하는 직장인들이 많아짐에 따라 집밥은 새로운 형태의 식사 문화로 자리잡고 있다.

(4) 공유경제의 성공 모델과 정보기술

공유경제는 근래의 웹과 모바일 서비스의 혁신을 통해 새롭게 주목받고 있는 사업 모델이다. 기존의 이해관계자들과의 관계가 복잡하게 얽혀있지만 IT업계 쪽에서는 하나의 비즈니스 기회로 새로운 가치를 창출할 수 있는 공유경제의 모델들에 많은 관심을 보이고 있다. 공유경제 모델의 성공에 대해 컨설팅 펌 Campbell Mithun에서는 크게 브랜드/네트워크/경험 측면으로 나눠 소개하고 있다. 에어비앤비, 우버, 집밥의 세 가지 사례를 통해 살펴보면 서비스가 제공하는 핵심가치들이 위의 매트릭스에 상당부분 적용된다는 것을 알 수 있다.

새로운 경제체계를 발전시키기 위해서는 기술 수준과 사회적 신뢰가 밑바탕이 되어야 한다. 그러기 위해서는 예견할 수 있는 부작용에 대해서는 최대한 예방이나 해결책을 모색하고 경제주체들이 함께 호흡하고 참여하여 공유경제 개념과 발전 등에 관한 공감대를 형성할 필요가 있다. 따라서 기술 수용도, 사회적 신뢰, IT기반 등이 상이한 상황에서 발생한 부정적 사건으로 전체를 재단하기 보다는 세계적 추세가 되고 공유경제가 한국에서 안정적으로 정착 내지 발전할 수 있도록 사회적 갈등에 대한 지혜로운 해결과 합리적 대응 방안을 강구하는 것이 더 적절할 것이라 본다.

첫 번째로, 기존 산업과의 원만한 이해관계 정립을 위해 공유경제를 명확하게 정의(define)하여, 문제가 발생했을 경우 이용자 보호를 위해 공유경제 생태계 구성주체(플랫폼 제공자, 사업자 등) 간의 책임과 권한을 명확히 할 필요가 있다.

두 번째로, 시장활성화 측면과 함께 기존 법률과의 문제, 사업자간 충돌 문제, 이용 윤리 및 범죄예방 등 전반적인 것을 신중히 고려하여 사회적 공감대를 형성해야 한다. 특히, 공유경제 서비스의 대부분은 숙박업, 운송업 등 전통 사업의 테두리 안에 있기 때문에 ICT 관점이 아닌 이해관계자의 관점에서 문제를 바라보고 해결하려는 노력이 수반되어야 한다.

마지막으로, 공유경제가 시장에 안착하기 위해서는 '신뢰'를 쌓는 것이 가장 중요하다. 신뢰 메커니즘의 확립은 생각보다 단순할 수 있다. 예컨대 소비자가 자신에게 걸려오는 전화의 스팸 여부를 판단하여 타인과 공유하는 이동통신사업자의 새로운 서비스와 같이 집단지성 기반의 신뢰 메커니즘을 확립하는 것도 방법이 될 수 있다.

1. 은평공유센터 개관, 은평구 'e품앗이 사업', 빈집 프로젝트 사업 등 통해 경제활성화 모멘텀 만들 것

"전국 최초의 공유전용시설 '은평공유센터'는 자주 사용하지는 않지만 가끔 쓰는 물건들 각종 공구류, 청소기, 예초기 등 각종 생활용품과 텐트, 코펠과 같은 레저캠핑용품 등 320종 1,000여 개의 물품을 시중 대여가격의 30%로의 저렴한 가격으로 대여할 수 있을 뿐 아니라 지식공유공간도 갖추고 있어 지역 주민들에게 큰 인기를 끌고 있다"

김우영 은평구청장이 최근 가진 아시아경제와 가진 인터뷰를 통해 은평공유센터 개소 의미를 이같이 설명했다.

지난달 28일 문을 연 '은평공유센터'는 지상 4층, 379.72㎡ 규모로 1층은 물품공유공간, 2층은 지식공유공간, 3층은 DIY목공방, 4층은 북한산을 여유롭게 감상할 수 있는 테라스가 있어 공유관련 소모임 활동과 휴게 공간으로 활용되고 있어 벌써부터 인기를 모으고 있다.

김 구청장의 공유경제 모델은 이것뿐 아니다.

공유경제 출발점인 은평구 'e품앗이 사업'으로 현재 16개 자치구에서 6500여명이 회원으로 가입해 있는데 이 중 은평e품앗이 회원이 2,300명에 달하며, 거래량도 5,500건 이상으로 서울에서 모범사례로 뽑히고 있다.
'은평생학습관'에서도 지역 재능가 32명이 '숨은 고수 교실' 37개의 지식공유 프로그램을 운영하고 있다.

e품앗이는 품앗이, 두레, 계와 같은 우리 민족 전통의 상부상조 정신을 되살려 각자의 물품과 서비스, 재능 등을 가상화폐를 통해 나누며, 실제 돈이 없더라도 자신의 재능을 활용해 필요한 물품을 사고 팔 수 있는 방식을 말한다.

은평구는 경제 악화로 시름에 빠진 주민들의 고민을 해결하기 위해 공유경제 활성화 사업을 통해 지역사회를 변모시키고 있어 화제를 모으고 있다.

또 빈집을 활용한 빈집 프로젝트 사업과 공유주택협의회협동조합 건립 추진 등도 그 대표적인 사업들이다.

김 구청장은 "이 사업은 지역주민들의 소비부담, 주거비부담 등을 해결하는 새로운 대안으로 자리잡고 있을 뿐 아니라 이는 자원의 효율적 활용과 투자 대비 효과가 배가되기 때문에 정부 및 다른 지방자치단체에서도 적극 검토하고 있다"고 설명했다.

최근 주거비 부담으로 집을 구하지 못하는 주민들을 위해 택가에 방치된 주택을 사회적 기업을 통해 임대주택으로 재활용하는 빈집 프로젝트 사업 추진과 지속적인 공유주택에 대한 공감대 확산 및 주거문제를 해결하는 대안으로 협동주택조합 설립을 위해 21일 '주택협동조합 포럼 및 공유주택협의회협동조합 창립총회'를 개최할 예정이다.

빈집 프로젝트 사업은 방치된 주택을 사회적 기업을 통해 임대주택으로 재활용함으로써 집을 수리할 능력이 부족해 오랫동안 방치했던 집주인은 비용 부담 없이 집을 보수할 수 있으며, 세입자는 시세 80% 수준의 임대료를 내고 6년간 거주할 수 있다.

지난해 9월 은평구 증산동에 쉐어하우스 1호점을 개관, 올 4월에는 응암동에 2호점을 개관했다.

김우영 은평구청장은 "최근 활성화되고 있는 공유경제는 주민상호간 신뢰를 쌓을 수 있을 뿐 아니라 지역주민들의 경제적 고민을 해결할 수 있는 새로운 경제활성화 대안 및 모멘텀이 될 것이라 기대하고 앞으로 물품과 재능, 기술을 이웃과 나누는 다양한 공유사업의 확대로 공유경제 활성화에 더 힘쓸 것"이라고 밝혔다.

박종일, [인터뷰] 김우영 은평구청장 "공유경제 통해 새로운 경제 모멘텀 실현",
아시아경제, 2015.08.24.
http://view.asiae.co.kr/news/view.htm?idxno=20150824085311266664

2. 서울시 '공유경제' 나눔카, 이용인원 7.9배↑ … "성공적"
일평균 2775명 이용. 회원 35만명…승용차

서울시가 2013년 2월 '공유도시 서울'을 선포하며 첫선을 보인 나눔카의 성장세가 가파른 것으로 나타났다.

7일 서울연구원에 따르면 292개 대여소, 492대 차량으로 첫발을 뗀 나눔카는 지난해 11월 기준 대여지점 850개소, 대여차량 1,816대로 몸집을 불렸다.

지난해 11월 기준 하루평균 이용인원은 2775명, 회원수는 35만명으로 늘었다. 1년9 개월만에 회원수가 5.9배, 이용인원은 7.9배 늘었다.

나눔카회원 5,800명에게 실시한 온라인설문조사 결과, 나눔카의 최대 고객은 2인 이하 가구 2·30대 남성이었다. 71%가 차가 없었고, 63%는 가구 소득이 월300만원 이하였다.

이용횟수는 월 1~3회가 63%로 가장 많았고, 주 1회 이상도 12%나 됐다. 이들이 평소 주로 이용하는 교통수단은 버스 28%, 지하철 56%로 대중교통이었다. 나눔카에 만족한다는 응답이 98%, 5점 만점으로 4.01점을 기록했다.

설문자의 2.4%가 나눔카 서비스를 이용한 뒤 보유차량을 처분했고, 28.8%가 차량구매를 연기하거나 포기했다고 답했다. 시민들 중 일부가 보유 승용차를 처분하거나 구매계획을 연기하는 등 나눔카 도입으로 승용차 보급이 억제되는 효과가 발생한 것이다.

보유차량을 처분하는 경우는 가구원수 2인 이하, 연립주택에 거주할수록, 주1회 이상 나눔카를 이용하고, 대여지점의 편의성과 이용 만족도가 높을수록 경향성이 짙었다.

또한 연령이 높고, 소득이 높을수록, 연립주택에 거주하고 여성일수록, 나눔카를 주1회 이상 이용하고 접근시간이 짧을수록 자가용 구매를 연기하거나 포기하는 경향이 나타났다.

연구원은 차량대수를 현재의 2배 수준인 4,000대까지 확대하고, 가입자수가 58만명으로 늘어날 경우 승용차 3만 8,049대가 감소하고, 3만 4,611대의 보유 억제 효과(구매 포기)가 발생할 것으로 전망했다.

연구원은 "시 전역에서 5분 이내 나눔카 서비스에 접근할 수 있도록 지점을 확대하고, 현재 지점이 없는 곳에 우선적으로 배치해 나눔카 서비스 범위를 확대해야 한다"며 "이용률이 높은 지점은 차량대수를 늘려 더 많은 이들이 이용할 수 있는 여건을 조성해야 한다"고 제안했다.

차윤주, 서울시 '공유경제' 나눔카, 이용인원 7.9배↑ … "성공적", 뉴스1, 2015.08.07.
http://www.news1.kr/articles/?2364592

3. 공유경제 실천하는 청년문화기획사 '우깨' 원민 대표 "공간 뿐 아니라 재능·아픔도 함께 나누죠"

새로운 사무형태 '코워킹'/소유 없는 소비개념서 출발/
"청년 마음 치유병원 설립 꿈"

"소량의 재화로 다수가 만족하는 시스템을 만들고 싶었습니다. '굳이 내 것을 가지고 있어야 하나'란 생각이 들었죠."

청년문화기획사 '우깨'의 원민 대표는 누구나 공동으로 사용할 수 있는 문화공간을 운영하며 공유경제를 실천하고 있다. 공유경제는 소유를 하지 않는 새로운 소비 방식으로 추가적인 생산 없이 소비를 늘리는 활동이다.

전주시 고사동에 위치한 '우깨'는 새로운 사무 형태인 코워킹(함께 일하는·co-working) 공간으로 다양한 분야에서 활동하는 사람들이 함께 공간을 사용하고, 서로 아이디어를 나누는 자유로운 사무실이다.

사무공간은 40석 규모의 공개작업실, 소규모 강의·회의 등을 진행할 수 있는 회의실과 음료 및 간식을 즐길 수 있는 셀프바(self bar)로 구성돼 있다. 우깨 공간 전체를 빌려 세미나 혹은 파티 등을 개최할 수도 있다.

우깨는 청년들이 모여 생각과 아이디어를 서로 나누며 공간을 함께 쓰자는 취지에서 지난해 설립됐다. 하지만 운영을 시작하기까지는 결코 쉽지 않았다. 아직 공유경제에 대한 개념이 낯설다 보니 사용자의 주인의식이 부족하다는 것이 원민 대표의 설명이다.

우깨는 사무실에서 일하는 모두가 주인이기 때문에 사용자가 직접 돈 계산을 해야 하고 음료를 꺼내 먹는 것부터 뒷정리까지 스스로 해야 한다. 하지만 종종 주문을 받을 종업원을 찾거나 뒷정리를 안 하고 가는 사람들도 있다.
원 대표는 "공유경제에서 모두가 주인이 될 수 있는 이유는 신뢰와 룰이 있기 때문이다"며 "사용자가 시간 지키기, 청소 등 공간 운영규칙을 지킬 수 있도록 꾸준히 소통하고 있다"고 말했다.

그는 현실에 지치고 의기소침해 있는 청춘을 응원하기 위해 다양한 문화·교육 행사를 기획하고 있다. '유쾌하고 발랄한 기획'을 목표로 연말이면 공연과 토크가 결합된 토크콘서트를 진행하고 있으며 정기적으로 '생산적 또라이 파티'를 열어 자신만의 목표를 가진 청년들의 모임을 주최하고 있다. 그 밖에도 우깨클래스, 착한클래스 등을 개설해 청년들에게 재능 나눔 형식의 수업을 제공하고 있다.

우깨가 내놓는 행사의 흥미로운 점은 참가자들이 행사를 즐기는 동시에 새롭게 진화시키는 기획자가 된다는 것이다. 다음달에 열리는 '생산적 또라이 파티'에는 그동안 행사에 참여했던 고3 여학생이 기획자로 나서 다양한 분야의 사람들이 경험을 공유할 수 있는 웅변대회, 패션쇼 등을 준비하고 있다.

원 대표는 "청년들의 마음의 병을 치료해 줄 마음병원을 만들고 싶다"며 "우깨를 시작으로 원도심이 청년들의 생산적인 문화, 발랄함을 이끌어낼 수 있는 곳으로 활성화 되길 바란다"고 말했다.

그는 "돈을 남기는 사업은 아니지만 청년들을 위해 꼭 필요한 사업"이라며 "청년들 각자가 가진 다양한 지식과 경험을 가지고 소통하고 또 공유하는 공간을 우깨를 통해 만들고 싶다"고 덧붙였다.

김보현, 공유경제 실천하는 청년문화기획사 '우깨' 원민 대표 "공간뿐 아니라 재능·아픔도 함께 나누죠", 전북일보, 2015.08.11.
http://www.jjan.kr/news/articleView.html?idxno=557194

1. 정명선, 「진화하는 ITC와 새로운 미래」, SH Focus 2010 Summer, Korea Association of Smart Home, 2010년.

2. 박종현, 「미래사회 변화전망과 IT 산업의 기여방향」, 전자통신동향분석 제25권 제2호, 2010년 4월.

3. 한국정보화진흥원, 「미래사회 메가트렌드로 본 10대 미래기술 전망」, IT & Future Strategy 2011년 6월.

4. 한국정보화진흥원, 「미래연구백서」, 2011년 4월.

5. 류동현·김광수·박태웅, 「Beyond Smart」, 정보통신산업진흥원, 주간 기술 동향, 2011년 7월 29일.

6. 한국정보화진흥원, 「2012년 IT 트렌드 정망 및 정책방향」, IT정책연구시리즈 제23호, 2011년 12월 29일.

7. 주재욱, 「ICT 생태계의 현황과 발전 전망」, KISDI Premium Report 11−10, 2011년 9월 30일.

8. 황주성, 「디지털 컨버전스의 글로벌 트렌드와 정책 시사점」, KISDI Premium Report 11−10, 2011년 9월 30일.

9. 한국정보화진흥원, 「스마트 시대의 패러다임 변화 전망과 ICT 전략」, 2010년 12월.

10. Info Word, *10 future shocks for the next 10 years*, September 23, 2008.

11. UNESCO WORLD REPORT, *Towards Knowledge Societies*, UNESCO, 2005.

12. http://blog.naver.com/happykdic/220223685068
   [공유경제] 공유경제의 정의와 그 논란을 파헤쳐보자!

13. http://comm20.tistory.com/251
   에어비앤비, 우버, 집밥 그리고 공유경제

14. http://www.dt.co.kr/contents.html?article_no=2014121902103451727001

[포럼] 공유경제 성공조건은 '신뢰'

15. http://blog.naver.com/fangod0402/220197913056

16. http://blog.unesco.or.kr/220048697414

17. http://comm20.tistory.com/251

18. http://blog.hanabank.com/604

19. http://navercast.naver.com/magazine_contents.nhn?rid=2530&contents_id=62672

20. http://navercast.naver.com/magazine_contents.nhn?rid=1415&contents_id=71317

21. http://cafe.naver.com/newplanmarketing/106794

22. http://cafe.naver.com/duguldugul/257708

23. 공유경제 vs 전통경제
    http://cafe.naver.com/onebank/95309

24. http://app.chosun.com/site/data/html_dir/2014/12/23/2014122301997.html

25. 공유경제 왜 뜨고 있나?
    http://www.moneyweek.co.kr/news/mwView.php?type=1&no=2014121916308
    084907&outlink=1

26. 우버택시 문제점 http://news.donga.com/3/all/20141225/68762264/1

27. http://www.ebuzz.co.kr/news/article.html?id=20141219800013

28. 공유경제의 실상
    http://www.newscham.net/news/view.php?board=news&nid= 89588

29. 공유경제 성공조건: 신뢰
    http://www.dt.co.kr/contents.html?article_no=2014121902103451727001

CHAPTER 02

웹 2.0과 경쟁우위전략

사용자들의 집단적인 참여에 의해 구축되는 온라인 백과사전인 위키피디아의 정의에 따르면 개방, 참여, 공유는 웹 2.0의 대표적인 키워드이며, 특히 사용자가 정보의 소비자이자 생산자가 되는 인터넷 통합 환경을 통칭한다.

웹 2.0은 소프트웨어의 새로운 흐름이다. 새로운 비즈니스 모델, 차세대 웹 기반 소프트웨어와 서비스로 기술되었다. 웹 2.0이라는 용어는 미국의 IT 전문 출판 미디어인 오라일리의 부사장 데일 도허티가 2004년 10월 컨퍼런스를 위한 브레인스토밍 중 "닷컴 붕괴에서 살아남은 인터넷 기업들의 성공 요인에는 어떤 공통점이 있다"고 지적한 것에서 시작되었다.

2.1 웹 2.0 개념과 특성

　　정보의 개방을 통해 인터넷 사용자들 간의 정보 공유와 참여를 이끌어내고 이를 통해 정보의 가치를 지속적으로 증대시키는 것을 목표로 하는 일련의 움직임이라고 할 수 있다. 소비자들의 경우 정보를 개방하게 되면 RSS(Really Simple Syndication) 등의 정보 콘텐츠 배포 서비스를 통해 정보를 공유하고, 서비스 사업자들이 제공하는 개방된 저작도구(Open Application Programming Interface: Open API)를 통해 정보의 생산·보완·재가공 활동에 참여할 수 있게 된다.

　　RSS는 'Really Simple Syndication' 또는 'Rich Site Summary'의 약자로, '매우 간단한 배급' 또는 '풍부한 사이트 요약'이라 한다. RSS는 그 자체로 풀 텍스트가 아니라, 이메일 목록처럼 헤드라인만 볼 수 있도록 하고, 원할 경우 클릭을 통해 해당 페이지로 들어갈 수 있게 해 주는 서비스다. 뉴스·날씨·쇼핑·블로그 등 업데이트가 빈번히 이루어지는 웹사이트에서 업데이트된 정보를 사용자들에게 자동적으로 간편하게 제공하기 위한 방편으로 이용된다. 사용자들은 RSS가 등장하기 전에는 원하는 정보를 얻기 위해 해당 사이트를 직접 방문하여야 했으나, RSS 관련 프로그램(혹은 서비스)을 이용하여 자동 수집이 가능해졌기 때문에 사용자는 각각의 사이트 방문 없이 최신 정보들만 골라 한 자리에서 볼 수 있다.

　　많은 사람들에게 정보가 공유되면 될수록 보다 많은 참여가 발생하고 이를 통해 정보의 가치는 점점 상승하게 된다. 일정 수 이상의 사람들이 참여하게 되면 정보의 오류는 점차 줄어들고 보다 가치 있는 방향으로 수렴할 수 있기 때문이다. 정보의 유통과 관련하여 웹 2.0은 일종의 글로벌 규모의 브레인스토밍이자 이를 통한 집단적 합리성의 추구 과정이라고 볼 수 있다. 즉, "이용자가 적극적으로 참여하여 정보와 지식을 생산, 공유, 소비하는 열린 인터넷"을 의미한다.

2.2 웹 2.0과 경쟁우위전략의 도구

웹 2.0 기술은 인터넷에 기반한 플랫폼, 웹 기반 소프트웨어, 서비스 혹은 플랫폼 기술로 정의될 수 있다. 이외 웹 2.0이 가지고 있는 기술의 도구는 블로그, 위키, 파일 공유와 소셜네트워킹 플랫폼을 들 수 있다. 이들은 커뮤니케이션을 가능하게 하는 도구적 특성을 가진다. 더불어 커뮤니케이션 도구에 RSS 기술을 부가하며 매시업, 꼬리표 달기(tagging), 집단분류법 등과 같은 웹 2.0 도구는 협력을 촉진하는 특성을 가진다.

웹 2.0의 기술적 기반은 복잡하고 여전히 진화 중이나, 여기에는 서버 소프트웨어와 콘텐츠 신디케이션, 메시징 프로토콜, 표준 기반의 브라우저, 다양한 클라이언트 애플리케이션 등을 포함한다. 이와 같이 차별화되지만 상호 보완적인 접근은 기존의 웹 사이트에 기대했던 것을 뛰어넘어, 정보의 저장, 창조, 전파의 능력을 갖춘 웹 2.0을 규정한다.

데일 도허티 부사장은 2001년 닷컴 버블 붕괴 이후에도 생존하면서 지속적으로 성장한 구글, 아마존닷컴 등과 같은 성공한 인터넷 기업들이 제공하는 서비스가 과거의 닷컴 기업들과 어떠한 차별화된 특징을 가지고 있는지 비교하였다. 그리고 사이트가 다양한 거리로 코어와 결합되어 있다는 것을 발견했다. 이를 통해 웹 2.0의 특징은 '분산화', '참여', '협력', '기술이 아닌 접근태도', '태깅', '소프트웨어가 아닌 서비스', '공동 저작' 등의 키워드로 표현되고 있다.

다음에서는 웹 2.0의 주요 기술과 경쟁우위전략으로서 각 도구들이 어떻게 사용되는지에 대해서 자세히 살펴보고자 한다.

2.3 매시업

'매시업(Mashup)'이란 원래 서로 다른 곡을 조합하여 새로운 곡을 만들어 내는 것을 의미하는 음악용어이지만 IT(정보기술) 분야에서는 웹상에서 웹서비스 업체들이 제공하는 다양한 정보(콘텐츠)와 서비스를 혼합하여 새로운 서비스를 개발하는 것을 의미한다.

즉 서로 다른 웹사이트의 콘텐츠를 조합하여 새로운 차원의 콘텐츠와 서비스를 창출하는 것을 말한다. 매시업 서비스는 웹서비스 업체가 자신들의 서비스에 접근할 수 있도록 접근방법을 공개하는 것으로부터 비롯된다. 웹서비스 업체들이 공개한 API(Application Programming Interface; 응용프로그램에서 사용할 수 있도록 운영체제나 프로그래밍 언어가 제공하는 기능을 제어하도록 만든 인터페이스)를 기반으로 독자적인 유저 인터페이스나 콘텐츠를 융합하여 새로운 응용서비스 즉 매시업을 개발할 수 있게 된 것이다.

구글·마이크로소프트·아마존을 비롯하여 네이버·다음·알라딘 같은 국내 업체들이 자사의 콘텐츠를 외부에서 사용할 수 있게 API를 공개하고 있다. 매시업 서비스로 가장 유명한 것은 구글 지도와 부동산 정보사이트인 크레이그리스트(www.craigslist.org)를 결합시킨 '하우징맵 사이트로, 지도 정보에서 특정 지역을 선택하면 해당 지역의 부동산 매물정보를 보여주는 서비스를 제공하고 있다.

하우징맵은 폴 레이드매처(Paul Rademacher)라는 사람이 구글의 지도 API 코드를 해킹하여 만든 것인데 당시 구글 지도를 활용한 확장성과 가능성을 본 구글은 폴 레이드매처를 고소하기는커녕 그를 구글 직원으로 채용하였고, 그때부터 공개적으로 구글의 지도 API를 제공하기 시작하였다. 그 후 많은 매시업 서비스들이 생겨났는데 지도와 관련된 매시업의 예로는 특정 지역을 택하면 그 지역의 뉴스·범죄통계정보·허리케인정보·UFO목격정보·주유소가격정보·영화관·술집·온천·기업AS센터·고속도로·교통날씨 등을 알려주는 다양한 서비스가 있다.

매시업의 장점은 기존의 자원을 활용하여 만들기 때문에 새로운 서비스를 구축하기 위하여 투여되는 비용이 매우 적다는 점이다. 약점은 다른 서비스에 종속되어 있어 1차 자원이 되는 서비스가 중단될 때 매시업 역시 중단되며, 1차 자원의 제공형태가 변경될 때 그에 맞춰 변경해야 하기 때문에 관리상 어려운 점이 있다는 것이다.

웹 2.0(데이터의 소유자나 독점자 없이 누구나 손쉽게 데이터를 생산하고 공유할 수 있도록 한 사용자 참여 중심의 인터넷 환경) 시대로 접어들면서 매시업 개념은 더욱 주목받고 있다.

'섞는다'는 것과 '하나로 만든다'는 것, 웹에서의 매시업은 웹에서 제공되는 정보나 컨텐츠, 혹은 서비스를 섞어서 하나의 서비스로 만드는 것을 의미하며 사용자 참여와 정보개방을 통해 좀 더 살아 숨 쉬는 웹, 양방향적인 웹을 만들려고 도입한 개념이다. 점점 더 많은 서비스가 웹 2.0의 개념을 도입해 널리 사용될 수 있도록 정보를 개방, 개방된 정보를 융합하는 식으로 만들어지기 시작했다.

✳ 매시업의 주요 사례
가. [GIS] 매시업 맵 솔루션의 좋은 사례

맵 매시업 서비스에 대한 좋은 사례(http://oakland.crimespotting.org)가 있어서 정리해 본다. 매시업 주제는 범죄 지도이다. 범죄의 종류에 대한 분류 그리고 범죄의 위치 그리고 범죄가 발생한 시간대를 통해 분류하고 파악할 수 있다.

범죄의 발생 위치는 기본이고… 범죄의 분류와 발생 시간을 사용자가 분류하고 파악하기 위해 이 솔루션에서 제시하고 있는 사용자 컨트롤들 때문이다. 세 가지 정도가 가장 눈에 띠는데, 하나하나 살펴보자.

먼저 지도의 우측에 범죄의 종류에 한 범례가 있다. 범례의 항목 중에 하나에 마우스를 올려놓으면 지도와 연계하여 마우스가 올라간 범죄 항목이 자연스럽게 하일라이팅된다. 그리고 범죄가 발생한 기간에 대해 분류하기 위한 컨트롤이다. 기간의 범위를 지정하기 위해 시작과 끝을 지정할 수 있고 이렇게 정의한 기간을 전체로 드래그해서 설정할 수 있다. 또한 각 날짜에 대한 범죄발생을 바차트로서 표현하고 있다.

끝으로 범죄가 발생한 시간의 범위를 지정하기 위한 컨트롤이다. 시간의 범위를 여러 구간으로 지정할 수 있다. 범례나 기간 설정 그리고 시간 설정 등에 대한 기능을 사용자가 매우 효과적으로 사용할 수 있도록 분석해 반영해 놓은 매우 좋은 사례라고 생각한다. GIS에서 데이터와 분석이 매우 중요하지만… 결국 이러한 데이터와 분석 기능에 대해서 사용자가 어떻게 활용할 것인가에 대한 승부는 소프트웨어이고, 좀더 구체적으로 지정하면 소프트웨어에서 제공하는 사용자의 UI이다. 사용자의 UI의 편의성과 기능성 그리고 직관성을 향상 시키는 것은 매우 중요하다는 점이다.

나. Government 2.0 서비스 사례 – 공공정보의 매시업을 통한 차세대 전자정부 사례

공공정보의 매시업을 통한 전자정부 서비스는 국민과 민간 기업이 공공정보에 대한 접근성을 증대시키고 정부의 행정 서비스에 참여할 수 있는 가능성을 높여준다. 국민들이 공공 정보에 대한 접근성이 증대되고 공공정보를 검색하여 정부의 활동을 분석하고 평가할 수 있는 가능성이 증대됨에 따라, 정부의 투명성 증대와 국민 참여의 가능성이 증대되고 있다.

또한 공공부문 정보의 재이용 및 상업적 활용을 통해 정부와 민간부문의 성공적인 협력 모델을 개발할 가능성도 증대되고 있다. 이처럼 정부가 웹 2.0 매

시업 기술을 이용하여 새로운 정부 서비스와 애플리케이션을 제공한 대표적인 예로는 미국 환경보호국(Environment Protection Agency) 환경오염지역 정보 서비스, 시카고 시의 ChicagoCrime.org 사이트, 펜실베이니아의 관광 서비스, 미국의 선거정보 서비스 등이 다양한 사례가 있다.

다. 미국 환경보호국의 'Window to My Environment(WME)' 사이트

미국의 환경보호국(EPA)은 자신들의 웹사이트에 오염된 토지의 위치를 XML 데이터로 게시함으로써 시민들이 직접 데이터를 분석할 수 있도록 하고 있다. 환경보호국(EPA)이 XML로 데이터를 공표한 것은 국민들이 자신들의 가벼운 애플리케이션을 이용하여 조작할 수 있도록 하기 위해 데이터를 개방하고 있다. "Window To My Environment"(WME)는 사용자가 선택한 지역의 환경 조건과 특성에 대한 연방정부, 주정부, 지방정부의 정보를 제공해주는 강력한 웹 기반 툴이다. 이 애플리케이션은 미국의 EPA가 연방정부, 주정부, 지방정부와 다른 기관들과 파트너십을 통해 제공하고 있다.

라. 미국 시카고 시의 범죄 정보 서비스 사례: ChicagoCrime.org

미국 시카고 시의 ChicagoCrime.org 사이트는 시카고 경찰청의 온라인 데이터베이스에서 얻은 범죄 데이터를 구글 맵 API와 매시업하여 지도 위에 디스플레이 함으로써 범죄정보를 시각화하고 사용자들이 이 사이트에서 상호작용할 수 있도록 해주고 있다. ChicagoCrime.org 사이트는 날짜, 치안구역, 우편번호, 행정구역, 도로, 경찰사건 기록부에 등록된 범죄유형별로 실시간으로 범죄 상황을 검색할 수 있다.

마. 펜실베이니아 주 관광 안내 서비스

펜실베이니아 주 관광 안내 서비스는 구글 어스(Google Earth), 카네기 멜론 대학(CMU), NASA, 펜실베이니아 관광청, 국립전쟁박물관이 파트너십을 구축하여 세계 어디에서나 펜실베이니아 주 여행 서비스를 인터렉티브하게 경험하게 할 수 있게 하고 있다. 펜실베이니아 관광청은 카네기 멜론 대학(CMU), 구글, NASA의 Ames Research Center로 구성된 글로벌 연계 프로젝트에서 개발된 기술을 적용하였다.

Gigapan(short for Gigapixel Panoramas)으로 알려진 이 기술은 수천의 디지털 이미지와 10억 개 픽셀을 가진 파노라마 이미지를 결합시키는 것이 가능하고, 시간 요소와 결합하면 사용자들은 시간대를 넘어 공간을 탐색할 수 있도록 하고 있다. 또한 온라인 방문자들은 여행자들에게 관심있는 부분을 보다 비주얼하게 보여줌으로써 특정한 여행 데이터에 접근할 수 있도록 해준다.

결과적으로 그 프로젝트는 펜실베이니아 주 전역에 걸쳐 역사적인 유물들을 지리 정보와 연계시키고 이를 비쥬얼하게 나타냄으로써, 펜실베이니아를 여행지로서 보다 프로모션하고, 방문자 수와 소비를 증대시키고, 대략 60만 개 이상의 직업을 가지는 펜실베이니아 여행 산업을 활성화하는 데 기여하였다. 펜실베이니아 주 관광청은 총 285,000달러를 투자하여 세계 모든 곳에서 펜실베이니아의 남북전쟁에 대한 가상체험을 할 수 있도록 함으로써, 구글 어스 플랫폼으로 수익을 얻는 최초의 주가 되었다.

바. 미국의 선거정보서비스: '2006 Google Earth Election Guide'
구글 어스(Google Earth)의 미국 지도와 미국 선거정보를 매시업(Mesh-Up)한 사례는 미국의 선거관련 정보를 '2006 Google Earth Election Guide'라는 서비스를 통해 제공하는 것이다. 사용자들은 미국 지도상에서 각 선거구의 영역과 후보들에 대한 정보에 대해서 상세한 정보를 제공받을 수 있고, 지도상에 나타난 각 버튼을 클릭하면 상원의원과 하원의원에 출마한 후보자들의 전체 명단을 확인할 수 있다.

또한 후보자의 명단을 클릭하면, 새로운 웹브라우저가 오픈되면서, 후보자 관련 구글의 웹 서치 결과, 이미지, 뉴스가 나타난다. 미국 전체 435개 하원의원 선거구의 모든 후보에 대한 정보를 볼 수 있는데, 사용자들이 선거구를 클릭하면, 공식 유권자 등록 페이지와 연방 선거관리위원회 홈페이지의 선거운동 자금 보고서와 데이터를 볼 수 있도록 링크가 가능하다. 과거에는 주로 후보자들이 유튜브(YouTube)와 마이스페이스(MySpace)를 선거운동의 도구로 사용하고, 터치스크린을 통해 디지털 투표를 실시하였으나, 선거정보 매시업 서비스는 수백만의 미국 시민들이 이전과는 다른 방법을 통해 후보자들의 정보를 검색할 수 있게 되었다.

2.4 집단지성

집단지능(集團知能)·협업지성(協業知性)과 같은 의미이다. 다수의 개체들이 서로 협력하거나 경쟁하는 과정을 통하여 얻게 된 집단의 지적 능력을 의미하며, 이는 개체의 지적 능력을 넘어서는 힘을 발휘한다는 것이다.

이 개념은 미국의 곤충학자 윌리엄 모턴 휠러(William Morton Wheeler)가 1910년 출간한 『개미: 그들의 구조·발달·행동 Ants: Their Structure, Development, and Behavior』에서 처음 제시하였다. 휠러는 개체로는 미미한 개미가 공동체로서 협업(協業)하여 거대한 개미집을 만들어내는 것을 관찰하였고, 이를 근거로 개미는 개체로서는 미미하지만 군집(群集)하여서는 높은 지능체계를 형성한다고 설명하였다.

이후 피터 러셀(Peter Russell)·톰 애틀리(Tom Atlee)·하워드 블룸(Howard Bloom) 등의 연구가 이루어졌으며, 제임스 서로위키(James Surowiecki)는 실험 결과를 토대로 "특정 조건에서 집단은 집단 내부의 가장 우수한 개체보다 지능적"이라고 주장하였다. 또 피에르 레비(Pierre Levy)는 사이버 공간의 집단지성을 제시하였는데, 그는 "누구나 자신의 공간(사이트)를 가지고 일종의 형성하는 시대가 오면 어디에나 분포하고, 지속적으로 가치 부여되며, 실시간으로 조정되고, 역량의 실제적 동원에 이르는 집단지성이 발현될 것"이라고 주장하였다.

집단지성은 사회학이나 과학, 정치, 경제 등 다양한 분야에서 발현될 수 있으며, 인간뿐 아니라 동식물까지 연구대상에 포함된다. 집단지성의 대표적 사례로는 인터넷을 기반으로 한 위키피디아와 웹 2.0을 꼽을 수 있다.

위키피디아의 발전과정은 지식·정보의 생산자나 수혜자가 따로 없이 누구나 생산할 수 있고 모두가 손쉽게 공유하면서도 정체되지 않고 계속 진보하는, 집단지성의 특성을 보여준다. 한국에서 2008년 체결된 미국산 쇠고기 수입 협상에 대하여 인터넷을 중심으로 자유롭게 의견을 교환하고 토론하면서 이를 반대하는 촛불집회가 확대되었는데, 이 역시 집단지성의 한 사례로 언급할 수 있다.

✲ 집단지성의 주요 사례

가. 위키피디아의 집단지성, '톡탭'이 살린다

'집단지성' 2001년 서비스를 시작으로 전세계적 열풍을 일으켰던 '위키피디아(Wikipedia)'가 추구하던 개념으로 협업지성도 이와 같은 말이다. 다수의 개체가 서로 협력하거나 경쟁하는 과정에서 얻는 지적 능력을 의미한다. 집단지성의 실제 사례로 위키피디아와 네이버 지식인 등이 있다.

위키피디아는 누구나 자유롭게 글을 쓰고 수정하는 방식으로 다양한 분야의 방대한 지식이 넘쳐나는 곳이다. 초기엔 집단지성을 제대로 보여주는 곳으로 인식됐으나, 인기가 높아질수록 참여 장벽도 함께 높아졌다. 결과적으로 소수의 글만이 채택돼 '위키백과'에 올라가고, 일상의 가벼운 콘텐츠에 대한 공유는 소홀해졌다. 애초에 위키피디아가 추구하던 '누구나 자유롭게 생각을 나누는 곳'이 아닌 '학술적이고 전문적인 지식만 공유할 수 있는 공간'으로 바뀌어 버렸다.

나. 키워드 기반 SNS를 추구한다, '톡탭(talktab)'

이때, 한 카이스트 청년이 누구나 쉽게 참여할 수 있는 온라인 백과 애플리케이션(이하 앱)을 들고서 등장한다. 바로 키워드 기반 SNS를 추구하는 '톡탭(talktab)'이다. 톡탭은 간단한 일상과 정보를 즉각적으로 공유할 수 있는 SNS와 '키워드(Keyword)'에 대한 정보를 모으는 위키피디아를 결합한 형태다.

이메일 주소만 있으면 누구나 사용할 수 있고, 페이스북/트위터 계정으로 로그인할 수도 있다. 자신이 제공하고자 하는 혹은 관심 있는 키워드를 지정해 정보를 주고 받을 수 있다. 참여 장벽이 사라진 위키피디아인 셈이다.

위키비디아에 비해 콘텐츠의 전문성이 떨어지는 것 아니냐는 지적도 있다. 하지만, 애초에 톡탭사용자들은 이를 전문지식을 얻기 위한 백과사전으로 생각하지 않는다. 일상, 사적인 관심사, 실시간 이슈 키워드 등을 얘기한다. 예를 들어, 연예인 스캔들, 맛집 정보, 여행 경로 등의 정보를 공유한다.

톡탭은 사람이 아닌 키워드를 '팔로우'한다. 키워드를 팔로우하면 키워드와 관련한 모든 글들을 볼 수 있다. 따로 사람을 팔로우하지 않아도 키워드가 알아서 사람과 사람 사이를 이어준다. 키워드 정보 제공자와 정보 검색자가 직접 이야기 할 수도 있는 것도 새롭다. 톡탭에선 아무리 사소한 일상, 정보라도 그 정보 제공자(출처)를 알 수 있고, 관심 키워드가 같다면 키워드에 댓글을 달면서 대화할 수도 있다. 이는 위키피디아와 차별화되는 점이다.

키워드를 새로 생성해 콘텐츠를 제공할 수도 있다. 기존 키워드가 연예/문화/사회/영화 등으로 다소 범위가 넓었다면, '오늘 뭐 먹었어?', '다이어트 어떻게 해'라는 독특한 키워드를 만들어 콘텐츠를 제공해보자. 관심사가 비슷한 사람이 그 키워드를 팔로잉하고 정보를 제공할 것이다.

팔로우하지 않은 키워드라고 해도 이와 관련한 콘텐츠도 실시간으로 볼 수 있다. 더불어 톡탭은 이를 모아 네이버의 '실시간 급상승 검색어'와 비슷한 방식으로 순위를 매겨 보여준다. 그 동안 여러 사용자들은 네이버 실시간 검색어가 무엇인지는 아는데, 그에 대해 이야기할 곳이 없다는 데 불만이 많았다. 하지만 이제 여기서 어떤 키워드가 가장 많이 거론되고 있는지 알 수 있을 뿐 아니라 특정 키워드와 관련해 여러 생각을 나눌 수 있게 됐다.

네이버와 비슷한 인터페이스로 친근하고 깔끔해 마치 블로그 포스팅을 하는 느낌이다. 아이폰, 안드로이드용 모바일 앱을 모두 지원하나, 웹 버전은 지원하지 않는다.

다. SNS의 중심은 '관계'에서 '관심'으로

키워드 SNS 톡탭은 키워드 네트워킹을 지향한다. 아직 키워드 네트워킹의 개념은 명확하지 않지만, 간단하게 '관심 키워드로 생각을 공유함으로써 관계를 맺음'의 의미를 담고 있다. 국외에선 마이크로소프트가 소셜(socl)로, 국내에선 KT가 팬미(FanMe)로 키워드 네트워킹과 비슷한 시도를 하고 있다. 게다가 다음의 캠프, SK플래닛의 구름 등이 카테고리별(주제별) 채널로 서비스되고 있으나 그리 알려지지 않은 편이다.

이제껏 개인정보 노출에 대한 부담, 원하지 않은 정보 제공 등으로 기존의 SNS에 피로를 느꼈다면 톡탭이 어떨까. 자신의 관심사 중심으로만 얘기할 수 있어 기존 SNS에 비해 가벼운 느낌이다. 요즘 이슈가 되는 키워드에 대해 공감하고 댓글로 표현하는 재미는 기존 SNS와 크게 다르지 않다. 다만, 페이스북, 트위터와 비교해 상대적으로 적은 사용자 수, 동영상 미지원 등은 못내 아쉽다. 더 많은 사용자, 더 방대한 정보가 있어야만 톡탭의 진면모를 만날 수 있을 것이다.

2.5　크라우드소싱과 크라우드펀딩

(1) 크라우드소싱

2006년 제프하우(Jeff Howe) "Wired" 매거진에서 크라우드소싱(Crowdsourcing)이란 개념을 정의하였다. 그의 책에서 크라우드소싱이란 새로운 웹 기반의 비즈니스 모델로 '대중'(crowd)과 '외부자원활용'(outsourcing)의 합성어로 설명하였다.

크라우드소싱은 다양한 형태로 존재할 수 있지만 그 큰 틀은 잠재적 노동자인 대중이 거대한 네트워크를 형성하여 공개 오디션 형식을 취한다는 것이 중요한 점이다.

다시 말해 기업이 제품이나 서비스 개발과정에서 외부 전문가나 일반 대중이 참여할 수 있도록 하고 참여자 기여로 혁신을 달성하면 수익을 참여자와 공유하는 방법을 말한다. 크라우드소싱은 성공적으로 실행될 경우 기업과 고객 또는 잠재고객이 서로 윈윈(Win-Win)할 수 있는 환경을 조성할 수 있다.

인터넷과 소셜 네트워크의 발달로 말미암아, 네트워크상의 익명의 다수로부터 아이디어를 얻는 크라우드소싱, 소정의 상품을 위해 신제품 설계안을 내는 회사 사이트, 다수의 편집자들의 내용을 업데이트하는 온라인 백과사전 등 새로운 사업 모델을 통해 이전에는 상상할 수 없었던 새로운 가치가 부가되고 있다.

특히, 이전에 기업 내부에만 숨겨져 접근이 어려웠던 업무영역도 변화된 환경에서 좀 더 개방적인 운영방식을 택함으로써 새로운 가치 확보체계로 발전되는 양상이 쉽게 발견되며 이런 경향은 전 세계 연구자들에게 연구의 영역을 확대할 수 있는 기회를 제공한다.

최근에는 크라우드소싱의 새로운 형태로 크라우드펀딩이 나타났다. 일반적으로 크라우드펀딩은 자금 조달이 어려운 초기 벤처기업이 인터넷이나 모바일 네트워크 등을 통해 투자, 시제품 구입 또는 기부의 형태로 자금을 조달하는 것을 의미한다. 또한 트위터, 페이스북과 같은 소셜 네트워크 서비스(SNS)를 활용하는 경우 많기 때문에 '소셜 펀딩'으로 불리기도 한다. 이는 다수의 잠재 투자자들이 온라인상에서 투자 검토를 통해 사업의 자본을 마련하거나 시제품을 생산하는 초기 비용을 대어준다는 측면에서 초기 기업(Start-up)에게 매우 의미있는 자본 확보방법으로 인식된다. 크라우드소싱이 아이디어 제공 수준이었다면 크라우드펀딩은 본인의 돈 일부를 실제로 내는 수준으로 좀 더 적극적인 의미의 참여라 할 수 있다.

(2) 크라우드펀딩

크라우드펀딩이란 개인이나 기업이 인터넷상의 불특정 다수의 대중(Crowd)들로부터 투자금을 모으는 투자유치 방식이다. 일반적으로 크라우드펀딩 사이트는 자금이 필요한 개인이나 기업에게 프로젝트를 등록할 수 있도록 하고 그 사이트의 다수 회원들이 등록된 프로젝트의 내용을 검토하고 소액을 투자하여 누적된 투자 금액이 목표자금 이상 확보될 경우 투자가 이루어진다. 크라우드펀딩은 투자 형태에 따라 기부형(donation), 대부형(lending), 보상형(reward), 주식 취득형(equity)으로 구분된다.

크라우드펀딩은 크라우드소싱(crowdsourcing)과 마이크로파이낸스(microfi-nance)라는 개념을 모태로 하고 있다. 크라우드소싱은 주로 기여자 측면에서 공통의 목적을 추구하는 다수 기여자의 소규모 공헌이라는 점에서, 마이크로파이낸스는 수령자 측면에서 소규모의 창업자라는 점이 대표적 특징이라 할 것인데, 양자가 결합하여 다수의 소규모 출연을 통해 소규모 창업자의 자금을 조달하는 것이 크라우드펀딩이다.

표 2-1　크라우드펀딩의 분류

	구 분	내 용	비고 / 사례
목적별	기부형 (Donation-Based)	금전적 또는 기타 보상을 전제로 하지 않는 순수한 형태의 기부	해피빈 Giveforward Volunteerforever
	후원형 (Reward-Based)	혁신적 아이디어를 바탕으로 한 프로젝트에 자금투자, 티켓 또는 제품 등 후원에 대한 소정의 댓가를 제공 [예] Pebble Watch, 3D프린터	보상품 제공 Kickstarter Indiegogo
	대출형 (Lending-Based))	개인 또는 개인사업자에 대한 소액대출 형태로 차입자는 만기에 원금＋이자를 상환	Prosper Lending club
	지분투자형 (Equity-Based)	창업자 또는 혁신적인 프로젝트에 투자하고 투자자는 주식 또는 수익증권을 취득	오퍼튠

유형별	기부형	자금개설자의 사업 또는 프로젝트를 돕기 위하여 자금지원자가 자금을 기부하는 유형	
	P2P금융형	금융회사를 거치지 않고 인터넷 사이트에서 이루어지는 개인간 직접적인 금융거래 유형	
	증권매매형	자금지원자가 자금개설자의 사업에 자금을 지원하고 그에 대한 보상으로 이자 또는 수익분배를 받는 유형	현재 한국에서는 자본 시장법상의 규제가 전면 적용되고 있음
모금 방식별	양자택일방식 (All or Nothing)	모금액이 목표액을 초과시 개설자가 모든 금액을 수수료를 제외하고 가져가고 미달시에는 전액 환불하는 방식	Kickstarter
	목표금액 설정방식 (Tipping Point)	모금 목표액과 프로젝트를 진행하기 위한 최소자금을 설정하는 방식	Startsomegood.com
	자유모금방식 (Keep what you raise)	모금액이 목표액에 도달하지 못해도 모금액을 개설자에게 전달하는 방식	Indiegogo

자료: 크라우드산업연구소 및 추가정리

(3) 크라우드펀딩의 장단점

크라우드펀딩의 장점으로는 용이하게 자금을 조달할 수 있다는 점, 대중 참여에 의한 사업의 투명성 제고, 위험 분산의 효과, 투자비용의 절감 효과 등이 제시되고 있다. 자금조달의 용이성 및 사업의 투명성 제고는 모든 유형의 크라우드펀딩에 해당된다고 볼 수 있으나, 위험분산 및 투자비용 절감의 장점은 금융형 크라우드펀딩에 국한된 장점이라고 볼 수 있을 것이다.

크라우드펀딩의 단점으로는 지적재산권 보호가 곤란하다는 점과 투자자 보호에 문제가 있다는 점을 들 수 있다. 전자는 크라우드펀딩이 창업기업의 자금 조달에 이용되는 경우 주로 문제될 것이고, 후자는 금융형 크라우드펀딩에서 주로 문제가 될 것이다. 또한 크라우드펀딩은 미국과 유럽을 중심으로, 특히 대출형 크라우드펀딩 위주로 크게 발전해 오고 있다. 우리나라의 경우 아직 매우 초보적인 단계로 관련 플랫폼이 많지 않으나 역시 대출형 크라우드펀딩의 비중이 가장 큰 것으로 보인다.

(4) 크라우드소싱과 펀딩의 주요 사례

가. 크라우드소싱

① 팔로(Pallo)

하드웨어를 개발하는 플랫폼으로 대중이 아이디어를 등록하면 일련의 과정을 거쳐서 제품 개발하고 개선하여 출시하는 제조업체이다. 2013년 4월에 창업하였고 2014년 4월 1일에 플랫폼을 오픈하였으며 일반인 또는 외부전문가 누구나 참여할 수 있고 아이디어를 내어 새로운 가치를 만드는 집단지성 산업이다. 현재 팔로가 하고 있는 것은 최근 화두인 '창조경제'와 관련있다. 개인의 상상력과 창의성이 새로운 성장 동력이 되고 시장, 일자리를 창출하는 경제를 '창조경제'로 설명할 수 있는데 크라우드소싱이 이것과 잘 맞는 부분이 있고 국내를 대표하는 크라우드소싱 기업이라 할 수 있다.

② 메이크(Maque)

참여자의 아이디어를 제품으로 개발, 제조 및 판매를 하는 아이디어 제품 개발 플랫폼이다. 2012년 6월 소셜 프로덕트 플랫폼 기획을 기획하였고, 2013년 6월 비전팩토리를 오픈하였다. 현재의 메이크는 2014년 4월에 리뉴얼 오픈되었다. 주요 성공사례로 데스크 테이블 정리함인 '박스탭'이 있으며 출시된 지 8개월 만에 매출 4억 원을 달성했으며 글로벌 기업인 '다이슨'과 '알레시'를 넘어서는 것이 목표다.

③ 경영혁신 / 칼럼

2006년 6월 미국 정보기술 월간지인 <Wired>는 '여러 산업 분야의 대기업들이 인터넷을 통해 개인이나 집단에게 주요 업무를 맡기기 시작했다'는 기사를 싣고, 이 현상을 설명하는 새로운 단어로 '크라우드소싱 (crowdsourcing)'을 만들어냈다. 대중(crowd)과 아웃소싱(outsourcing)을 합성한 이 신조어는 '온라인에서 대중의 잠재 능력을 이용하는 방법'이라고 정의되었다.

이는 기업이 제품(서비스) 개발 및 생산 과정을 소비자나 대중에게 개방하여 효율을 높이고 수익을 참여자와 공유하고자 하는 방법으로서, 전통적으로 직원들이 수행하던 일을 인터넷상의 불특정 다수에게 넘기는 방식을 일컫는다. 다시 말해 네티즌 집단의 능력, 곧 집단지능에 의한 온라인상의 대규모 협업(Mass Collaboration)을 기업활동에 적용하는 것을 말한다.

④ 아마존 닷컴(Amazon.com)

창업자이자 최고 경영자인 제프 베조스(Jeff Bezos)는 고객을 활용하는 방법을 궁리한 끝에 자사의 홈페이지에 크라우드소싱의 최초 사례라 할 수 있는 온라인 고객 서평란을 개설했다. 보수도 받지 않고 회사의 통제도 받지 않는 가운데 고객들은 서평을 기고하여 아마존의 상품에 가치를 부여했다. 초창기 10년간 판매, 고객, 서평, 재고 목록 등의 데이터베이스 구축에 무려 20억 달러 이상을 투자했는데, 2004년부터 누구나 데이터베이스를 이용하도록 정보창고를 개방하는 대담한 조치를 취한 직후 무려 24만 명 이상이 각종 서비스 개발에 참여해서 수십만 명의 고객을 끌어들이고 판매와 수익이 급신장했다.

⑤ 캠브리안 하우스(Cambrian House)

캐나다 소프트웨어 회사인 캠브리안 하우스는 2006년 최초의 투자자들에게 "우리는 우리가 무엇을 만들 것인지, 또는 누가 구매할 것인지 전혀 모른다"라고 사업 구상을 밝힌 뒤 투자금액을 모았는데 인터넷 커뮤니티 회원이 3만 명을 돌파했다. 커뮤니티 회원은 아이디어를 내고, 함께 사업을 하고, 개선하고, 최종 제품도 구매했다. 이 회사의 지침은 "당신은 어떻게 60억 인구의 아이디어, 재능, 기업가적인 추진력을 일깨울 것인가?

그 모든 것을 한 지붕 아래 집결시켜라"였다.

우리나라 소셜네트워크서비스(SNS)가 발달한 만큼 이를 기반으로 한 크라우드소싱 사업의 성장 가능성도 클 것으로 전망된다. 안철수연구소는 2007년 4월 컴퓨터 보안 서비스 '빛자루'를 선보이기 전에 자사 블로그를 통해 시험버전을 공개했다. 사실 안철수연구소는 이 제품을 공개하면서 두 가지 고민에 빠졌다. 하나는 자사 제품을 판매하기도 전에 공개해 자칫 경쟁업체의 추격을 불러오지 않을까하는 점이었고, 또 하나는 컴퓨터 사용자가 제품을 구매하기도 전에 혹시 실망하지 않을까 하는 부담감이었다고 한다. 그러나 과감히 시험버전을 공개해 네티즌의 불만을 미리 파악해 완제품 품질을 보완할 수 있었다.

아이봉 업체는 크라우드소싱을 기반으로 '아이디어 오디션'을 진행하고 있다. '아이디어 오디션' 크라우드소싱 플랫폼을 통해 개인의 아이디어와 기업을 연결해주고 있다. 개인의 아이디어는 전문가, 바이어, 투자자 등으로 구성된 전문 멘토단에게 전달되어 평가를 받게 된다. 아이디어가 긍정적 평가를 받으면 그것을 사업화하기 위한 전문적인 과정을 거쳐 상용화 수순을 밟는다. 또 롯데마트도 '통근아이디어 공모전'을 통해 크라우드소싱을 실시했다. 공모전 결과 2,600만 건의 아이디어가 모였고, 특허청, 변리사, 제조업체 등의 전문가들에 심사를 위촉해 수상작을 결정했다. 수상작으로 선정된 '주방용 스마트기기 거치대'는 현재 특허를 취득을 마치고 제작과 판로를 찾는 상용화가 진행 중이라고 한다.

외국 사례로는 스타벅스의 '납작빨대'의 탄생비화가 크라우드소싱을 잘 설명할 수 있는 사례이다. 2008년 시작된 'My Starbuks Idea'는 고객의 소리를 듣는 창구를 만들기 위해 오픈된 크라우드소싱 플랫폼 중 하나이다. 스타벅스와 관련된 아이디어를 고객들이 올리고, 투표로 아이디어를 선정하여, 실제 매장에 적용하는 프로세스로 진행된다. 스타벅스는 이를 통해 음료와 관련된 팔 만개 이상의 아이디어와 매장 이용에 대한 삼 만

개 이상의 아이디어 수집하였으며, 현재 사용 중인 스타벅스의 납작한 모양의 빨대도 한 사용자가 올린 아이디어를 통해 전 세계 매장에 적용되었다고 한다.

나. 크라우드펀딩

① 인디고고

인디고고는 2008년 1월 세계 최초로 크라우드펀딩서비스를 시작하였으며, 2009년 4월 시작한 킥스타터는 가장 큰 인기를 끌고 있다. 2013년 11월 기준으로 킥스타터는 누적 모금액이 총 8억 달러 이상이며 투자금 이상 공모에 성공한 프로젝트 수도 5만개를 넘었다. 킥스타터의 경우 개인이나 기업이 상품 아이디어와 모금 목표액, 개발 완료 시점 및 소비자에게의 보상과 같은 부분을 언급하고 있다. 미국의 크라우드펀딩 규모는 2011년 약 1.5조 원을 기록하고 2012년에는 두 배에 달할 것으로 보고되고 있다.

국내의 크라우드펀딩의 역사는 불과 5년이 안된다고 볼 수 있다. 대표적인 국내 크라우드펀딩 사이트인 유캔펀딩의 경우 2012년에 설립이 되었다. 국내에서는 굿펀딩, 유캔펀딩, 텀블벅, 펀듀 등 수십여 개 이상의 크라우드펀딩 업체가 운영되고 있다.

② Pebble Watch

Allert사의 CEO인 Eric Migicovsky는 델프트공과대학 재학 중 손목에서 휴대폰의 각종 기능을 볼 수 있는 제품을 구상하였다. 졸업 후에 prototype을 개발하여 다방면으로 여러 벤처캐피탈과 투자자들에게 의뢰하였으나, 돌아오는 반응은 회의적이었다.

Eric Migicovsky는 이의 제품화를 위한 자금을 조달할 목적으로 크라우드펀딩 사이트인 Kickstarter에 Pebble Watch를 올렸다. 그리고 2시간 만에 목표액인 10만 달러를, 28시간 만에 100만 달러를 모금하였으며, 모금 시작 일주일 만에는 Kickstarter 사상 최고모금액을 달성하였다. 모금액은 10,266,845달러(약 112억 원)이며, 목표 대비 10,266%를 달성하였으며, 기간은 2012년 4월 11일부터 5월 18일간(37일)으로 후원자는 68,929명에 이르렀다(Kickstarter—Pebble Watch 홈페이지).

제품을 바로 사용할 수 있는 것도 아니었고 무려 1년여를 기다려야 하는 것이었지만, Kickstarter의 투자자들은 이 새로운 제품에 열광하며 투자하였고, Pebble은 Kickstarter를 통해 모은 자금을 기반으로 CES2013에서 Pebble의 첫 스마트워치를 선보였다. Pebble은 99달러 이상 후원한 후원자들에게 준 6만 8천 개 및 Kickstarter 후원자들이 구매한 물량을 포함하여 총 27만 대의 웨어러블 디바이스를 판매하였으며, 당당히 웨어러블 시장의 한 축으로 자리 잡았다.

이는 기존 투자시스템의 대안으로서 크라우드펀딩에 대한 보다 새로운 시각을 갖게 해 주었으며, 다양한 프로젝트들과 스타트업 기업들이 생겨나는 토대가 되었다.

③ 영화 제작 프로젝트 "Veronica Mars"
"Veronica Mars"는 미국의 워너브라더스 텔레비전 외 2개 회사가 합작하여 제작한 수사 드라마로 2004년에 방영을 시작하여 3개 시즌 총 64개의 에피소드로 방영되어 시즌 평균 250만 명이 시청한 드라마이다. 시즌4로 가기 전에 방송국의 사정으로 인하여 제작이 중단된 상황에서 감독인 Rob Tomas가 2013년 3월 13일 Kickstarter를 통하여 후원자에 대한 리워드로, 이 영화가 만들어질 경우 출연진과 제작자들로부터 출연진의 사인이 들어간 기념품, 영화티켓, DVD, 영화 각본 등을 주기로 하였다. 영화 제작을 위한 펀딩을 시작하고, 4시간 만에 1만 달러, 7시간 만에 2만 달러, 한 달 동안 21개국 91,585명이 5,702,153달러(약 58억 원)을 모집하여 Kickstarter의 신기록을 세웠다.
비록 모금액이 전체 영화제작비의 절반에도 미치지 못하였지만, 이 프로젝트를 통하여 영화제작에 대한 사전 수요를 확인할 수 있었다. 이러한 사전 조사를 바탕으로 대형 제작사에 어필하여 그 수요를 확인시켜 줌으로써 대형 제작사에게 이 영화를 제작하게 할 수 있는 근거를 제시하여 주었다는 점과 이 프로젝트에 투자한 투자자들이 금전적인 것뿐만 아니라 감정적인 투자를 했다는 점에서 이 "Veronica Mars"의 크라우드펀딩 프로젝트는 매우 성공적인 프로젝트였다.

④ TikTok과 LunaTik

미국의 디자인 회사인 Minimal은 애플의 i-pot 6세대에 대해 이 제품에 손목시계처럼 사용할 수 있도록 하는 디자인 아이디어에 대해 "Tik-Tok+LunaTik"이라는 제품명으로 Kickstarter에 올려 이 아이디어에 대한 제작비를 충당하고자 하였다. 목표는 15,000달러였으며, 일종의 선 구매형식으로 후원금액을 모으는 프로젝트를 진행하였다.

1달러 이상은 리워드가 없으며, 최소 25달러를 후원하는 사람은 TikTok, 50달러를 후원하는 사람은 LunaTik을, 70달러 이상은 TikTok 외에 LunaTik kit를 추가로 제공하며, 150달러 이상은 LunaTik Kickstarter Backer Edition과 TikTok을, 그리고 500달러 이상은 8GB i-pot이 포함된 LunaTik Kickstarter Backer Edition과 5개의 은도금 LunaTik 및 5개의 TikTok을 리워드로 받게 하였다.

목표금액은 첫날에 무려 8만 달러가 모금되었다. 이 기간 동안 모금액은 942,578달러(약 10억 5천만 원)로 목표액 대비 6,283%를 달성하였고, 후원자는 13,512명으로 집계되었다. 이들 후원자들의 후원금액 분포는 대부분 25달러에서 70달러에 모여 있었다. 이러한 사례는 회사의 규모에 따라 제품이 디자인이 되는 것이 아니라 오로지 하나의 아이디어로 얼마든지 사람들의 마음을 얻을 수 있음을 보여준 사례이다.

1. 권혁근, 서상혁(2014), 개방적 혁신을 위한 크라우드소싱 사례연구와 시사점, 한국기술혁신학회학술대회, pp.150－160.

2. 김동주, 주제별 논단 : 연구논문 ; 핀테크 업체의 P2P 해외송금 서비스 허용을 위한 외환규제 완화에 대한 고찰, 한국금융법학회. 금융법연구.

3. 김민정(2008), 웹2.0 기반 비즈니스 모델 분석 및 제안 = Web 2.0 based Internet Business Model Analysis and Suggestions, 인천대학교 정보통신대학원.

4. 김영도 한국금융연구원(2014), 주간금융브리프 21권 42호, pp.3－7.

5. 김인숙 한국지역정보개발원(2015), 정보 속으로 : 특집 ; 모바일결제 － 핀테크 모바일 전자상거래 시장 현황 및 과제, 지역정보화 91권 0호 pp.36－39.

6. 김종현 한국지역정보개발원(2015), 정보 속으로 : 특집 ; 글로벌 핀테크 산업 동향 및 전망, ＜지역정보화＞ 91권 0호 pp.40－45.

7. 김종철(2015), 국내 핀테크 활성화 방안 연구, 연세대학교 공학대학원.

8. 박재석, 이홍재 정보통신정책연구원(2014), 핀테크 동향과 금융기관의 대응 방향, ＜우정정보＞ 2014권 4호, pp.75－97.

9. 정준호, 김정숙 한국과학기술정보연구원(2015), 핀테크(FinTech) 서비스의 주요 사례와 보안 이슈, 한국멀티미디어학회지(한국멀티미디어학회) 19권 1호 pp.9－15.

10. 윤은호(2012), 집단지성 및 백과사전의 한계, 그리고 미래, 한국사전학회 학술대회 발표논문집, pp.81－90.

11. 윤지훈(2014), 크라우드펀딩의 성공전략 : 해외 및 국내 사례를 중심으로 = Strategy for Success of Crowdfunding : Focusing on both International and Domestic Cases, 한양사이버대학교 경영대학원, 석사학위논문.

12. 이순호 한국금융연구원(2014), 금융 포커스 : 핀테크(Fintech) 활용을 통한 금융포용 확대 움직임과 시사점, 주간금융브리프 23권 47호 pp.14－15.

13. 이용주(2014), Open API를 활용한 클라우드 기반 매시업, 한국정보기술학회논문지 12(3) pp.155-161.

14. 이주연, 최운호(2014), 차세대 성장동력 핀테크(Fin Tech)의 융합과 진화, ie 매거진 21(4) pp.47-52.

15. 이한석 한국항공경영학회(2014), <한국항공경영학회 추계학술발표논문집> 2014권 0호 pp.117-121.

16. 임지원, 이민화 한국경영학회(2014), <한국경영학회 통합학술발표논문집> 2014권 0호 pp.102-124.

17. 임혜진(2007), 웹 2.0 기반의 미디어 콘텐츠에 관한 연구 : 팟캐스트(Podcast) 활성화 방안을 중심으로 = A Study on media contents in Web 2.0 : Focusing on Podcast, 중앙대학교 예술대학원.

18. 최정환(2015), 크라우드펀딩(crowdfunding)의 規制方案에 대한 硏究, 高麗大學校 大學院, 석사학위논문.

19. 황의철(2015), 글로벌 시장의 핀테크 서비스, 한국콘텐츠학회 종합학술대회 논문집, pp.355-356.

20. 한국금융연구원(2015), 국제금융 이슈 : 미국 중소은행과 온라인 P2P 대출회사의 제휴를 통한 핀테크 시너지 창출, 주간금융브리프 24권 27호 pp.18-19.

21. [네이버 지식백과] 매시업 [Mashup] (두산백과).

22. [네이버 지식백과] 집단지성 [Collective Intelligence, 集團知性] (두산백과).

23. [네이버 지식백과] 크라우드소싱 [crowd sourcing] (시사상식사전, 박문각).

24. [네이버 지식백과] 핀테크 [FinTech] (한경 경제용어사전, 한국경제신문 / 한경닷컴).

25. [네이버 지식백과] P2P(컴퓨터 역사, 2013. 2. 25., 커뮤니케이션북스).

26. 동아일보 글 / IT동아 윤리연(yoolii@itdonga.com).

27. 솔개, 크라우드소싱의 대표적 성공 사례.

28. Government 2.0 서비스 사례 - 공공정보의 매시업을 통한 차세대 전자정부.

29. IT산업 7대 메가트렌드.

CHAPTER 03

소셜 네트워킹 서비스와 정보기술

SNS의 등장과 종류

　요즘 한국뿐만 아니라 전 세계에 SNS열풍이 불고 있다. 사람들은 왜 SNS에 열광하고 집착을 하는 것일까? SNS는 Social Networking Service의 약자로 사람들이 온라인상에서 기존에 있던 사람들이나 새로운 사람들과의 인맥 관계를 네트워크상의 접속의 관계망으로 형성시켜주는 서비스이다. 즉 사람과 사람간의 접촉의 관계를 네트워크로 형성되는 접속의 관계망을 지원하는 서비스라고 할 수 있다.

　카페나 동호회 같은 경우는 회원에 의해서 제한적이고 특정분야에 한정된 서비스를 공유했다면, SNS는 자신이 주체가 되어 관심사와 일상을 제한적이고 폐쇄적인 벽을 넘어 자유롭게 공유한다는 것에 차이가 있다.

SNS가 처음 생겨난 배경은 컴퓨터가 개발되고 인터넷이라는 가상의 온라인이 생겨나면서 시작되었다고 할 수 있다. 1990년대에 월드와이드웹이라는 것이 나타나면서 본격적으로 이용자 신상 정보 제공기능과 같은 SNS의 가장 보편적인 기능을 제공하였다.

그러면서 1990년대 말에는 친구 찾기와 같은 새로운 SNS 기술들이 개발되었다. 그 후에 2000년대에 미국에선 2002년 프렌드스터(Friendster), 2003년 마이스페이스(MySpace)와 링크드인(LinkedIn) 등이 등장했고, 우리나라에선 대표적으로 싸이월드가 등장하면서 본격적인 SNS가 시작되었다. 그리고 현재 SNS이용률이 가장 높은 페이스북은 2004년에 마크 주커버그라는 사람이 개발하면서 본격적으로 전 세계 사람들에게 퍼져나갔다. 그러나 SNS가 폭발적으로 증가하기 시작한 것은 스마트폰이 본격적으로 보급화 되고 나서이다. 스마트폰을 통해서 사람들이 SNS에 접근하기 쉬워졌기 때문이다.

(1) 페이스북

페이스북은 13세 이상이면 누구나 손쉽게 가입할 수 있으며 '친구 맺기'를 통해서 친구들과 여러 정보를 교환하거나 서로의 소식이나 자료를 공유할 수 있다. 페이스북의 장점은 몇몇 SNS의 단방향적인 구조와 달리 쌍방향적 구조를 가지고 있다는 것이다. 상대방과 자신이 서로 친구를 등록해서 페이스북에서 서로 관계를 맺게 된다.

(2) 트위터

이것은 2006년 미국의 잭 도시(Jack Dorsey) · 에번 윌리엄스(Evan Williams) · 비즈

스톤(Biz Stone) 등이 공동으로 개발한 '마이크로 블로그'로서 이름 그대로 '지저 귀다'라는 뜻을 가진 '트위터'라는 SNS이다. 트위터는 말 그대로 140자 내로 짧은 글을 빠르게 쓸 수 있도록 제공하는 서비스이다. 트위터의 차별점이라고 하면 일반적은 SNS는 상대방과 친구를 맺어야 하지만 트위터는 상대방이 친구를 허락하지 않아도 일방적으로 '뒤따르는 사람' 곧 '팔로어'로 등록할 수 있다는 것이다. 트위터는 신속한 '정보 유통망'으로 주목받고 있다.

(3) 카카오스토리

SNS의 일종으로 (주)카카오 회사에서 카카오톡이라는 신개념 스마트폰 전용 메신저를 만들었고 카카오톡의 인기가 폭발적으로 증가하면서 새롭게 만들었다. 카카오스토리는 카카오톡과 연동되어 카카오톡에 있는 친구를 쉽게 맺을 수 있으며 사진이나 메시지를 공유할 수 있는 SNS이다. 카카오톡은 우리나라에선 거의 스마트폰의 기본 기능이나 다름없을 정도로 대부분의 사람들이 사용하는 메신저이다 보니 카카오스토리는 국내에선 생기자마자 급속도로 보급화 되었다.

(4) 밴드

밴드는 2012년 8월 8일 정식 런칭한 새로운 개념의 모바일 커뮤니티 서비스이다. 밴드는 소중한 사람들과의 모임을 더 편리하고 돈독하게 만들어주는 멤버간 초대 기반 커뮤니티 서비스이다.

오직 초대받은 멤버들만 참여할 수 있는 시스템으로 학교, 회사, 동호회, 동창회 모임에서부터 가족, 커플, 친구들 모임까지 끈끈한 관계를 유지해나갈 수 있다. 누구나 쉽게 자기만의 페이지를 만들 수 있으며, 상호간 친구 설정이 되어야 정보공유가 가능하다. 이야기, 사진, 동영상, 지도, 파일을 쉽게 공유하며 밴드 그룹 멤버들의 생일이나 기념일, 일정을 확인할 수 있다. 비공개 기능과 초대받은 사람만 참여할 수 있다는 점에서 폐쇄형 SNS로 분류된다.

(5) 유튜브

유튜브(YouTube)는 무료 동영상 공유 사이트로, 사용자가 영상 클립을 업로드하거나, 보거나, 공유할 수 있다. 유튜브는 해외 마케팅을 진행하는 기업들이 유용하게 사용할 수 있는 통계 서비스를 무료로 제공한다. 채널 및 동영상에 접속하는 사용자들의 접속지역, 접속시간, 연령대, 성별 등을 분석해 제공하며, 이를 통해 기업들은 원하는 지역, 연령대, 성별 등의 핵심 타깃을 선별해 집중 공략할 수 있다.

(6) 링크드인

프로필 작성하는 것을 시작으로 바이어 발굴과 네트워킹으로 비교적 사적인 이야기나 관심사를 나누는 페이스북보다 전문적인 네트워크 플랫폼이다. 2014년으로 탄생 10주년을 맞은 링크드인은 현재 전 세계 3억 명이 넘는 가입자를 보유하고 있다.

링크드인은 사용자들이 개인 프로필을 이력서처럼 작성할 수 있도록 되어 있다. 기본적인 정보와 함께 경력 사항, 학력 사항 등을 기재할 수 있게 되어있다. 그리고 이렇게 업로드 된 사항들을 링크드인이 관리하여 사용자가 가진 업무 능력에 관심 있을 법한 기업이나 개인에게 사용자를 소개해준다.

실제로 북미지역 채용의 40% 이상이 링크드인을 통해서 이루어지고 있다. 링크드인을 사용하는 일반 사용자들은 자신의 전문성을 주변에 알림으로 자신만의 브랜드(Personal Brand)를 구축할 수 있다. 또한, 뉴스 기능을 통해 관심업계의 국내외 동향은 물론, 지인들이 많이 본 뉴스를 통해 업계 내 이슈와 이에 대한 전문가들의 견해를 쉽게 파악할 수 있다. 기업은 자신들의 업무에 필요한 인재들을 뽑는 것은 물론, 기업의 비즈니스적 가치와 지향점을 대대적으로 홍보할 수 있다.

국내 기업 중에서는 대표적으로 포스코 POSCO가 링크드인의 이러한 부분을 활발하게 사용하고 있다고 할 수 있다.

(7) 인스타그램

인스타그램(Instagram)은 온라인 사진 공유 및 소셜 네트워킹 서비스로, 사용자들은 인스타그램을 통해 사진을 찍음과 동시에 다양한 디지털 필터(효과)를 적용하며 페이스북이나 트위터와 같은 다양한 소셜 네트워킹 서비스에 사진을 공유할 수 있다.

특수효과를 첨가한 사진으로 이야기를 전달할 수 있는 단순한 인터페이스의 직관적인 SNS이다. 인스타그램의 검색기능인 '해시태그'를 활용해 스타일링과 코디 제안 등의 콘텐츠를 노출시킬 수 있다는 점이 장점이다.

3.2 정보기술의 도구로서 SNS

(1) SNS, 정보기술의 도구로 활용

전 세계의 수많은 사람들이 SNS를 이용하면서 이제는 유명 인사나 정치인들도 SNS를 무시할 수 없게 되었다. 기업들이 예전에는 제품을 팔 때 판매자의 입장에서 구매자를 상대했지만 현재는 구매자를 단순히 제품을 사는 사람으로 보지 않고 앞으로도 자사와 관계를 맺어 그 고객과의 관계를 계속 유지해나가는 추세이다. 하지만 이러한 관계를 맺는 게 쉽지 않고 그만큼 비용도 많이 든다. 그래서 많은 기업들이 주목하고 있는 것이 SNS이다.

SNS를 통해서 적은 비용으로 큰 홍보 및 마케팅 효과를 낼 수 있고 고객과의 관계를 맺는 것도 쉽다. 기업들이 고객간의 관계를 지속하기 위해서 SNS를 활용하는 이유로는 20~30대의 젊은 잠재고객을 확보할 수 있기 때문이다. 젊은 고객들이 트위터와 페이스북 등 SNS를 통해 개인의 목소리를 내기 시작하면서, 기업은 그 세계로 직접 뛰어들어 그들의 목소리에 대응할 필요성이 커졌다. 그리고 또 그 목소리에 대응을 해야만 20~30대 젊은 잠재고객을 확보하고 지속적으로 관계를 유지해 나갈 수 있게 된다. 또한 고객의 의견을 정책에 반영할 수 있고, 사내 커뮤니케이션으로 활용이 가능하다.

많은 기업들은 SNS를 고객과의 '소통의 수단'이 아닌 단순한 '홍보의 수단'으로 활용하고 운영을 하고 있다. 그리고 SNS를 통해 고객에게 제공되는 정보의 질적인 면을 고려하기 보다는 양적인 면에 치중하여 팔로워를 늘리거나 방문자수를 늘리기에 급급해 있는 게 사실이다. SNS가 기존 채널보다 고객의 참여도가 높고 접근성이 좋은 만큼 초기의 무차별적인 바이럴 마케팅 및 홍보채널로서의 양적 정보제공으로 인해 고객에게 혼돈을 주는 활동을 넘어서 각 매체의 특성을 고려하여 고객이 필요로 하는 보다 유용하고 도움이 될 만한 정보를 제공하며 소통할 수 있는 수단이 되도록 노력해야 할 것이다.

기업이 SNS를 이용할 때 어떻게 하느냐에 따라서 고객들의 반응이 매우 달랐다는 조사결과도 있었다. 고객의 트위팅에 대해 기업측에서 친밀하고 재미있게 응대하면서 트위터를 운영하는 경우 이벤트, 프로모션 참가 및 피드백 제공, 기업응원 등과 같은 세 유형의 고객참여가 활발히 일어나는 것으로 나타났다.

결국 기업이 SNS를 운영하는 주요 목적은 고객과의 관계 강화인데, 친밀하고 즐거운 기업의 SNS 커뮤니티 환경을 조성하는 것이 더욱 활발한 고객참여를 유도하는 데 효과적이란 얘기다. 반면 유용한 정보 제공에 중점을 둔 트위터 운영은 활발한 고객참여를 유도하는 것과는 직접적인 연관이 없다는 것으로 나타났다. 단순히 정보 제공에 초점을 맞추고 운영하는 기업의 SNS는 고객불만의 내용이 주로 포스팅되어 있는 것을 발견할 수 있었다고 한다.

이런 운영방식은 관계 마케팅 입장에서 기대할 수 있는 다양한 이익 대신 기업의 SNS를 고객 불만채널로 전락시킴으로써 기업이미지 자체에까지 부정적인 영향을 미칠 수 있다고 한다.

(2) SNS의 문제점

요즘 많은 사람들이 SNS를 이용하고 있다. SNS를 통해 사람들은 주변사람, 새로운 사람과 인연을 맺고 다양한 소식을 얻게 되고 유용한 정보나 자료, 가볍게 웃어넘길 수 있는 재미있는 정보들을 접하게 된다. 또한 기업에선 마케팅의 도구로, 유명인사는 선거활동이나 이미지 개선을 위한 홍보 도구로 쓰는 등 여러 분야에서 다양하게 쓰이고 있다. 하지만 이러한 SNS에도 문제점은 있다. 대표적으로 몇 가지 정도로 구분할 수 있다.

첫째, 개인의 사생활이 다른 사람들에 의해 노출될 수 있다는 점이다. SNS는 개인의 공간이 있지만 다른 사람들이 개인의 공간에 쉽게 접근할 수 있고 정보도 손쉽게 빼낼 수 있다.

둘째, 허위사실을 유포할 수 있다는 점이다. SNS는 주로 젊은 세대가 이용을 한다. 그러다보니 아직 구분을 잘 못하는 나이대의 유저들이 SNS내 영향력을 행사할 수 있는 파워 유저가 퍼트리는 소식을 그대로 믿게 되고 쉽게 선동 당하기도 한다. 실제로 몇몇 정치적인 성향이 강한 파워 유저가 페이지를 통해서 허위사실을 퍼트려서 수많은 SNS 유저들이 그대로 믿고 선동 당한 사례도 많다.

셋째, SNS상의 마녀사냥이 이루어지고 있다. 마녀사냥은 옛날 중세시대에 사람들이 마녀라고 생각된 사람들을 잡아다가 화형을 시킨 것이다. 그런데 현재에 이러한 마녀사냥이 나타나고 있다. 요즘 SNS에는 사람들 간의 개인적인 갈등도 많은 사람들에게 공개를 하고 SNS를 통해 갈등을 접한 사람들이 사실확인도 없이 그냥 무차별적으로 그 대상의 SNS에 침범해서 욕을 하거나 비판을 한다. 심지어 신상을 털어서 SNS에 마녀사냥의 대상이 된 사람의 번호나 사진을 올려서 큰 피해를 보는 경우가 늘어나고 있다. 이처럼 SNS는 긍정적으로 사용하면 나에게 큰 이익으로 돌아오지만 나쁘게 사용한다면 큰 불이익으로 되돌아올 수 있다.

3.3　SNS의 비즈니스 활용사례

(1) 패션업계

가. 버버리

유명 브랜드 버버리는 한 때 오랜 침체를 겪었는데, 이 침체기를 벗어나게 해준 것이 바로 SNS 마케팅이다. 버버리의 페이스북과 트위터는 자신의 팔로워의 글에 계속적으로 반응하고 버버리의 패션쇼를 트위터에 공유하고 고객이 특정 제품을 선택할 경우 그에 관련한 패션쇼 장면까지 친절하게 제공하고 있다. 이런 서비스로 버버리는 고객들과 한층 더 가깝게 되었고 SNS를 통해 버버리의 패션이 다시 주목받게 되었다.

나. 유니클로

유니클로는 자사 브랜드의 옷을 자신의 스타일대로 입은 뒤 페이스북이나 블로그에 사진을 올리면 바로바로 반응해 주는 서비스를 시행하고 있다. 또한 유니클로에서 일어나는 다양한 이야기를 SNS에 올려 고객들과의 마음에 거리를 좁히기도 한다. 또한 카카오톡 플러스 친구를 이용해 브랜드 정보나 할인 쿠폰을 나누어 주어 매출을 계속적으로 증가시키는데 큰 역할을 하고 있다.

다. SPA 브랜드 에이치커넥트(H:CONNECT)

SPA 브랜드 에이치커넥트(H: CONNECT)는 '버추얼 스토어'와 SNS를 연계한 이벤트를 진행하고 있다. 고객이 직접 서울 강남역에 위치한 '버추얼 스토어'에 방문해 매장 내에서 가상으로 피팅을 해 본 사진을 촬영한 자신의 사진을 SNS 계정에 올려 참가하는 이벤트로 의류상품권, 티셔츠, 양말세트 등을 다양한 선물을 받을 수 있는 이벤트를 진행하고 있다.

라. 리바이스

리바이스는 홈페이지 방문자에게 페이스북과 연동되어 있음을 알려주고 동영상으로 Like, 친구 초대 등 페이스북과 연동된 서비스 사용법을 안내해준다. 그 후 제품 페이지에서 제품을 'Like'하고, 친구들 중에서 최초로 추천할 것을 권유한다.

이에 따라 이용자의 친구들이 추천한 정보를 기반으로 개인화된 쇼핑 리스트를 만들어 제안하고, 이러한 과정으로 이루어진 리바이스의 페이스북 마케팅은 누구나 회원 가입이나 로그인이 없어도 소셜커머스 기능을 사용할 수 있게 하여 이용자의 수를 증가시킨다. 또한 Like버튼을 통하여 리바이스 홈페이지 내에서 공유되는 것은 물론, 페이스북에 자동으로 게재됨으로써 바이럴 효과까지 불러일으킨다. 이렇게 바이럴에서 그치는 것이 아니라 친구가 추천한, 혹은 유명인사가 추천한 제품을 실제 구매하는 사람들로 인해 구매결정 가능성 역시 높일 수 있었다.

리바이스는 페이스북을 활용하여 특히 지인들의 신뢰할 수 있는 추천과, 개인적 특성에 맞춘 제품 제안으로 좀 더 직접적이고 즉각적인 매출 증대를 할 수 있었다.

(2) 유통업계

가. 월마트

'get on the shelf' 콘테스트는 미국 전역에 3,500개 이상의 점포를 가진 월마트 스토어의 상품 진열대에 들어갈 만한 우수한 제품을 공모하여 일반인들의 투표로 이를 결정하는 콘테스트이다. 응모를 통해 모아진 상품을 대상으로 한 투표가 2012년 3월부터 진행되었다.

투표를 통해 응모 상품 중 우선적으로 상위 10개를 선정했고, 제2차 투표에서는 최종적인 3개를 선택했다. 응모자들은 자신의 상품이 인기를 얻게 하기 위해 스스로가 선전 및 PR을 적극적으로 해야 하는데, 이때 소셜 미디어를 포함하여 어떠한 방법을 써도 상관없다. 중요한 것은 얼마나 소비자의 관심과 흥미를 끌 수 있는가가 콘테스트의 일부이기 때문이라고 콘테스트 운영 담당자는 이야기 한다.

나. 이케아

가구 전문점 이케아는 인스타그램에서 활성화되어 있는 해시태그 기능을 이용하여 색다른 SNS 마케팅을 펼쳤다. 이케아는 이전까지 많은 카탈로그를 회원들에게 발송했지만 큰 효과를 누리지 못했는데, 이를 개선하기 위해 인스타그램을 활용한 SNS 마케팅을 활용한다. 고객들이 카탈로그에 나와 있는 이케아 가구 중에 마음에 드는 가구를 촬영하여 상품명을 해시태그와 함께 인스타그램에 업로드하면 추첨을 통해 이케아가 그 가구를 실제로 상품으로 지급하는 방식이었다.

이케아 회원들의 친구들은 물론이고 카탈로그를 받지 않은 사람까지 인스타그램을 통해서 이케아를 알게 되었고, 이케아의 다양한 가구들을 자연스럽게 홍보할 수 있었다.

이러한 이케아의 인스타그램 활용은 브랜드 인지도를 상승시켰을 뿐 아니라 가구들까지 홍보하는 효과를 가져왔다. SNS 유저들이 스스로 마케터로 활동할 수 있게 만든 아주 효율적인 SNS 마케팅 아이디어였다고 평가할 수 있다.

(3) 서비스업

가. 항공

미국의 델타항공은 페이스북과 티켓 예매서비스를 제휴하여 티켓을 예매할 수 있도록 하는 서비스를 제공하고 있다. 이는 타 항공사가 페이스북과 트위터를 판매촉진의 창구로만 활용하고 있다는 점에서 매우 주목할 만한 점이며, 여기에 한발 더 나아가 페이스북 이외의 다른 사이트에서도 고객들이 바로 예매할 수 있도록 하는 온라인 배너 서비스를 확장하고자 하였다.

나. 호텔

최근, 호텔도 SNS를 활용한 마케팅활동이 증가하고 있는데, 그랜드 하얏트 서울은 공식 페이스북 홈페이지를 오픈하여 젊은 층을 중심으로 호텔의 프로젝트 협업을 추진하고 있고, 롯데호텔은 페이스북에서 레스토랑 프로모션을 실시하고 있다. 노보텔 앰배서더 강남은 페이스북에서 이벤트를 통해 고객에게 다양한 혜택을 주고 있다.

노보텔 앰배서더 강남은 SNS 이벤트를 통해 이전보다 다양한 직업군과 폭넓은 연령대가 호텔의 단골고객이 되어 소통하는 효과를 기대하고 페이스북 외에도 네이버 블로그, 트위터, 유튜브 등 다양한 SNS 채널을 통해 고객과 커뮤니케이션하고 있다.

그랜드 하얏트 서울은 대학생과 직접 협업을 통해 이벤트를 진행하여 SNS의 주요 이용 계층인 젊은 층의 의견을 적극 수렴했고 호텔에 대한 실시간 질의 답변뿐만이 아닌 팬들의 개인 일상을 나눌 수 있는 공간으로 발전하고 있다. 또한 QR코드를 플라이어로 제작해 전 객실에 비치하는 등 온-오프라인을 활용한 마케팅 활동을 활발히 진행하고 있다.

다. 통신

2009년 7월, KT는 공식 트위터계정 @ollehkt를 오픈하였는데, 사실 KT는 국내 3사 통신사 중 두 번째로 트위터 서비스를 시작한 후발 주자이다. 가장 처음 트위터 계정을 만든 건 5월에 서비스를 시작한 SK였다. 하지만 새로운 미디어에 주목하고 또 꾸준히 관리한건 KT였다. KT는 소셜미디어 전담팀 5명을 따로 구성해 트위터라는 새로운 소통채널에 크게 주목하였다.

기존의 전화상담에 비해 부담스럽지 않으며 또한 홈페이지 상담에 비해 고객이 쉽게 확인할 수 있다는 장점이 있다. 스마트폰을 활용하여 실시간으로 문자를 보내듯 고객의 요청과 불만에 대해 받아들이고, 인정하고, 즉각 반영을 하여 트위터 개시 1년만에 기업 트위터로서 가장 많은 팔로워를 보유하게 되었다.

(4) 식품업계

가. 오레오

구글이 검색화면 상단에 로고를 '두들(Doodle)'로 자주 변경하는 것과 마찬가지로 오레오도 자사의 텀블러 블로그에 오레오 데일리 트위스트(Oreo Daily Twist)를 통해 2012년 6월부터 10월까지 이미지를 변경하기 시작했다. 매일 행사가 있을 때마다 이에 맞게 새로운 이미지가 업데이트 되었다. 텀블러 블로그 이외에도, 오레오는 소셜 미디어 분야에서 창의성과 활발함을 잘 드러내었다. 2013 슈퍼볼 정전사태 때, 오레오 팀은 적극적으로 나서 위와 같은 이미지를 트위터로 게재했다.

슈퍼볼 관련 트윗은 게시 전 제약사항이 없었기 때문에 성공할 수 있었다. 적절한 시점에 트위터를 타고 내용이 퍼져나갔다. 재미가 있었지만 무엇보다도 이는 전적으로 브랜드에 대한 설명이었다. 1만 5,000번 리트윗되며 이는 바이럴 마케팅의 성공사례가 되었다.

나. 파파존스피자: 팬의 아이디어를 신상품 개발에 반영

켄터키에 본사를 둔 파파존스피자는 도미노피자, 피자헛 다음으로 미국의 아주 큰 피자 체인점이다. 최근 이 회사는 페이스북의 특성을 잘 살린 독특한 행사를 선보였다. 콘테스트로 선정한 팬의 아이디어를 신상품에 적용하는 "피자 챌린지! 당신만의 오리지널 피자를 만드세요!"라는 이벤트이다.

우승한 피자는 실제로 상품화되어 점포에서 판매한다. 해당 기간 중 오리지널 피자의 매출 중 1%를 받게 될 뿐 아니라 평생피자 무료쿠폰, TV광고 게스트 출연권까지 받을 수 있어서 무려 2만 명 이상이 응모했다고 한다.

심사위원들이 최종적으로 3명을 뽑았는데, 그 선정 과정은 페이지의 이벤트 기능을 활용해 120만 명의 팬들에게 알려졌고, 라이브스트림으로 실시간 중계되었다. 그 다음, 팬들은 어플리케이션을 이용해 결선에 오른 세 가지 피자 중 자신이 먹고 싶은 것을 골라 '좋아요'를 누르는 방식으로 인기투표를 실시했다.

다. 스타벅스: 쉽게 커피를 선물하자

스타벅스는 세계적으로 유명한 커피전문점이다. 스타벅스는 트위터와 결합하여 친구나 팔로워에게 커피를 선물할 수 있는 새로운 결제방법을 도입했다. 많은 사람들이 유용함과 접근성에 있어서 많은 박수를 받았다.

트위터 계정만 있다면 스타벅스 아이디와 연동해서 손쉽게 상대방에게 5달러 상당의 기프티콘을 선물할 수 있도록 구성되어 있으며 이렇게 트위터로 서로가 서로에게 간편하게 스타벅스 커피를 주고받을 수 있다. 이 마케팅에 대한 보고서도 제출이 되었다고 한다.

27,348명이 36,711건의 포스팅과 18만 달러라는 놀라운 수익도 기록하였다.

SNS와 마케팅을 적절하게 결합한 스타벅스 트위터 마케팅의 좋은 사례이다.

(5) 스마트 의류

스마트 의류란 고부가 가치의 신개념 의류로서 의류 고유의 감성적 속성을 유지 하면서 여기에 IT뿐만 아니라 여러 가지 기능들이 부가된 미래형 의류를 뜻한다. 스마트 의류는 환경이나 인체의 자극에 대한 감지 및 반응 시스템이 적용되어 있고, 의류 내에는 각종 신호 전달성 섬유 신기술이 적용되어 있고, 응용 분야가 매우 광범위하다.

자외선 지수와 오존 지수 등을 파악해 운동 강도를 조정해 주는 사이클 릭복, 블루투스 헤드폰이 내장된 깜찍한 후드티, 옷 속의 센서를 통해 주변 기후를 살펴 혹한의 추위에서 발열장치가 가동되는 스노우 보드복, 광섬유를 기반으로 사용자의 개성을 마음껏 표현해 주는 패션 의류, GPS기능이 내장된 의류, 휴대폰과 MP3 플레이어가 내장된 의류, 운동 기능이 내장된 의류 등 스마트 의류는 우리가 상상하는 것들을 현실로 나타나게 해준다.

스마트 의류의 예로, 산에 갔다가 조난을 당하거나 부상당했을 때를 대비하여 GPS를 내장한 등산화를 들 수 있는데, 이는 등산을 하는 과정에서 불시에 발생할 수 있는 사고에 대비하여 보행자의 위치나 속력에 대한 정보를 파악하여 인공위성에 알려주고, 구조대가 이를 통해 조난자의 위치를 빠르게 찾을 수 있도록 도와주게 된다.

스마트 의류는 고객들의 삶의 질을 향상시켜 줄 뿐 아니라, 도움이 필요한 고객들의 상태를 실시간으로 제공함으로써 보다 효율적으로 정보시스템을 운영할 수 있게 될 것이다.

1. 페이스북, 메신저에 인공지능 'M'결합 …
   모바일 광고전 확대

글로벌 소셜네트워크서비스(SNS) 업체인 페이스북이 인간의 두뇌와 인공지능(AI)을 결합한 개인비서 'M'을 선보일 예정이다. 전 세계적으로 7억 명 이상이 사용하고 있는 페이스북 메신저에 M을 탑재, 메신저상에서 검색과 질의응답은 물론 선물 주문 및 쇼핑 추천 서비스를 제공할 것으로 전해진 것. 이는 애플의 음성인식 서비스 '시리'와 구글의 '구글 나우', 마이크로소프트(MS)의 '코타나'와 유사하다. 이와 관련 업계 관계자들은 페이스북의 인공지능 연구가 결국 글로벌 모바일 광고 시장을 차지하기 위한 사전 작업이란 분석을 내놓고 있다.

1일 주요 외신 및 관련 업계에 따르면 페이스북은 자연어 처리가 가능한 인공지능 'M'과 직원들의 역량을 투입해 페이스북 메신저 사용자의 니즈를 파악하는 데 주력할 방침이다. 사용자의 각종 질문에 M과 페이스북 직원들이 최적의 답변을 내놓는 형태의 서비스를 준비 중인 것이다.

미국 뉴욕타임스는 지난달 31일(현지시간) "M은 현재 소수 테스트 그룹만 사용하고 있다"며 "알고리즘에만 의존하는 애플의 시리보다 정확도를 높인다는 게 핵심"이라고 보도했다.

앞서 페이스북은 지난 2011년 8월 페이스북 메신저 애플리케이션(앱)을 선보인 후, 음성 채팅과 영상 통화는 물론 지인들과 앱 콘텐츠를 공유할 수 있도록 기능을 확대해왔다.

또 최근에는 페이스북 사용자들끼리 메신저를 통해 돈을 주고 받을 수 있도록 하는 방안을 모색 중이다.

이에 따라 미국 현지에서는 페이스북이 송금 서비스는 물론 모바일 결제 시장까지 진입, '핀테크(금융＋정보기술)' 사업을 본격화 할 것이란 관측도 제기됐다.

즉 우리나라의 네이버 '라인'과 다음카카오의 '카카오톡'처럼 모바일 메신저 플랫폼 사업을 진행하던 중 인공지능 영역까지 보폭을 넓힌 것이다.

국내 한 포털업계 관계자는 "페이스북의 인공지능 연구는 모바일 광고 시장에서 보다 정확한 타깃 분석과 맞춤형 광고를 제공하기 위한 사전 작업으로 여겨진다"며 "페이스북이 컴퓨터 기반의 SNS에서 모바일로 사업구조를 개편한 것은 라인이나 카카오톡의 미래 전략에도 시사하는 바가 있다"고 지적했다.

김미희, 페이스북, 메신저에 인공지능 'M'결합…모바일 광고전 확대, 파이낸셜뉴스, 2015.09.01.

http://www.fnnews.com/news/201509011359252840

2. '핀테크' 톡톡 튀는 아이디어들

**기억하기 힘든 쿠폰 · 할인혜택 한번에 자동계산 … 내 위치 주변
카페정보 알려주고 상품권도 구입**

다 기억하기도 힘든 쿠폰과 할인 혜택을 한 번에 정리해서 쓸 수 있는 방법은 없을까. 개인자산 관리 프로그램 '아까비(費)'에 매일 편의점이나 우체국, 식당 등에서 계산하고 받은 현금영수증이나 카드 사용 내역을 등록하면 그날 할인 혜택으로 아낄 수 있었던 비용이 한번에 자동 계산된다. 예컨대 하루 지출액 6만 6,750원의 영수증을 등록하면 편의점에서 통신사 할인 15%, 치킨집에서 소셜커머스 할인 50% 등을 받아 8,800원을 아낄 수 있다. 아까비 애플리케이션에는 그날 쓴 할인 쿠폰이 광고와 함께 뜬다. 쿠폰 활용으로 아낀 비용은 '크라우드펀딩'에 소액 투자할 수도 있다.

돈을 아낄 수 있는 방법은 또 있다. 위치 정보를 활용한 P2P 거래(사용자 간 직접 거래) 프로그램인 '로켓타임'을 이용하면 사용 기한이 얼마 남지 않은 외식권이나 상품권을 적절한 가격에 사고팔 수 있다. 만약 직장인 김알뜰 씨가 서울 광화문에 있는 카페에 가고자 하면 김씨의 위치와 함께 A카페 아메리카노 2,000원, B카페 라떼 1,500원, C카페 녹차 1,000원 등 주변 지역 카페 정보와 등록된 상품권이 한눈에 표시된다.

앞으로 '핀테크'(금융과 기술의 융합)가 활성화되면 우리 생활에서 볼 수 있음직한 풍경들이다. 금융위원회가 개최한 '핀테크 대학생 공모전'에서 당선된 아이디어들이기도 하다. 최우수상을 받은 김청아(건국대 산업공학 3·여) 씨는 '아까비' 서비스를 내놓았다.

김씨는 "요즘 젊은이들은 소셜네트워크서비스(SNS) 등 최신 정보기술(IT)에 친숙해 일상 생활에서 스마트폰 등을 활용해 손쉽게 돈을 모으거나 거래할 수 있는 아이디어에 착안했다"면서 "기술의 도움이 조금만 있으면 일상 생활

이 훨씬 편리해진다"고 말했다.

대상을 받은 로켓타임 팀(서강대 이경민, 조형재, 서울과학기술대 오용훈씨)은 핀테크 정신인 '융합'을 최대한 활용했다. 3명의 팀원들이 각각 사학, 융합소프트웨어, 기술경영 등을 공부하며 일상 생활의 핀테크 구현 방식을 고민했다.

정유신 핀테크지원센터장은 "젊은 대학생들이 앞으로 핀테크 주역이 될 수 있도록 창업을 위한 멘토링 등을 적극 지원할 계획"이라고 밝혔다.

신용아, '핀테크' 톡톡 튀는 아이디어들, 서울 신문, 2015.09.09.
http://www.seoul.co.kr/news/newsView.php?id=20150909018014

3. 직장인 SNS '블라인드' … 14일 오후 6시 '웜홀 라운지' 오픈

인터넷 커뮤니티 '프리챌'을 만든 벤처 1세대 전제완 에어라이브 대표가 영상 커뮤니케이션 플랫폼 '에어라이브'로 미국에서 재기를 모색하고 있다.

27일 에어라이브에 따르면 전 대표는 최근 글로벌 정보기술(IT) 전문매체인 테크크런치에 에어라이브의 기술력을 소개하는 기고문을 게재했다.

에어라이브는 이용자가 보는 영상을 친구들과 공유하며 소통할 수 있는 소셜 기반의 커뮤니케이션 플랫폼이다.

실시간 개인방송뿐 아니라 타임라인과 문자채팅, 4자간 영상통화, 영상메시지 등 영상으로 대화할 수 있는 기능을 고루 갖췄다.

전 대표는 기고문에서 "약 7개월간 수많은 현장 테스트와 통신사별 애플리케이션 기능 테스트를 거친 끝에 국내에서 개발한 에어라이브가 한국보다 느린 미국의 인터넷 속도와 네트워크 환경을 극복할 수 있었다"고 밝혔다.

전 대표는 2002년 프리챌 대표이사에서 물러난 뒤 재기를 모색하다 2008년 '유아짱'이라는 영상쇼핑 관련 벤처기업을 설립했다.

2010년 출시한 영상서비스 앱 '짱라이브'는 230만명이 가입할 정도로 인기를 끌었지만 투자가 끊기면서 자금난으로 서비스가 중단되는 등 어려움을 겪었다.

결국 전 대표는 글로벌 서비스 확대를 목표로 지난해 10월 서비스명을 에어라이브로 변경하고 미국으로 건너가 현지 투자 유치에 힘쓰고 있다. 현재 본사는 미국 로스앤젤레스에 있다.

에어라이브는 한국어뿐 아니라 영어, 일어, 중국어, 태국어 등 5개 언어를 토대로 150여 개국에서 서비스 중이다. 연내에 독어, 프랑스어, 스페인어 등 10여 개 언어로 확대할 예정이다.

전 대표는 "미어캣과 페리스코프로 촉발된 라이브 스트리밍 서비스에 대한 미국 내 관심이 높아지면서 에어라이브의 기술력이 높이 평가받고 있다"며 "곧 투자 유치로 이어질 가능성이 크다고 자신한다"고 말했다.

김미희, 직장인 SNS '블라인드'…14일 오후 6시 '웜홀 라운지' 오픈, 파이낸셜 뉴스, 2015.08.14.
http://www.fnnews.com/news/201508141129216792

1. 김승욱(2013), 사례와 스토리로 배우는 경영학원론, 와이북스

2. 김재욱·최지호·한재숙(2002), "온라인 커뮤니티 마케팅 활동과 친 커뮤니티 행동간의 관계에 있어서 몰입의 매개역할", 마케팅연구.

3. 김중태(2012), "소셜 네트워크가 만든 비즈니스 미래지도 - 세계는 폭발하는 소셜미디어에 투자중", 한스미디어.

4. 삼성경제연구소(2009). 기업의 경쟁력 향상을 위한 외부 네트워크 활용방안.

5. 최용식(2011), "세계로 뻗어가는 소녀시대·원더걸스 뒤에 '유튜브' 있다?" 뉴스토마토

6. 김원겸(2010), "섬싱Q | 젊은 한류, 유튜브에 길을 묻다. 'YOU(YouTube)'를 잡아라 세계를 잡으리니", 동아일보.

7. 이혜린(2011), "요즘 가수들, SNS 없이 어떻게 살죠?", SEN.

8. MBN 뉴스(2014), "싸이 '행오버' 빌보드 100위권에서 밀려…'강남스타일' 여전히 11위", 매일경제신문사.

9. 전자신문(2011. 01. 19). '새로운 10년을 준비하자 - 디지털시대 리더에서 스마트시대 개척자로'.

10. Bendapudi, N. & Berry, L. L.(1997). Customers' Motivations for Maintaining Re-lationships with Service Providers. Journal of Retailing, Vol. 73(Spring).

11. Chao, G. T., Walz, P. M., & Gardner, P. D. (1992). Formal and informal mentorships: A comparison on mentoring functions and contrast with nonmentored counterparts. Personnel Psychology,45.

12. Eggert, A. & Ulaga, W. (2002). Customer perceived value: a substitute for satisfaction in business makets?", The Journal of Business & Industrial Marketing, Vol. 17 Nos 2/3.

13. Eggert, A., Ulaga, W. & Schultz, F. (2006). "Value creation in the relationship

life cycle: a quasi−longitudinal analysis", Industrial Marketing Management, Vol. 35.

14. Heskett, J. L., W. E. Sasser, Jr., and L. A. Schlesinger. The Service Profit Chain : How Leading Companies Link Profit ad Growth to Loyalty, Satisfaction, and Value. New York : The Free Press. 1997.

15. Schneider, B., S. K. Gunnnarson, and K. Niles−Jolly. "Creating the Climate and Culture of Success", Organizational Dynamics, Vol. 23, No. 1, pp. 17−29. 1994.

Management
Information
System

빅데이터 분석과
인공지능

Management
Information
System

CHAPTER 04

빅데이터와 정보기술

빅데이터의 정의 및 특성

(1) 빅데이터의(Big Data)의 개념

사람들은 PC와 모바일 기기 등을 이용하여 인터넷상에 자신과 관련된 수없이 많은 데이터를 남긴다. 또한 일상의 모든 내역들이 고의적 혹은 비고의적으로 모두 데이터로 저장되고 있다. 쇼핑, 금융, 교육, 여가활동, 자료 검색, SNS를 통한 교류, 일상에서의 CCTV 촬영 등 엄청난 양의 데이터가 거대한 규모를 이루며 축적되고 있다. 이렇게 축적된 방대한 양의 데이터는 빅데이터(Big Data)라고 불리며, 미래의 경쟁우위를 점하기 위한 중요한 자원으로 평가되고 있다.

메타그룹(현재 가트너)의 애널리스트 더그 레이니(Doug Laney)는 2001년 그의 연구 보고서와 관련 강의에서 데이터의 급성장에 따른 이슈와 기회를 데이터의 양(volume), 데이터 입출력의 속도(velocity), 데이터 종류의 다양성(variety)이라는 세 개의 차원으로 정의하였다. 이 '3V' 모델은 이후 가장 널리 사용되는 빅데이터의 정의가 되었으며, 2012년 가트너는 기존의 정의를 다음과 같이 개정하였다.

"빅데이터는 큰 용량, 빠른 속도, 그리고(또는) 높은 다양성을 갖는 정보 자산으로서 이를 통해 의사결정 및 통찰 발견, 프로세스 최적화를 향상시키기 위해서는 새로운 형태의 처리방식이 필요하다." IBM은 이에 더해, 3V에 진실성(Veracity)이라는 요소를 더해 4V를 정의하였고, 브라이언 홉킨스(Brian Hopkins) 등은 가변성(Variability)을 추가하여 4V를 정의하였다. 가트너의 3V 정의가 여전히 널리 사용되고 있는 가운데, 데이터와 그것의 사용방법에 있어서 빅데이터와 경영정보학의 차이가 점차 더 뚜렷하게 구분되고 있다.

이 밖에 빅데이터에는 다음과 같이 정의되고 있다,

가. 국가정보화전략위원회(2011)

빅데이터는 대용량 데이터를 활용·분석하여 가치 있는 정보를 추출하고, 생성된 지식을 바탕으로 능동적으로 대응하거나 변화를 예측하기 위한 정보화 기술을 의미한다.[2]

나. 삼성경제연구소(2010)

빅데이터는 당초 수십~수천 테라바이트에 달하는 거대한 데이터 집합 자체만을 지칭하였으나, 점차 관련 도구, 플랫폼, 분석기법까지 포괄하는 개념으로 변화하였다.

---

[2] "빅데이터를 활용한 스마트 정부 구현", 국가정보화전략위원회, (2011.11).

다. 맥킨지(2011)

빅데이터란 전통적인 데이터베이스 소프트웨어로는 저장·관리·분석이 어려운 정도의 큰 규모의 데이터를 말한다.

라. IDC

다양한 데이터로 구성된 방대한 볼륨의 데이터로부터 고속 캡처, 데이터 탐색 및 분석을 통해 경제적으로 필요한 가치를 추출할 수 있도록 디자인된 차세대 기술과 아키텍처이다.

마. 이재식(2013)

빅데이터는 4V, 즉 크기(Volume), 속도(Velocity), 다양성(Variety), 가치(Value)로 표현된다.

최근 빅데이터에 있어서 가치(value)가 중요한 특징으로 등장하게 되었다. 이는 빅데이터의 대부분이 비정형적인 텍스트와 이미지 등으로 이루어져 있고, 이러한 데이터들은 시간이 지나면서 매우 빠르게 전파하며 변함에 따라 그 전체를 파악하고 일정한 패턴을 발견하기가 어렵게 되면서 가치(value) 창출의 중요성이 강조되었기 때문이다.

앞서 살펴본 내용을 바탕으로 종합하여 정리해 보면, 빅데이터란 기존 데이터에 비해 너무 커서 기존 방법이나 도구로 수집, 저장, 검색, 분석, 시각화 등이 어려운 정형 또는 비정형 데이터를 의미한다. 즉, 일반적인 데이터베이스 소프트웨어가 저장, 관리, 분석할 수 있는 범위를 초과하는 규모의 데이터를 말한다. 또한 단순히 규모가 큰 데이터만을 가리키는 것이 아니라, 다양한 종류의 대규모 데이터로부터 저렴한 비용으로 가치를 추출하고, 데이터의 초고속 수집, 발굴, 분석을 지원하도록 고안된 차세대 기술 및 아키텍처로 정의할 수 있다.

그림 4-1 | 빅데이터

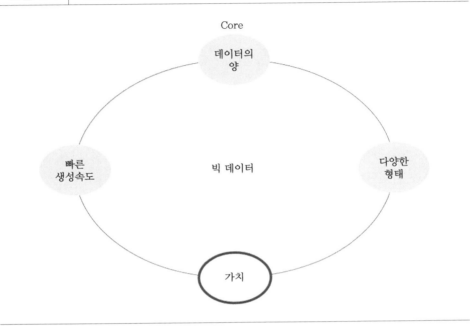

(2) 빅데이터의 특성

빅데이터는 디지털 환경에서 생성되는 수치 데이터뿐만 아니라, 문자와 영상 데이터를 모두 포함하는 대규모 데이터를 말한다. 기존의 방식으로는 저장, 관리, 분석이 어려울 정도로 그 규모가 방대하고, 순환속도가 빠르며 또, 생성주기가 짧은 것이 특징이다. 또한 빅데이터는 사람마다 다른 행동 패턴 현상으로 인해 발생하게 되는 비관계형의 대량의 데이터로 인해 생겨나게 되었다.

빅데이터를 설명할 때 다음과 같이 크게 세 가지 특성을 들 수 있다.

첫 번째 속성은, 데이터의 규모(Volume)이다. 데이터의 크기로 물리적인 크기뿐만 아니라 개념적인 범위까지 대규모인 데이터를 의미한다. 과거의 데이터는 안정적인 저장이 가장 큰 이슈였던 것에 비해 빅데이터에서는 분석 및 처리

가 가장 큰 해결과제이다. 따라서 단순한 물리적인 크기가 아닌 데이터의 속성
에 따라 중요성을 판단하고 처리해야 한다.

| 그림 4-2 | 비관계형 데이터와 관계형 데이터 |

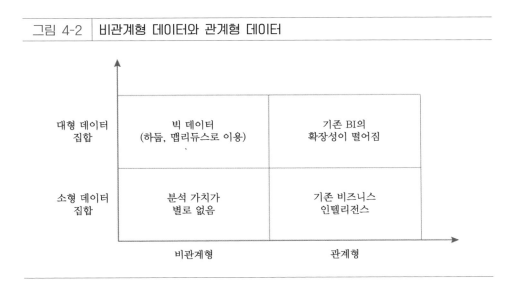

두 번째 속성은, 데이터의 다양성(Variety)이다. 과거 데이터 분석은 기업 내
부에서 발생하는 운영 데이터인 ERP, SCM, MES, CRM 등의 시스템에 저장되
어있는 RDBMS 기반의 수치화된 정형적인 데이터를 바탕으로 이루어졌다. 그
러나 최근에는 이러한 데이터뿐만 아니라 기업 외부에서 발생하는 SNS, 블로
그, 검색, 뉴스, 게시판 등의 데이터나 사용자가 업로드하는 사진 및 동영상, 콜
센터의 고객 상담 내용, e−mail 등 비정형 데이터들을 포함한 다양한 유형의
데이터를 바탕으로 하여 분석한다.

세 번째 속성은, 데이터의 처리속도(Velocity)이다. 사물정보(센서, 모니터링),
스트리밍 정보 등 실시간성 정보의 증가로 인해 데이터의 생성, 이동(유통)속도
가 증가되었다. 대규모 데이터 처리 및 가치 있는 현재정보(실시간)를 활용하기
위해 데이터 처리 및 분석속도가 중요해졌으며, 그에 따라 빅데이터 환경에서
는 배치분석뿐만 아니라, 필요에 따라서 수많은 사용자 요청을 실시간으로 처
리한 후 처리결과를 보내주는 기능도 필요하게 되었다.

| 그림 4-3 | 빅데이터의 3대 특성 |

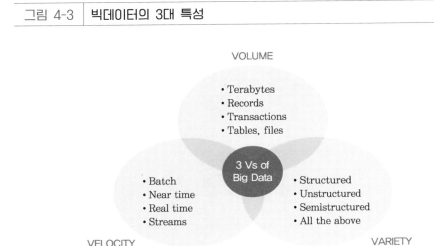

앞에서 설명한 내용을 바탕으로 빅데이터 환경과 기존 데이터 환경을 비교해 보면, <표 4-1>과 같은 결과를 얻을 수 있다. 기존 데이터는 정형화된 수치자료 중심인데 반해 빅데이터의 데이터는 문자·영상·위치를 포함한 비정형의 다양한 데이터이다. 비정형 데이터는 소셜 미디어나 웹상의 클릭스트림,

표 4-1 기존 데이터 환경과 빅데이터 환경 비교

구 분	기 존	빅데이터 환경
데이터	• 정형화된 수치자료 중심	• 비정형의 다양한 데이터 • 문자 데이터 • 영상 데이터 • 위치 데이터
하드웨어	• 고가의 저장장치 • 데이터베이스 • 데이터웨어하우스	• 클라우드 컴퓨팅 등 비용효율적인 장비 활용 가능
소프트웨어/ 분석방법	• 관계형 데이터베이스 • 통계패키지 • 데이터 마이닝	• 오픈소스 형태의 무료 소프트웨어 • 오픈소스 통계솔루션(R) • 텍스트 마이닝 • 온라인 버즈 분석 • 감성 분석

센서 등을 통해 수집되는 비가공 데이터를 말하며, 비정형 데이터의 전형적인 예로 SNS 등의 소셜미디어를 들 수 있다. 또한 기존 하드웨어는 고가의 데이터베이스 및 데이터 웨어하우스 중심이었으나, 빅데이터는 클라우드 컴퓨팅 등 비효율적인 장비도 활용이 가능하다. 기존 소프트웨어는 관계형 데이터베이스로 구성되어 있으며, 통계패키지와 데이터 마이닝 분석방법을 사용하였으나, 빅데이터는 오픈 소스 형태의 무료 소프트웨어를 사용하며 텍스트 마이닝, 온라인 버즈 분석, 감성 분석 등의 방법을 사용한다.

빅데이터는 데이터를 처리하는 데 있어서 기존 데이터와 다음과 같은 차이점이 있다.

첫째, 빠른 의사결정이 상대적으로 덜 요구된다. 빅데이터는 대용량 데이터에 기반한 분석을 주로하기 때문에 장기적, 전략적 접근이 필요하다. 따라서 기존의 데이터 처리에 요구되는 즉각적인 처리속도와는 달리, 즉각적인 의사결정이 상대적으로 덜 요구된다.

둘째, 처리(Processing) 복잡도가 높다. 다양한 데이터 소스, 복잡한 로직 처리, 대용량 데이터 처리 등으로 인해 처리 복잡도가 매우 높다. 따라서 이를 해결하기 위해 통상적으로 분산 처리 기술이 필요하다.

셋째, 처리할 데이터양이 방대하다. 클릭스트림(click stream) 데이터를 예로 들면, 고객 정보수집 및 분석을 장기간에 걸쳐 수행해야 하므로 기존 방법과 비교해 처리해야할 데이터양이 방대하다.

넷째, 비정형 데이터의 비중이 높다. 소셜 미디어 데이터, 로그 파일, 클릭스트림 데이터, 콜 센터 로그, 통신 CDR로그, 이마트 방문 차량 로그 등 비정형 데이터 파일의 비중이 매우 높다. 이는 처리의 복잡성을 증대시키는 요인이기도 하다.

다섯째, 처리/분석의 유연성이 높다. 잘 정의된 데이터 모델·상관관계·절차 등이 없어 기존 데이터 처리방법에 비해 처리/분석의 유연성이 높은 편이다. 또한, 새롭고 다양한 처리방법의 수용을 위해 유연성이 기본적으로 보장되어야 한다.

여섯째, 동시처리량(Throughput)이 낮다. 대용량 및 복잡한 처리를 특징으로 하고 있어 동시에 처리가 필요한 데이터양은 낮다. 따라서 실시간 처리가 보장되어야 하는 데이터 분석에는 적합하지 않다.

빅데이터는 여러 가지 정보들을 수집하고 모아놓은 자료로서, 이를 통해 산업별로 경제적 타당성, 기술적 가능성, 혹은 관계없는 분야의 연관관계를 분석할 수 있게 해준다. 분석한 자료는 이제까지 몰랐던 새로운 사실들을 알게 하거나, 앞으로의 발전방향을 예상할 수 있게 해준다. 즉 데이터가 경제적 자산이 되고 가치창출의 원천이 되는 것이다.

그러나 빅데이터는 개개인의 휴대폰 통화량, 카드결제, 기상정보, 소셜네트워크서비스(SNS) 메시지, 인터넷 검색내역, 도로 교통량 등 민감한 개인정보를 다루기 때문에 개인정보 유출에 따른 피해가 있을 수 있어 그에 대한 보안대책이 필요하다. 또한 개인 정보의 노출을 꺼리는 사람들에게는 불쾌감을 줄 수 있다.

4.2 빅데이터의 활용

(1) 빅데이터의 활용

미국 시장조사업체인 IDC는 지난 10년간 생성된 데이터보다 2010년부터 최근 2년간 생성된 데이터의 양이 훨씬 더 많으며, 정보량이 2년마다 2배씩 증가해 2020년

이 되면 현재의 50배가 될 것이라고 전망하고 있다. 이렇게 방대한 양의 데이터는 다양한 경로를 통해 수집된다. 인터넷이 보급된 후 한참이 지난 2000년대 중반까지만 해도 기업이나 기관에서 활용하기 위해 분석하는 데이터는 전문가 또는 관계자 등이 제공하는 체계적인 정형 데이터가 대부분을 차지했다.

이러한 데이터는 표나 그래프 등을 통해 보기 좋게 가공되기 때문에 분석이 편한 반면, 정보의 범위가 지극히 제한적이었다. 하지만 2000년대 후반 들어 태블릿 PC와 스마트폰의 급격한 보급, 인터넷 활용성 확장 등으로 인해서 웹상에서 수집할 수 있는 데이터의 경로가 급격히 확장되었다.

이는 오늘날 우리가 데이터의 홍수 속에서 살고 있다는 것을 보여주며, 빅데이터는 석유 못지않은 21세기의 새로운 자원이다. 이 자원은 고갈될 염려가 없기 때문에 데이터 분석으로 제품을 생산하고 서비스를 판매하는 기업에서는 중요한 생산자원이므로 이를 활용하려는 움직임이 최근에 많이 늘어나고 있다.

기업이 빅데이터를 활용하는 이유 중 하나는 제품 및 서비스의 개발 연구 및 판매에 있어서 데이터가 많으면 많을수록 보다 양질의 상품을 개발하고 판매할 수 있기 때문이다. 모든 상품이 100%로 팔리지 않기 때문에 100%에 가까운 판매율에 다가가기 위해서는 많은 데이터가 필요하고, 많은 데이터의 활용은 상품 판매의 실패 오차를 줄이는 동시에 판매율을 100%에 가깝게 해준다. 즉 데이터의 활용은 통계학적인 관점에서 보았을 때 가치가 높기 때문에 기업

| 그림 4-4 | 데이터의 양은 기하급수적으로 증가하고 있다 |

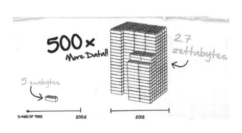

들의 빅데이터 활용률은 증가하고 있다.

기업들은 빅데이터가 고객 행동에 대한 이해와 예측 능력을 높여주고, 이를 통해 고객 경험을 개선해 줄 것으로 확신하고 있다. 매매거래와 다채널 상호작용, 소셜 미디어, 멤버십 카드 같은 소스를 통해 입수한 신디케이트 데이터, 여타 고객 관련 정보들은 기업이 고객의 기호와 요구 사항을 완벽하게 파악하는 데 도움을 주고 있다.

고객에 대한 깊은 이해를 바탕으로 모든 분야의 기업들이 기존 고객 및 잠재 고객과 상호작용할 수 있는 새로운 방법을 발견하고 있으며, 이 원칙은 소매 분야뿐만 아니라 최종 소비자 및 일반 대중을 대상으로 하는 통신, 의료, 정부, 은행, 금융, 소비재의 분야는 물론이고, 비즈니스 파트너 및 공급업자 등과의 B2B 상호작용에도 적용되고 있다.

빅데이터는 고객과 기업 간의 양방향 도로가 될 수 있다. 예를 들어 포드 포커스 전기자동차는 운행 중은 물론이고 주차 중에도 엄청난 양의 데이터를 창출한다. 운행 중 운전자는 차량의 가속, 제동, 배터리 충전 및 위치 정보 등을 끊임없이 업데이트 받게 되는데, 이러한 데이터는 운전자에게도 유용하지만, 포드 엔지니어에게도 전송되어 배터리 충전 시기, 장소, 방법 등을 포함한 고객의 운전 습관을 알려준다.

한편 차량이 주차 중 일 때는 타이어 공기압과 배터리 시스템 데이터 등이 가장 가까이 있는 스마트폰으로 계속 전송된다. 이런 식의 고객 중심적 시나리오는 빅데이터를 통해 새로운 유형의 가치 있는 협력 작용이 가능해지면서 다양한 효과를 불러온다. 운전자는 유용한 최신 정보를 입수할 수 있고, 디트로이트의 엔지니어는 운전 습관 정보를 수집하여 고객을 파악하고 제품 개선 계획을 수립할 수 있다.

지난 10년간 성공한 웹 스타트업은 빅데이터를 새로운 제품과 서비스를 가능하게 한 도구로써 이용한 주요한 예다. 페이스 북의 경우, 사용자와 친구의 행동에서 많은 신호를 결합해 상당히 개인화된 사용자 경험을 정성껏 제공하고, 사업 광고의 새로운 방법을 만들었다. 또한 구글의 자동번역시스템, IBM의 슈퍼컴퓨터 '왓슨', 아마존의 도서 추천시스템도 대표적인 사례로 들 수 있다. 공공 부문도 위험관리시스템, 탈세 등 부정행위방지, 공공데이터 공개 정책 등 빅데이터를 활용하기 위해 다양한 노력을 기울이고 있다.

또한 다양하고 방대한 규모의 데이터는 미래 경쟁력의 우위를 좌우하는 중요한 자원으로 활용될 수 있다는 점에서 주목받고 있다. 대규모 데이터를 분석해서 의미 있는 정보를 찾아내는 시도는 예전에도 존재했다. 그러나 현재의 빅데이터 환경은 과거와 비교해 데이터의 양은 물론 질과 다양성 측면에서 패러다임의 전환을 의미한다. 이런 관점에서 빅데이터는 산업혁명 시기의 석탄처럼 IT와 스마트혁명 시기에 혁신과 경쟁력 강화, 생산성 향상을 위한 중요한 원천으로 간주되고 있다. 기업의 빅데이터 활용은 고객의 행동을 미리 예측하고 대처방안을 마련해 기업경쟁력을 강화시키고, 생산성 향상과 비즈니스 혁신을 가능하게 한다(McKinsey, 2011).

(2) 빅데이터의 현 상황 분석

가. 미국 국세청, 탈세 방지시스템 통한 국가 재정 강화(해외 사례)

① 추진목적 및 배경
- 탈세 및 사기로 인한 국가의 재정 위기 가능성 증가
- 글로벌 금융위기로 인한 재정 위기의 확산은 개인과 기업의 탈세에 따른 낭비성 재정 지출 문제 발생
- 세계은행은 탈세 및 세금 사기와 관련된 지구촌 지하경제의 규모가 전체 GDP의 18%에 이를 것으로 전망
- 이탈리아는 GDP 대비 22.3%, 스페인은 19.3%, 포르투갈은 19.2%, 그리스는 25.1%에 이르는 것으로 추산

② 추진내용
- 대용량의 데이터와 다양한 기술을 결합한 탈세 및 사기 범죄 예방시스템 구축
- 정부기관 사기 방지 솔루션
- 소셜 네트워크 분석을 통한 범죄 네트워크 발굴
- 다양한 데이터 분석을 통한 지능형 감시시스템 구축

③ 효과 및 전망
- 통합형 탈세 및 정부사기 방지시스템을 통해 연간 3,450억 달러에 달하는 세금 누락 및 불필요한 세금 환급 절감
- 과학적 데이터를 근거로 탈세 조사를 수행함으로써 탈세자 수의 감축 등 우수성과 발생
- 과거 데이터 분석을 통해 향후 발생할 수 있는 사기 범죄 및 탈세 관련 사건을 미연에 방지

| 그림 4-5 | 국가별 탈세 규모 및 액수 |

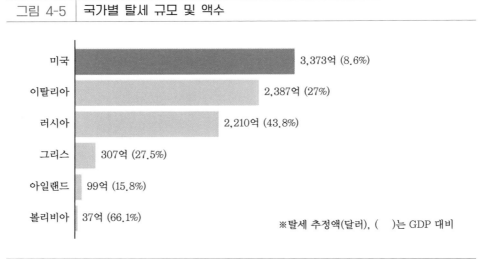

미국　3,373억 (8.6%)
이탈리아　2,387억 (27%)
러시아　2,210억 (43.8%)
그리스　307억 (27.5%)
아일랜드　99억 (15.8%)
볼리비아　37억 (66.1%)

※탈세 추정액(달러), (　)는 GDP 대비

자료: 포란폴리시

④ 정책적 시사점

- 사기, 재정낭비, 부당지출과 관련된 여러 첨단기술을 접목시켜 다양한 정부사업에 응용 가능
- 의료보험 및 복지프로그램 관련 사업에도 동일한 기술 응용 가능

나. 한국도로공사, 고객 목소리 분석 시스템을 통한 서비스 혁신

① 추진목적 및 배경

- 맞춤형 대고객 서비스기법 개발로 효율적인 고객관리 필요성 대두
- 고객의 불만 및 민원을 받을 수 있는 창구 마련 요구
- 기존에는 고객의 목소리를 직접 들을 수 있는 수단이 한정적이었으나 최근 소셜 미디어의 발달에 따라 고객의 목소리를 들을 수 있는 다양한 통로 개설

② 추진내용

- 도로공사의 고객의 목소리(VOC, Voice of Customer) 분석을 통한 개선
- 고도화된 언어처리 기법의 분석시스템 구현
- 콜 상담서비스, 민원관리 시스템, 채팅 상담 시스템을 고도화된 언어처리 기법으로 분석하여 고객만족활동에 도움이 될 수 있는 지표와 이슈 도출
- 분석 주제를 기반으로 키워드와 토픽을 추출하여 유형별, 시간별 분석
- 연관도와 추이 분석, 토픽간의 연관성을 빠르고 쉽게 확인 가능

③ 효과 및 전망

- 토픽 발생 빈도의 추이를 분석함으로 토픽에 대한 변화를 빠르게 확인
- 주요 이슈 사항이나 불만을 사전에 파악하여 대응할 수 있는 기반 마련
- 서비스 전략 수립이나 정책 수립을 위한 의사결정 지원

④ 정책적 시사점

- 고객의 의사를 반한 정책 마련 및 분석시스템으로 발전 가능
- 고객의 불만 접수 경로가 다양해짐에 따라 데이터를 한곳에 통합하여 의

미를 분석하는 기술 필요
- 분석된 의미 정보를 체계적으로 시각화하여 신속한 대응방안을 마련할 수 있는 시스템 필요
- 고객의 불만을 정책에 적극적으로 반 가능
- 실시간으로 변화하는 고객의 요구를 수집하여 의사결정에 반영 가능

| 그림 4-6 | 도로공사 고객의 소리 분석 시스템 |

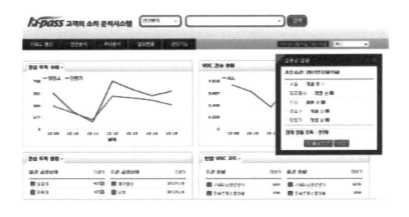

자료: 솔트룩스

(3) 빅데이터 활용 가능 분야

가. 비즈니스 프로세스 최적화

빅데이터는 비즈니스가 모든 전환 과정에 걸쳐 판매 단계를 추적하고 프로세스 개선이 가능한 지점을 포착하는 데 도움을 준다.

나. 행동분석 및 고객 세분화

기업들은 다양한 자료들로부터 수집된 고객 행동데이터를 활용해 고객 관계를 보다 장기적으로 유지하고 그들 각각에 개인화된 마케팅 캠페인을 제공하여, 비즈니스 효율과 효과를 개선할 수 있다.

다. 예측 지원

몇몇 산업의 경우, 빅데이터 분석을 통해 잠재적 기기 이상을 예측하는 역량을 확보하는 것으로 다운타임으로 인한 손실을 최소화하고 직원 및 고객의 안전을 보장할 수 있다.

라. 마켓 바스켓 분석 및 가격 최적화

유통 업체들에게 있어 빅데이터는 고객 니즈에 맞춘 판매 제품 선정 및 가격 책정 최적화를 위한 도구가 될 수 있다.

마. 보안 위협 예측 및 포착

IT 보안 분야에서 빅데이터는 잠재적 보안 위협의 신호가 되는 변칙 사건들을 포착하고 유출 경향을 추적하는데 이용된다.

(4) 빅데이터의 시장 전망 추이

세계 빅데이터 시장 규모는 매년 약 39~60% 성장하여 2015~17년에는 169~534억 달러 규모로 증가할 것으로 전망되며, 빅데이터 기반 분석 수요 분야의 확대 및 빅데이터 관련 기술 발전과 개발 업계의 공급이 선순환 구조를 형성하여 안정화가 진행 중이다.

IDC, Gartner, Wikibon 등 세계적인 전문기관들은 대체로 향후 5~6년 사이에 빅데이터 관련 시장이 크게(2.2배~6.6배) 성장할 것으로 전망

IDC(2011)는 전세계 빅데이터 시장이 매년 39.4%(서비스부문 44% 이상, 하드웨어 31%, 소프트웨어 25%) 성장하여 2015년 169억 달러 규모로 증가할 것이라고 전망하고 있으며 Wikibon(2013)은 빅데이터 시장 규모가 2012년 51억 달러에서 2017년 534억 달러로 대단히 높은 성장률(연평균 60%)에 이를 것으로 예상하고 있다.

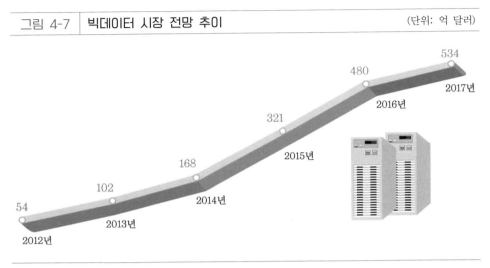

그림 4-7 │ 빅데이터 시장 전망 추이   (단위: 억 달러)

자료: Wikibon

가트너는 빅데이터를 단순히 데이터 규모의 확장이 아니라 21세기의 원유 (자원)로 인식하고 있으며, 맥킨지 글로벌 연구소는 미국의료 분야에서 빅데이터 활용으로 3천억 달러 가치 창출을 예측하고 있다. 또한 EU 민간 부문에서 개인의 위치정보 활용으로 연간 6천억 달러의 소비자 잉여를 창출하고 소매업 영업이익은 60% 개선될 전망이다.

(5) 빅데이터 활용의 이슈와 한계

가. 과적합(over fitting) 문제

방대한 양의 자료가 축적되어 있는 데이터는, 자료를 세분화하여 분석할 수 있게 만들어 세밀한 정책적 판단을 가능하게 하였다. 그러나 현재 축적된 빅데이터를 활용하여 지나치게 정교한 분석을 수행할 경우, 미래에 대한 예측력은 오히려 떨어질 가능성이 있다. 빅데이터를 분석할 경우, 현재의 자료가 미래를 가장 잘 설명할 수 있다는 통계학의 기본가정이 성립되는지를 살펴보아야 하며, 현재 빅데이터가 생산, 축적되는 모집단 자체가 변화될 수 있다는 사실에 유의해야 한다. SNS와 같이 빅데이터를 생산하는 모집단은 시간에 따라 변화되

며, 이러한 변화를 인지하는 것이 성공적인 빅데이터 분석의 필수적인 전제조
건이다.

나. 차원의 저주(curse of dimensionality)

차원의 저주란, 분석의 정확도를 어느 정도 유지하기 위해서 변수의 수를
증가시킬 때마다 필요한 데이터의 수는 기하급수적으로 증가한다는 것으로, 다
양한 정보의 결합으로 자료의 차원이 커지면서 발생할 수 있는 현상이다. 변수
의 개수가 무수히 많아지면, 아무리 빅데이터라고 할지라도 감당하기 어려운
수준일 수 있으므로 이러한 차원의 저주를 피하기 위한 여러 가지 통계적 기법
들을 고려해야 한다.

다. 개인정보보호와 법적 문제

개인정보보호법의 제정 취지는 개인정보 침해로 인한 국민의 피해 구제를
강화하여 사생활의 비밀을 보호하고 개인정보에 대한 국민의 권리와 이익을 보
장하는데 있다. 빅데이터 활용의 가치를 논의하면서 동시에 개인정보보호와 관
련된 문제를 제기하는 것은 데이터를 수집하는 공공기관 및 민간 기업들이 어
떤 경로를 통해 어떤 데이터를 수집하는지, 그리고 수집된 데이터를 어떻게 관
리하고 이용하는지에 대한 정보 제공자의 불안감 때문일 수 있다.

빅데이터 수집과 관리, 활용에 관한 투명성 제고를 바탕으로, 개인정보가 포
함된 데이터에 대한 충분한 수준의 익명화(masking)를 거쳐 분석에 활용한다면,
개인정보보호의 문제로 인한 한계와 빅데이터를 효과적으로 활용함으로써 새롭
게 창출할 수 있는 가치 사이의 상충관계는 어느 정도 해결 가능할 수 있을 것
이다.

표 4-2   개인정보 보호의 원칙

OECD 8원칙	주요내용
수집제한의 원칙 (Collection Limitation Principle)	• 적법하고 공정한 방법을 통한 개인정보의 수집 • 정보주체의 인지 또는 동의를 얻어 개인정보 수집 • 민감한 개인정보의 수집제한
정보정확성의 원칙 (Data Quality Principle)	• 이용목적과의 관련성 요구 • 이용목적상 필요한 범위 내에서 개인정보의 정확성, 완전성, 최신성 확보
목적명시의 원칙 (Purpose Specification Principle)	• 수집 이전 또는 당시에 수집목적 명시 • 명시된 목적에 적합한 개인정보의 이용
이용제한의 원칙 (Use Limitation Principle)	• 정보주체의 동의가 있거나, 법규정이 있는 경우를 제외하고는 목적외 이용 및 공개 금지
안전성확보의 원칙 (Security Safeguard Principle)	• 개인정보의 침해, 누설, 도용 등을 방지하기 위한 물리적·조직적·기술적 안전조치 확보
공개의 원칙 (Openness Principle)	• 개인정보의 처리 및 보호를 위한 정책의 공개 • 개인정보관리자의 신원 및 연락처, 개인정보의 존재사실, 이용목적 등에 대한 접근 용이성 확보
개인참가의 원칙 (Individual Participation Principle)	• 정보주체의 개인정보 열람·정정·삭제청구권 보장 • 정보주체가 합리적 시간과 방법에 의해 개인정보에 접근할 수 있도록 보장
책임의 원칙 (Accountability Principle)	• 개인정보관리자에게 원칙 준수의무 및 책임 부과

4.3   빅데이터의 문제점

(1) 빅데이터의 역기능, 정보보안의 위협

빅데이터는 적절한 활용에 따른 비용절감, 미래에 대한 대처, 삶의 질 향상 등 유용한 기능을 제공한다. 하지만 그 과정에서 다양한 경로를 통해 생성, 수집되는 많은 양의 데이터들은 치명적인 보안위협에 노출될 수 있다. 또한 빅데이터는 상당 부분 개인 단말을 통해 생성·수집되는데 이때 의도치 않게 개인정보가 노출되거나 개인 데이터가 무분별하게 상업적으로 이용되기도 한다. 게다가 빅데이터는 그 특성상 굉장히 다양하고 세밀한 정보까지 담고 있기 때문에 해킹으로 인한 정보유출시 그 피해가 매우 심각해질 수 있다.

예를 들어 GPS 정보를 이용하면 이용자의 현재 위치는 물론 이동 경로, 목적지 등도 알 수 있기 때문에 이러한 정보들이 악용되면 그 파급력은 훨씬 심각해 질 수 밖에 없다. 이미 개인정보나 SNS 정보, 온라인 결제 및 GPS 정보, 블로그 등을 분석하여 범죄에 악용되는 사례가 벌써부터 심심치 않게 들려오고 있다.

(2) 빅데이터 시대의 정보보호의 필요성

기술의 발전에 따라 정보의 수집, 저장, 유통이 손쉬워지고, 상업적인 서비스는 물론이고 공공행정이나 교육 등 다방면에 걸쳐 정보주체의 개인정보 수집 및 활용이 용이해짐에 따라 그에 대한 보호조치 및 정보주체의 권리보장이 요구되고 있다.

또한 개인정보의 수집, 이용은 기업 주체의 인식 또는 자발적 동의를 그 전제로 하고 있으나 빅데이터 환경에서는 정보의 수집과 이용이 무의식적이며, 동의를 받을 수 없는 상황에서 이루어질 가능성이 높기 때문에 이용단계에서의 통제를 보다 강화할 필요가 있다.

(3) 빅데이터 생성 및 수집 구간

빅데이터는 대규모 데이터를 안정적으로 수집, 저장, 처리하기 위해 대부분 분산처리 및 병렬처리 방식을 취한다. 이 과정을 크게 세 단계로 나누어보면, 첫째, 여러 소스를 통해 생산되는 데이터를 수집하는 과정. 둘째, 분산 처리 및 병렬처리를 위해 데이터의 분산 저장 및 운영 과정. 셋째, 데이터 분석 및 2차

데이터 생성을 통해 서비스로 재사용되는 과정으로 나눠볼 수 있다.

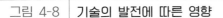

그림 4-8 │ 기술의 발전에 따른 영향

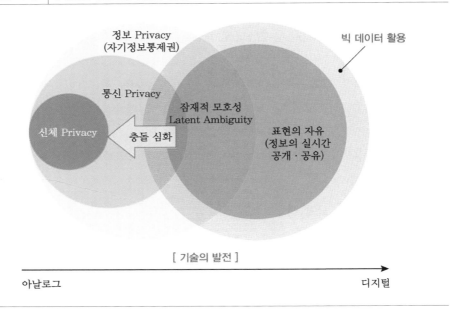

다양한 경로를 통해 생성, 수집되는 많은 양의 데이터들은 곧 다양한 경로의 보안위협에 노출될 수 있음을 의미한다. 최근 장시간에 걸쳐 목적을 가지고 공격하는 지능형 지속 위협(Advanced Persistent Threat: APT) 등이 발생하면서 빅데이터 생성 및 수집과정에서 데이터 신뢰성(confidentiality) 및 무결성(integrity)에 대한 우려가 높아지고 있다. 이를 해결하기 위해 여러 연구가 진행되고 있으며, 전자서명, 다양한 필터링 기법, 스팸 메일 방지, 피싱 방지 기술 등이 적용되고 있다.

빅데이터는 상당수가 개인 단말을 통해 수집되므로 이때 개인 프라이버시 침해가 일어날 수 있다. 따라서 빅데이터 수집시 프라이버시를 고려하여 최소한의 개인정보만을 수집할 수 있는 방법에 대한 연구가 필요하다. 이 밖에 생성된 데이터의 소유와 관련하여 법적 분쟁이 발생할 수 있으므로 이에 대한 대책도 준비되어야 한다.

(4) 빅데이터 저장 및 운영 구간

데이터가 생성되어 저장, 분석과정을 거친 후 서비스로 제공되기까지의 과정 중 가장 보안에 취약한 구간이 바로 저장 및 운영 구간이다. 외부로부터의 공격뿐 아니라 내부로부터의 위협에도 노출될 수 있기 때문이다. 따라서 인가된 사용자를 식별하기 위한 사용자 인증은 필수 보안 요소라 할 수 있다. 최근 클라우드 컴퓨팅 환경에서 각 시스템마다 반복적으로 인증을 실시하거나 인증을 위한 식별정보의 중복 저장과 같은 문제를 막기 위해 SSO(Single Sign−On), SAML(Security Assertion Markup Language)과 같은 사용자중심의 인증방식이 사용되고 있으므로 빅데이터 접근시에도 활용될 수 있을 것이다.

데이터 운영의 안전성을 보장하기 위해 접근제어(AC) 및 침입차단시스템(IDS), 침입탐지시스템(IPS), 방화벽 등 네트워크 보안 및 웹 보안을 구축할 필요도 있다. 분산, 병렬처리되는 클라우드 컴퓨팅의 특성상 주로 웹기반 인터페이스를 통해 데이터가 전송되므로 SSL/TLS 기반의 https 등의 활용과 알려진 공격 이외의 공격까지 탐지하기 위해 어플리케이션 단위의 트래픽 탐지가 가능한 침입차단 시스템이 개발되어야 한다.

또한 데이터의 기밀성을 확보하기 위해 데이터는 반드시 암호화 처리 되어야 한다. 고의적인 내부공격이나 외부공격을 통해 데이터가 노출되더라도 암호를 해독하지 않는 이상 원본데이터를 얻을 수 없도록 하면, 그만큼 노출에 대한 위험을 낮출 수 있다. 하지만 모든 데이터를 암호화하는 것은 많은 시간과 자원이 요구되므로 보안 정책 및 데이터의 중요성에 따라 차별적으로 적용할 필요가 있다. 데이터의 가용성 및 복구에 대한 대책도 있어야 한다. 실시간으로 대량 생산되는 데이터를 처리하기 위해 분산된 시스템을 이용하는 빅데이터의 저장과 운영에 있어 인가된 사용자는 언제든지 원하는 데이터에 접근할 수 있어야 한다.

특히 기업 입장에서는 데이터 접근 곤란으로 서비스 중단 등의 사태가 벌어질 경우 기업 이익이나 이미지가 크게 훼손될 수 있다. 따라서 재해나 물리적 침입으로부터 안전하게 서비스가 지속될 수 있도록 백업 및 복구에 대한 물리적 보안도 제공되어야 한다.

그림 4-9 │ 빅데이터의 서비스 개요

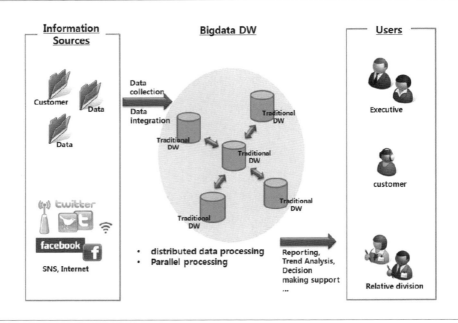

1. [CIO BIZ+] 경기도, 빅데이터 재난안전센터 설립 …
안전대동여지도 플랫폼 운영

경기도가 첨단 정보통신기술(ICT)을 활용해 새로운 재난·안전사고 대응체계를 마련한다. 다양한 데이터를 분석해 재난·안전에 적용하는 '빅데이터 재난안전센터' 설립이 핵심이다.

경기도는 연내 빅데이터 재난안전센터 구축 정보화전략계획(ISP)을 수립, 내년부터 가동에 들어간다고 26일 밝혔다. 전국에서 가장 많은 인구가 거주하는 경기도는 각종 재난·안전 사고가 빈번하게 발생한다. 지난해 전국에서 가장 많은 9,675건의 화재가 발생, 77명이 사망했다.

경기도 재난안전본부는 각종 재난·안전사고에 대응하기 위해 소방정보시스템을 운영한다. 119신고접수부터 현장출동, 현장대응, 업무지원 등 전 소방활동을 지원한다. 긴급구조표준시스템 등 총 16개 세부시스템이 연동됐다.

산림청·한국도로공사 등 타기관 정보시스템도 활용한다. 경기도가 생산·보유한 재난·안전사고 공공데이터는 81종이다. ▲홍수·방재 등 공공질서 및 안전 15종 ▲교통사고 등 사고 11종 ▲유해화학물질 등 환경보호 31종 ▲식품안전소비자신고 등 보건 8종 등 다양하다.

ISP가 수립되면 생활안전지도, 경기도 재난정보, 119정보, 사물인터넷, 소셜네트워크서비스(SNS) 등 방대한 정보를 수집하는 통합 재난안전 빅데이터를 구축한다. 빅데이터 재난안전센터를 설립해 도민과 민간업체에 재난안전정보를 제공하는 '안전대동여지도 서비스 플랫폼'을 운영한다. 경기도 관계자는 "민간 기업이 새로운 재난·안전사고 관련 서비스와 시장을 형성할 수 있도록 다양한 정보와 소프트웨어(SW)를 제공하겠다"고 말했다.

신혜권, [CIO BIZ+] 경기도, 빅데이터 재난안전센터 설립…안전대동여지도
플랫폼 운영, etnews, 2015.08.26.
http://www.etnews.com/20150826000191

2. PC통신도 안해봤던 젊은이 'IT 풍운아'가 되다

빅데이터 업계 다크호스 떠오른 김용학 타파크로스 대표
"똑똑하고 빠른 분석으로 고객사 갈증 풀어드립니다"

빅데이터(Big Data) 분석 기업 타파크로스는 소셜미디어와 매스미디어에서 형성되는 담론을 분석하는 데 높은 전문성을 보유하고 있다. 특히 인터넷 상에서 매 순간 폭발적으로 생성, 확산되는 빅데이터를 실시간으로 분석할 수 있는 역량을 바탕으로 기업 고객들에게 각광을 받고 있다. 빅데이터 시대의 총아로 떠오르고 있는 타파크로스의 김용학 대표를 만났다.

한 젊은이가 있었다. 대학 졸업 후 대기업에 입사했지만 한 달 만에 과감하게 사표를 던졌다. 자신의 체질과는 맞지 않는다는 것을 깨달았기 때문이다. 현재에 안주하기보다는 모험과 도전을 선호했던 그 젊은이는 일찌감치 창업 전선에 뛰어들었다. 성공과 실패를 넘나들며 경험을 쌓아가던 그는 어느 날 배낭 하나만 달랑 메고 몇 달간 유럽 여행을 떠났다. 인생의 전환점을 찾기 위해서였다. 얼마 뒤 한국에 돌아온 그는 서점에서 우연히 '길'을 찾았다. 그가 찾은 길은 '인터넷'에 있었다. 그때가 1999년. 한국은 물론 전 세계가 인터넷 열풍에 빠져들던 무렵이었다.

김용학 대표는 잔잔한 미소를 띠며 회상했다. "젊은 시절에 이런저런 일들을 참 많이 해봤어요. 편의점, 재즈바도 운영해보고 무역회사도 운영해봤죠. 국회의원 캠프에서 일한 적도 있지요. 주변 지인들은 저를 보고 참 카멜레온 같다는 말을 자주 합니다. 제가 직업전환을 할 때 과거에 하던 일과 연관된 일을 한 적이 없거든요. 완전히 새로운 일만 시도했죠. 제가 일을 잘 운영하는지는 '퀘스천마크(물음표)'인데, 일을 잘 벌이는 것만큼은 확실합니다(웃음)."

■ 청년 창업가 '인터넷'에서 미래 발견
PC도 없고 PC통신조차도 한번 해보지 않았던 젊은이는 인터넷 세상의 도래를 확신했다. 무슨 일을 하더라도 인터넷이라는 메인스트림에서 해야겠다는 결심을 굳혔다. 그는 인터넷 비즈니스를 본격적으로 파고들었다. 얼마 후에는 친한 선배와 함께 기업간(B2B) 전자상거래 솔루션 사업을 시작했다. 그러던 어느 날 사업을 하다가 알게 된 어느 회사로부터 스카우트 제안을 받았다. 국내 토종 소프트웨어 기업으로 유명한 곳이었다. 그는 그곳에서 스팸메일 차단 솔루션을 기획해 대박을 터뜨렸고, 이를 기반으로 사업부를 분사해 보안 솔루션 회사를 창업했다.

김용학 대표는 뉴 밀레니엄의 첫 10년간을 질풍노도처럼 달렸다. 인터넷 비즈니스는 그의 삶을 이끈 견인차였다. 그는 2009년 1월 또 한번의 도전장을 던졌다. 타파크로스를 설립한 것이다. 타파크로스는 '웹 모니터링 솔루션'을 주력사업으로 하는 회사였다. 일찌감치부터 착실하게 준비를 했던 김 대표는 곧장 버즈마스터(Buzz Master)라는 솔루션을 개발해 기업 고객들에게 판매하기 시작했다. 버즈마스터는 일종의 온라인 평판 분석 솔루션이었다.

타파크로스를 설립한 2009년은 빅데이터라는 개념이 본격적으로 대두되기 전이었다. 김 대표 역시 빅데이터 전문 기업을 표방한 것은 아니었다. 하지만 사업의 '운때'가 절묘하게 맞아떨어졌다. 그즈음 스마트폰 보급이 크게 확산되면서 소셜네트워크서비스(SNS) 사용자도 폭증하기 시작했다. 자연히 SNS에는 엄청난 양의 정보가 유통되기에 이르렀고, 빅데이터 시대의 서막이 열렸다.

김용학 대표는 말한다. "인터넷은 정보의 바다인데, 수요자 입장에서는 모든 바닷물이 필요한 것은 아니죠. 자신에게 필요한 맞춤형 정보를 원하는 겁니다. 버즈마스터는 인터넷에서 고객사에 관한 특정한 글들을 실시간으로 수집해 보여주는 솔루션이었습니다. 그런데 2010년 중반부터 스마트폰 사용자가 급증하고 스마트폰에 SNS 기능이 탑재되면서 거기서 쏟아지는 데이터가 폭증했죠. 그걸 빅데이터로 부르기 시작한 거죠. 빅데이터 시대가 열리면서 기업들은 SNS 채널을 이용한 마케팅 커뮤니케이션에 나섰어요. 그러면서 자연스레 SNS 마케팅 효과 측정에 대한 니즈가 생겨났죠. 저희는 그런 니즈에 맞춰 기업용 빅데이터 분석 플랫폼 '트렌드업(TrendUp)'을 선보이게 됐습니다."

트렌드업은 소셜미디어와 매스미디어에서 발생하는 이슈와 담론, 트렌드를 실시간으로 수집하고 분석하는 솔루션이다. 데이터 처리 속도는 엄청나다. 가령 분석 대상 문서 건수가 10억~20억 건에 달하더라도 분석결과를 내기까지는 불과 수 초~10여 초밖에 걸리지 않을 정도다. 트렌드업은 사회적 화제가 되고 있는 이슈나 소비자의 목소리를 실시간으로 감지할 뿐 아니라, 세부적인 설정을 통해 그 변화 추이도 다층적으로 파악할 수 있도록 한다. 아울러 빅데이터 분석결과에 내재된 유의미한 패턴을 사람이 이해할 수 있는 시각적 언어로 표현하는 인포그래픽 정보도 제공한다.

■ 소비자 접점 넓은 대기업들이 주요 고객

타파크로스는 트렌드업 출시 초기부터 대기업들에게 호응을 얻기 시작했다. 신세계, 신한카드 등 각 산업을 대표하는 유력 기업들이 타파크로스의 고객이 됐다. 타파크로스는 트렌드업이라는 빅데이터 분석 플랫폼을 바탕으로 고객사의 니즈에 맞는 전문적인 분석 보고서도 제공한다. 보고서는 고객사들의 브랜드 가치나 프로모션 성과, 시장 트렌드 변화에 대한 통찰을 담고 있다. 또 타파크로스는 전문적인 빅데이터 분석 역량을 토대로 고객사들에게 마케팅, 고객관계관리(CRM), 위기대응과 관련한 컨설팅 서비스도 제공하고 있다.

그간 타파크로스와 거래한 고객들은 대기업을 중심으로 100여 개에 달한다. 가장 고객이 많은 분야는 백화점, 대형 할인마트, 온라인 쇼핑몰 등이 포진한 유통산업이다. 이 밖에 금융, 통신, 자동차, 전자, 패션, 식품, 프랜차이즈 등 소비자 접점이 광범위한 산업에 속한 대기업들이 타파크로스에게 각종 프로젝트를 의뢰하고 있다. 공공 부문에서는 서울시, 경기도, 국방부 등이 주요 고객으로 꼽힌다.

타파크로스는 '의미 과학(Meaning Science)'을 슬로건으로 표방하고 있다. 사무실 입구 벽면에는 Meaning Science라는 영문 글자가 큼지막하게 게시돼 있기도 하다. 뭔가 묘한 뉘앙스를 풍기는 의미 과학은 어떤 뜻을 담고 있는 것일까.

김용학 대표가 설명한다. "타파크로스는 대용량 데이터 수집·처리 역량에만 주목하는 회사가 아닙니다. 보통 저희에 대해 IT 회사라는 선입견들을 많이 갖고 계십니다. 물론 IT 기술이 전제돼야 이 사업이 가능한 것은 맞습니다. 하지만 저희는 단지 기술을 판매하는 게 아니라 데이터 분석결과가 가진 함의가 무엇인지를 알려드리는 회사입니다. 그러려면 기본적인 인문·사회과학적 통찰력을 갖춰야 하는 것은 물론이고 사회 트렌드에 대해서도 깊이 꿰뚫고 있어야 합니다. 나아가 고객사의 현업 담당자 입장에서 사안을 파악할 수 있어야 하죠. 저희 회사의 '미닝 사이언티스트(Meaning Scientist·의미 과학자)'들은 특정 주제어에 대해 빅데이터를 분석할 때 빈도나 어조만 보는 게 아니라 그걸 단초로 현상을 이해하기 위한 연구를 합니다. 즉 의미를 파악해내는 거죠. 좀더 나아가 데이터 분석결과를 토대로 고객사에게 마케팅 전략이나 콘셉트에 대한 의견까지 제공하려고 노력합니다."

빅데이터는 데이터의 양 자체로는 별 쓰임새가 없다. 중요한 것은 방대한 데이터 속에서 의미를 발견할 때 비로소 빅데이터가 가치를 갖게 된다는 점이다. 실제 요즘 빅데이터 업계에서는 '스피드'와 '스마트'가 화두로 떠올랐다. 대용량 데이터를 처리하는 속도와 함께 얼마나 똑똑한 결과를 도출하느냐 하는 것이 빅데이터 업계의 성패에 직결된다는 공감대가 확산되고 있다.

■ 소셜 빅데이터 분석에 대한 만족도 높아
김용학 대표는 스피드와 스마트가 빅데이터 분야의 화두라는 점에 전적으로 동의했다. 아울러 두 가지 이슈 모두에 자신감을 나타냈다. "타파크로스가 작은 기업인데도 시장에서 좋은 평가를 받는 것은 그만큼 고객사들이 만족하셨다는 뜻이 아닐까 싶습니다. 실제 저희는 기존 고객이 다른 고객을 추천해주는 비율이 상당히 높습니다. 기업 마케터들은 서로 필요한 정보를 공유하거든요. 가령 누군가가 '소셜 빅데이터를 분석하려고 하는데 어디가 좋아?' 하고 물으면 타파크로스를 추천해주는 경우가 많다는 거죠."

타파크로스는 이제 업력이 7년차에 접어든 벤처기업이다. 김용학 대표를 제외한 나머지 직원들은 모두 20~30대의 젊은 인재들이다. 그들은 빅데이터라는 무궁무진한 잠재력을 가진 분야에서 꿈을 키워나가고 있다. 김 대표는 직원들에게 '미닝 사이언티스트'라는 근사한 정체성도 부여했다. 그는 타파크로스가 추구하는 업(業)의 본질을 단지 '의미 과학'에만 묶어두지는 않는다. 그는 타파크로스가 '창업사관학교'의 역할도 하기를 바라고 있다. 젊은 직원들이 다양한 경험을 쌓는 동시에 큰 꿈을 키워 직접 창업가가 될 수 있도록 격려하겠다는 뜻이다.

"대기업과 달리 작은 기업에서는 'A to Z'를 다 배우기 때문에 창업할 수 있는 역량을 쌓을 수 있습니다. 저희 직원 중에 누군가가 나중에 좋은 사업 아이디어를 낸다면 시드머니를 투자해 창업할 수 있도록 도와줄 겁니다. 그 직원도 좋고 회사도 좋은 일 아닙니까. 그러기에 앞서 젊은 직원들이 회사의 비전을 공유하면서 자발적인 열정과 에너지를 쏟아낼 수 있는 여건을 만들어야 되겠죠. 언젠가 제가 없어도 회사가 잘 운영될 수 있는 시점이 되면 저는 또 다른 일을 해볼 생각입니다. 젊을 때부터 오랫동안 꿈꿔온 일이 하나 있거든요(웃음)."

*김용학 대표는…
인하대학교에서 환경공학을 전공하고 다양한 분야에서 창업과 경영을 했다. 지란지교소프트 마케팅 이사, 파시테크 대표이사를 거쳐 2009년 타파크로스를 설립했다. 한국복잡계학회 이사, 한국인터넷소통협회 이사, 한국정보화진흥원 기술자문위원 등으로도 활동 중이다.

김윤현, PC통신도 안해봤던 젊은이 'IT 풍운아'가 되다, 서울경제, 2015.8.13.
http://economy.hankooki.com/lpage/industry/201508/e20150813170717120180.htm

3. 빅데이터 활용해 '병원정보' 실시간 확인한다 …
'메디테크' 확장될까?

빅데이터를 통해 병원 정보를 실시간 제공하고 소비자 리뷰까지 확인할 수 있는 서비스가 트렌드화 되고 있다. 핀테크, 애드테크 등 모바일 트렌드를 잇는 메디테크가 주목받는 것이다.

메디테크(MediTech)는 의료(Medical)와 기술(Technology)를 합친 말로 정보통신기술(ICT)을 융합한 새로운 의료 서비스를 의미한다. 인구의 고령화와 의료수요 급증으로 인하 의료산업의 고성장세가 유지되고 있는 추세를 반영했다. 이 같은 트렌드는 글로벌 모바일 서비스에서도 확장되는 움직임을 보이고 있다.

5일 관련 업계에 따르면 최근 미국 온라인 생활정보 기업인 옐프(Yelp)는 기존에 접근이 어려웠던 의료 데이터와 병원 리뷰 서비스를 제공할 예정이다.

옐프는 비영리 탐사보도 언론인 '프로퍼블리카(ProPublica)'와 메디케어&메디케이드서비스센터(CMS)의 데이터를 분기마다 업데이트해 환자들의 의료정보 접근성을 높인다는 계획이다. 다수의 의료 데이터를 확보하고 있는 이 두 단체는 빅데이터를 바탕으로 한 유용한 의료정보를 옐프 이용자에게 직접 전달하는 방침이다.

뿐만 아니라 옐프는 현재까지 등록된 2만 6,000곳의 의료 시설 및 의사들을 환자들이 직접 평가하고 리뷰할 수 있는 서비스를 제공하며 실시간으로 응급실 대기 시간과 병실의 퀄리티 등을 확인 가능하게 할 계획이다.

국내에서도 이와 비슷한 서비스를 스타트업이 제공하고 있다. 옐로모바일의 굿닥은 공공기관의 정보를 활용해 의료관련 서비스를 제공중이다.

굿닥은 전국 병원·약국의 위치와 정보를 제공하는 의료 상비 애플리케이션이다. 이 앱은 건강보험심사평가원에서 제공하는 오픈소스(Open API)를 비즈니스에 활용해 보다 정확한 서비스를 제공하고 있다. 굿닥은 정부 3.0 사업의 공공 데이터 개방 정책의 '공공 데이터 활용의 우수 사례'로 꼽힌 바 있다.

2012년 5월 서비스를 시작한 '굿닥'은 위치 기반 병원 및 약국 찾기 외에도 야간 진료, 어린이 전문, 24시 응급 진료, 외국인 진료, 여의사 산부인과 등 의료기관 검색은 물론 두통, 알레르기, 티눈, 화상, 대상포진 등 여러 증상에 맞는 주변 병원을 찾을 수 있도록 상황별 서비스를 제공하고 있다.

또 1대1 상담서비스를 통해 각 분야 전문의들과 언제든지 편리하게 소통할 수 있고, 콘텐츠 채널 굿닥캐스트로 실생활에 유용한 건강정보도 얻을 수 있다는 설명이다.

이와 관련 회사 관계자는 "지난 6월 기준 누적 다운로드 200만 건을 돌파하는 등 이용자들에게 유용한 정보를 제공하고 있다"고 말했다.

김범주, 빅데이터 활용해 '병원정보' 실시간 확인한다⋯'메디테크' 확장될까?, 아시아투데이, 2015.09.05
http://www.asiatoday.co.kr/view.php?key=20150905010003156

CHAPTER 05

인공지능과 정보기술

알파고와 인공지능

국내 프로기사 이세돌 9단과 인공지능 알파고의 '세기의 대결'은 한국 사회에 엄청난 충격파를 던졌다. '호모 사피엔스'의 고유 영역이라고 여겼던 통찰과 직관에서 인간을 흉내 내는 인공지능(AI)이 인간 최고수를 능가하는 일대 사건을 온 국민이 목격했다. 이 9단의 3연패는 끝 모를 허탈감과 곧 다가올 미래 사회에 대한 공포감을 안겨줬고, 벼랑 끝에서 거둔 그의 짜릿한 첫 승은 인간의 도전과 모험심이 얼마나 경탄스러운지를 깨닫게 해주었다.

과거 1990년대 유행했던 벽돌깨기, 젤로그 게임에는 딥러닝과 강화학습 2가지 방식이 사용됐다. 20년이 흐른 지금, 인공지능의 성능이 급격한 발전을 이뤘다. 인공지능이 이세돌 9단을 바둑에서 이긴 것은 정말 충격적인 사건이다.

알파고는 방대한 데이터베이스를 활용해 가장 승률이 높은 수를 선택하는 '몬테카를로 트리 서치(Monte-Carlo tree search method)' 방식이 적용된 인공지능이다. 알파고는 프로 6단에서 9단 사이 실제 대국에 사용된 기보 16만 개를 학습했다. 하지만, 기보는 특정한 선택을 통해 발생한 결과이기 때문에 알파고는 기보를 학습한 것과 별도로 스스로 128만 번 대국을 통해 실수를 줄여나갈 수 있도록 준비됐다. 사람이 매일 1개의 기보를 학습해 1년간 365개 기보를 볼 수 있다고 가정하면, 알파고는 인간이 약 40년간 공부해야 하는 기보를 단 5주만에 학습한 것이다.

알파고는 딥러닝을 활용한 인공지능이다. 그런데 딥러닝을 이용하는 경우 가끔씩 어이없는 에러를 낼 때가 있다. 어떤 패턴을 외운다기보다는 그것을 인식하는 형태인데 인식과정에서 오류가 발생할 수 있다. 분명히 호랑이인데 호랑이가 아니라고 인식하는 경우도 있다. 이번 대국에서 이러한 오류 때문에 알파고가 악수를 두는 등의 실수를 했다. 이세돌 9단이 판을 복잡하게 만들면서 패턴 인식이 잘 안되게 만든 것도 한 몫 했다.

알파고의 대국 승리로 인공지능에 대한 사람들의 관심이 매우 높아졌다. 의료 분야, 자산관리 어드바이져 등 여러 분야로 인공지능 영역을 확대해 이러한 모멘텀을 이어가면 된다. 인공지능에 전적으로 의존하면 안 되겠지만 보조를 맞추는 정도까지는 괜찮다. 로봇저널리즘이 기자를 대체한다거나 전문직인 변호사나 의사를 대체하는 수준까지는 아니라고 생각한다.

인공지능 시대의 추세를 되돌릴 순 없다. 새로운 기술이 나오면 새로운 욕망이 생기고 새로운 일자리가 생긴다. 스마트폰이 새로 나왔고 사람들은 그에 대한 새로운 욕망이 생겼다. 또 이를 통해 수많은 휴대전화 사업과 관련된 일자리들이 생겨났다.

이번 대국을 통해 인공지능의 진보와 위험성을 동시에 확인했다. 인공지능인 알파고가 다른 분야로 확대될 수 있다는 게 이번 대국의 중요한 시사점이다. 인공지능으로 인해서 인류가 더 행복한 삶을 누릴 것으로 기대한다. 인공지능이 생기면 인간이 더 이상 일을 안 해도 될지도 모른다. 일을 안 할 수 있다는 건 어찌 보면 인간의 욕망을 실현해주는 것인지도 모른다. 일자리를 잃을 것이라는 우려도 있지만 그에 대한 보완적 제도 수립을 통해 사람들이 행복한 삶을 누리는 인공지능 시대를 만들 것이라 생각한다.[3]

5.2   인터넷 시대의 전자메일

정보의 생산, 저장, 그리고 상호교환을 위한 새로운 기술의 발전으로 디지털 형태의 텍스트 문서의 사용은 지난 수십 년 동안 엄청난 속도로 증가하고 있다. 특히 월드 와이드 웹(World Wide Web)의 출현과 성장은 텍스트 형태로 저장할 수 있는 모든 정보, 즉 전자메일, 뉴스그룹 그리고 온라인 뉴스 등과 같은 정보를 교환하고 확산하는 데에 커다란 촉매제의 역할을 하였다.

그러나 이렇게 무수히 많은 정보 속에서 우리는 실제로 자신에게 꼭 필요한 정보와 그렇지 않은 정보를 구분하는 데에 오히려 더 많은 시간을 소비하고 있다. 따라서 이러한 텍스트 데이터 사용의 급속한 사용증가는 웹사이트(web site)에서 정보를 브라우징(browsing)하는 데에 필요한 최소 부분이나마 자동화된 도구가 필요하다.

이러한 여러 가지 디지털 형태의 정보 중에서도 전자메일(electronic mail)은

---

3) 이경전 경희대 교수, "이번 대국은 인공지능 오류의 위험성을 확인한 기회", 조선비즈, 2016. 3. 13.

시간과 비용의 측면에서 높은 효율성으로 인하여 의사소통의 중요한 하나의 수단으로 급속하게 확산되고 있다. 또한 전자메일은 그 사용의 편리성과 보편성 때문에 일반인이 전화 다음으로 쉽게 이용할 수 있다는 장점과 더불어 기업의 입장에서는 고객정보를 전자메일을 통하여 획득하고 다양한 측면에서 활용할 수 있다는 장점을 가지고 있다.

그러나 많은 국내 기업들의 경우 고객이 전자메일을 통하여 서비스 등과 관련된 문의를 하더라도 이에 대한 응답이 즉각적으로 이루어지는 경우가 매우 드물며 하루 이틀씩 지연되는 경우가 대부분이다. 어떠한 경우에는 전혀 응답을 못 받았다는 경우도 많다는 결과가 있다.

이러한 경우 고객들은 관련 기업의 서비스에 대하여 불만을 지니게 되며 어떤 경우에는 기존의 기업과 거래관계를 단절하게 되는 경우도 발생할 수 있다. 이 경우 기업의 입장에서는 고객을 잃게 되며 장기적으로는 기업의 수익성에 부정적인 영향을 미치게 된다. 이러한 문제점을 해결하기 위한 필요성에 의해서 출현한 시스템이 바로 전자메일 응답관리시스템(Electronic Mail Response Management System: ERMS)이다. 전자메일 응답관리시스템은 고객으로부터의 전자메일에 대해서 실시간으로 전자메일 서버를 모니터링하면서 전자메일이 신규로 들어왔을 때에 기존에 학습된 분류방법에 의해서 사람 대신에 시스템이 전자메일의 내용을 분석하고 이해하여 단순한 질의메일인 경우에는 자동으로 관련 내용을 회신하거나 이미 정의된 범주(category) 또는 담당 관리자에게 자동으로 고객의 전자메일을 전송하여 고객의 전자메일을 통한 문의 사항 또는 요청 사항에 대해서 신속하게 답변할 수 있는 고객대응시스템이라고 할 수 있다.

전자메일 응답관리시스템을 설계하고 구현하기 위한 가장 핵심적인 기술 요소는 고객으로부터의 전자메일을 이미 정의된 범주 또는 클래스(class)에 정확하게 분류하기 위한 기술을 활용하는 것인데, 이를 위하여 컴퓨터 공학 분야 또는 전산학에서 활발하게 연구되고 있는 인공지능 분야의 한 분야인 기계학습(machine learning)의 방법을 이용하여 전자메일의 분류를 위한 기술로 활용하고 있다.

여기서 말하는 기계학습은 인공지능의 한 분야로 연구되어 왔으며, 컴퓨터 과학, 인지과학, 패턴인식, 통계학 등 다양한 학문 분야와 관련이 있다. 기계학 습은 컴퓨터 프로그램이 동일한 소스에서 주어지는 데이터의 처리성능을 이전 보다 증가시킬 수 있는 근거를 생성하고 개선할 수 있으며, 근거를 기호적인 식으로 표현할 수 있다면 그 프로그램은 학습능력을 가진다고 한다. 그 동안 기계학습을 이용한 기존 시스템들은 통상적인 웹 문서, 뉴스 기사, 전자우편 등 다양한 종류의 문서 데이터들을 자동으로 분류하기 위한 목적으로 사용되어 왔 다. 예를 들어, 기계학습의 알고리즘을 이용한 문서 자동분류에서는 미리 정의 하여 둔 카테고리 중에서 하나로 문서를 분류해 주는 처리를 일컫는다.

이러한 기계학습(machine learning) 중에서 대표적인 방법으로 희귀 모델, 최 근린분류(nearest neighbor classifiers), 베이지안 확률모델(Bayesian probabilistic classifiers), 결정 트리에 의한 방법(decision trees), 규칙에 의한 방법(inductive rule learning algorithms), 신경망을 이용하는 방법(neural networks) 등이 있다.

5.3 정보기술을 이용한 고객메일 자동분류

전자메일은 정보교환 방법 중에서 시간과 거리의 제약을 해결한 대표적인 수단으로 특정 호스트에 자신의 인터넷 메일 계정만 있으면 자신의 호스트 혹 은 다른 호스트의 사용자와 네트워크를 통해 메시지를 교환할 수 있는 방법 이다.

미국의 경우 2000년을 기준으로 인터넷 사용자들에게 100억 통의 전자메일을 하루에 한 번 정도 발송하고 있으며, 또한 NFO Worldgroup의 조사에 의하면 미국 소비자들의 83% 이상이 최소한 하루에 한 번 정도는 업무와 관련된 일로 전자메일에 접속한다고 보고하고 있다. 그리고 포레스터 리서치에 따르면 1998년의 경우 상업용 전자메일 건수가 30억 건을 초과하였으며, 전자메일 사용자를 대상으로 했던 조사에서 응답자들은 전자메일을 통해 이미 상당한 우편 비용을 절약했다고 대답했다. 또한 프라이스 워터하우스 쿠퍼스(Price Waterhouse Coopers)에서 실시한 조사에서는 응답자의 83%가 인터넷을 이용하는 가장 근본적인 목적이 전자메일 때문이라고 했다.

이러한 전자메일 사용 급증은 개인과 기업의 입장에서 전자메일을 자동으로 분류하고 응답하려는 필요성을 점차로 증가시키고 있다.

먼저 개인의 입장에서 볼 때 전자메일의 사용이 다른 사람과의 의사소통에 있어 중요한 의사소통의 수단이기 때문에 전자메일의 사용이 증가한 영향도 일부 있으나 정크(junk)나 스팸(spam)메일의 증가도 한몫을 한 결과이다. 이러한 전자메일의 증가는 사용자들이 전자메일을 읽고 필요한 메일과 필요치 않은 스팸메일을 처리하는 데에 많은 시간을 필요로 하게 되었다. 1990년대 중반부터 정크메일의 급격한 증가는 메일 사용자들에게 귀찮고 성가신 일이 되었으며 이러한 메일들은 보통 스팸(spam)으로 간주된다. 스팸메일과 본인 업무에 필요한 메일을 구분하는 데 많은 시간과 노력이 필요하게 되므로 스팸메일은 시간과 비용을 축내는 해로운 것으로 간주할 수 있다.

현재 출시되어 있는 많은 전자메일 관리 프로그램의 경우 자동 필터링이나 삭제 회신과 같은 작업을 지원하고 있으며 이러한 작업은 특정 규칙(rule)에 의해서 이루어지고 있는데, 이러한 규칙은 특정 단어 또는 구문이 전자메일 헤더(header)와 본문(body)에 나타나면 특정 폴더로 메일을 이동시키는 방식을 취한다. 그러나 이러한 규칙을 통하여 정확한 전자메일의 분류가 어려울 때도 있으며 일반적으로 전자메일을 분류하기는 하나 "스팸메일 폴더"와 "그렇지 않은 폴더" 정도의 단순한 2개 정도의 수준에서 메일을 분류하고 있고, 또한 잠재적으로 잘못 분류되는 위험도 내포하고 있다.

또한 기업의 입장에서 볼 때, 최근 추세를 보면 고객과의 상호 의사소통을 위한 여러 가지 접촉수단 가운데 전자메일의 역할이 주요한 관리 도구로서 대두되고 있다. 특히, 고객관계관리의 여러 가지 영역 중에서도 서비스와 관련된 부분은 전자메일을 통한 커뮤니케이션의 방법이 다른 채널에 비해서 관리비용이 비교적 저렴하고 언제 어디서든 고객의 요청 사항을 수용할 수 있다는 장점을 지니고 있다.

그러나 미국의 경우 55%의 고객들이 기업에 전자메일을 보낸 후 6시간 이내에 그에 대한 정확한 응답을 기대하지만, 20%의 기업들만이 고객의 기대를 충족시켜 준다고 한다. 실제로 기업들의 경우 웹사이트에 들어가 보면 제일 아래에 웹마스터의 전자메일 주소만이 표시되어 있을 뿐, 여기에 아무리 메일을 보내도 신속한 응답을 기대하기가 어렵다.

(1) 고객메일 범주화(E-Mail Categorization)

메일 분류에 있어 기계학습과 정보검색 접근법을 사용한 많은 노력들이 진행되었다. 이러한 관련 연구들 중에서 주요 용어들에 대해서 정리하면 다음과 같다.

가. Information Lens

Malone 등은 조직구성원 간의 정보공유 및 지식가공의 효과를 볼 수 있는 시스템의 개발, 즉 조직 내에서 교환되는 전자 메시지에 의한 정보공유 및 지식가공의 시스템인 Information Lens에 대해서 설명하였다.

인포렌즈(Infor Lens)는 전자 메시지를 작성할 때 반구조화된(semi structured) 템플릿 방식을 이용하여 미리 규칙을 정해놓고 사전에 정형화된 입력 방식을 사람들에게 제공해 줌으로써, 일반 사람들이 전자 메시지를 작성할 때 발생하

그림 5-1 │ Information Lens의 아키텍처

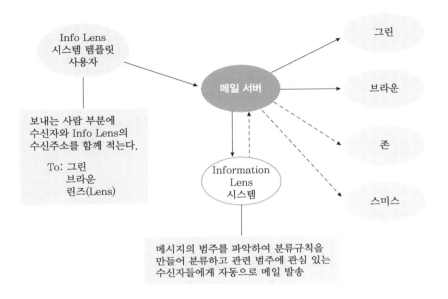

는 자연어 처리문제를 어느 정도 해결할 수 있다고 주장하였다. 또한 메일 필터링 규칙을 만들 때에도 상위범주를 종속하면서 하위범주를 만들 수 있게 하였다. 이러한 형태의 템플릿 종속연결(inheritance network) 방식은 하나의 메시지에서 여러 종류의 의사소통이 가능하게 할 수 있다.

본 연구가 1980년대 후반에 소개되어 인텔리전트 시스템을 활용하여 기업 내 정보를 공유하는 데에 도움을 줄 수 있는 시스템을 개발한 것은 향후 연구에 많은 영향을 주었다. 특히 Information Lens 시스템에서 제시한 시스템 아키텍처와 여러 요소들은 향후 메일 필터링, 전자메일 분류학습, 그리고 지식관리시스템 연구에 많은 시사점을 제공하였다.

나. Ripper System

Cohen은 전자메일 분류를 위해 키워드 탐지규칙(keyword spotting rule)을 이용한 Ripper 시스템을 구현하였으며 키워드 탐지 방법과 TF−IDF가중치(weighting)

를 이용한 방법을 비교하였다. 결과는 Ripper 시스템의 정확도가 85~94%, TF-IDF 방법은 정확도가 85~94%로 비슷한 수준의 정확도를 나타내었으나, Cohen은 키워드 탐지방법이 메일 필터링에 더 유용하게 사용될 수 있다고 강조하였다.

다. Mail Cat

Segal과 Kephart의 Mail Cat은 TF-IDF 접근방법을 사용하여 단어 빈도에 기반을 둔 각 폴더에 대한 가중벡터(weighted vectors)를 계산하고 나서 각 폴더로 필터링되어 저장되었을 때, 그 에러율(error rate)은 20~40%로 나타났다. 이후 연구에서는 사용자가 3종류의 폴더에서 가장 유사한 것을 선택하여 분류하도록 한 결과 더 나은 성과를 얻을 수 있었다.

라. iFile

Rennie는 텍스트 분류를 위해 나이브 베이즈 접근방법을 사용하였으며 iFile은 EXMH 메일 클라이언트를 위한 필터로서의 작업을 수행한다. iFile 사용자들은 그들 소유의 전자메일 폴더를 이용하여 일련의 실험을 수행할 수 있는 프로그램을 제공받았다. 이러한 프로그램은 사용자가 사적인 이슈와 관련된 전자메일을 분류하는 데 도움을 제공하였다. 그러나 이 프로그램은 다른 접근방법을 이용하여 비교연구를 수행하는데 한계를 나타내고 있으며, 분류의 정확도는 89% 수준인 것으로 나타났다.

마. Re: Agent

Boone은 에이전트 기술을 이용한 전자메일 관리시스템을 제안하였는데 여기서는 지능적인 전자메일 에이전트를 이용하여 사용자가 자신의 컴퓨터에서 전자메일을 필터링하거나 우선순위를 조절하고 또 필요한 문서를 저장하거나 불필요한 문서를 삭제하는 등의 행동을 학습시켰다.

(2) 정크메일

스팸(spam mail)의 문제성을 줄이기 위한 여러 각도의 연구가 진행되고 있으며, 기계학습과 정보검색 방법론을 이용하여 전자메일의 헤더(header)와 본문의 내용을 분석하여 스팸메일을 식별하는 방법론에서 성과를 이룩하였으며 이들 중에서 중요한 몇 가지 연구들을 살펴보면 다음과 같다.

가. Spam Cop

Lin 등은 Spam Cop을 이용하여 메일의 이름을 바탕으로 정크메일(junk mail)을 식별하는 데 있으며, 이 시스템은 스테밍(stemming)과 불용 리스트(stop-word list)를 이용한 Naive Bayse 방법론을 채택하였다.

불용어 리스트(stop-word list)는 하나의 메일 안에서 4번 이상 같은 단어의 반복이나 특정 단어의 사용이 비슷한 비율로 일어난 경우 정크메일을 구별하는데, Cohen의 키워드 탐지방법을 채택한 Ripper의 정확성이 86%인데 비하여 SpamCop은 94%의 정확성을 나타낸다.

나. Bayesian Approach

Sahami 등은 정크메일의 구분에 있어 베이지안 방법론을 채택하였다. 정크메일의 분류에 있어 정크메일이 일반메일로 분류되는 것보다 일반메일이 정크메일로 분류될 때 문제가 더 심각하다. 또한 어투나 산업의 특별한 문구를 잘 조사하면 시스템의 성과를 높일 수 있다는 것을 알아내었다. 이러한 작업이 없을 경우 구분에 있어 정크메일의 94.3%, 일반메일의 경우 93.4%의 정확성이 있으나 이러한 작업을 한 경우 일반메일의 경우 97.1%, 정크메일의 경우 87.7%의 정확성을 나타내었다.

다. Genetic Approach

Katirai는 유전자 프로그래밍을 이용하여 베이즈 분류기와 비교하였으나 성과는 조금 떨어지는 정도에 그쳤다. Genetic 프로그래밍은 정확도(precision)에 있어 95%, 재현율(recall)에 있어 70%였으나 베이즈 분류기는 96%, 77%로 나타났다.

라. Keyword vs Naive Bayes

Androutsopoulos 등은 키워드(keyword) 접근방법을 사용하여 그 성과를 나이브 베이즈와 비교하였다. 키워드 접근방법은 마이크로 소프트의 아웃룩

표 5-1   메일 분류 시스템

메일 분류	i-ems(2002)	Sender, Decision Tree, Keyword, TF-IDF 등 4가지 다른 방법을 이용하여 전자메일 분류 정확도 측정
	ifile(2000)	개인 전자메일 관리를 돕기 위한 시스템으로서 나이브 베이즈 방법을 이용하여 89%의 정확도를 보임
	Ripper(1999)	키워드 탐지방법과 TF-IDF 방법을 비교하여 실험한 결과 84~94%의 비슷한 정확도를 나타냄
	MailCat(1999)	TF-IDF 방법을 이용하여 40~60%의 정확도를 나타냄
	Re: Agent(1998)	TF-IDF 방법을 이용하여 98%의 정확도를 나타냄
	Information Lens(1987)	기존에 미리 정해놓은 규칙에 의하여 전자 메시지를 분류하는 방식으로서, 반구조화된 템플릿을 사용자에게 제공하여 입력 방식을 권장함
정크 메일	Keyword vs Naive Bayes(2000)	2가지 방법을 비교하였으며, Keyword 방법은 정확도 95%, 재현율 53%를 보였으며, 나이브 베이즈 방법은 정확도 98%, 재현율 78%를 나타냄
	Naive Bayes(1999)	스팸메일 분류에 있어 정확도는 나이브 베이즈가 95%, Ripper는 90%를 나타냄
	Genetic(1999)	유전자 프로그램을 이용 베이즈 분류기와 비교, 정확도는 95%와 96%, 재현율은 70%와 77%를 나타냄
	Spamcop(1998)	나이브 베이즈 방법을 사용하여 하나의 메일 안에서 4개 이상 같은 단어의 반복이나 특정 단어의 사용이 비슷한 비율로 나타날 경우 스팸메일로 간주
기타	Profile(2000)	3가지 방법으로 키워드 탐지, 퍼셉트론, 프로토타입 방법들 간의 사용자 선호도에 관한 유용성 연구
	Select Response(1997)	신경망 기술을 이용한 방법으로서 기업의 고객지원 창구에서 발생하는 각종 지원업무를 전자메일로 대치
	Maxims(1992)	MIT대학 Lap에서 만든 것으로 메일 에이전트가 메시지에 대하여 읽고 삭제하는 등의 행위를 수행

(Outlook) 2000에서 반 스팸(anti-spam)필터에 키워드 유형을 이용하는 방식이나 그 성과에 있어서는 나이브 베이즈보다 조금 떨어지는 데 그쳤다.

마. Naive Bayes

Provost는 나이브 베이즈를 Ripper 기술과 일반적인 메일 분류와 스팸 필터링에 있어 비교하였는데, 나이브 베이즈는 두 비교 모두에 있어 Ripper보다 우월했다. 일반적인 분류에 있어 나이브 베이즈는 87%의 정확도를, Ripper는 78%의 정확도를 보였다. 스팸 필터의 경우 50개의 전자메일로 학습한 나이브 베이즈는 95%의 정확도를 보이는 반면, Ripper는 400개의 전자메일을 학습한 후에도 90%의 정확도를 기록하였다.

(3) 기타

가. Profile Usability

Pazzani는 전자메일 필터링(filtering) 규칙에 있어 키워드 탐지, 퍼셉트론(Perceptrons), 프로토타입(Prototype)들 간의 사용자 선호도에 관한 유용성에 대하여 연구하였다. 메시지들은 '삭제(discard)' 또는 '이관(forward)'으로 분류되었으며 이러한 메시지의 분류하는 방법이 학습의 주제가 되었다. 연구결과 프로토타입(Prototype)을 사용자들이 더욱 선호하며 단어의 쌍들은 개별단어들과 반대되는 의미를 나타낼 수 있으며 이는 사용자들이 메일의 필터링 룰에 있어 선호도가 있음을 알게 되어 의미 있다고 할 수 있다.

나. Maxims

Maxims는 사용자 전자메일을 보조해 주는 에이전트이며 메일 메시지에 대하여 읽고 삭제하는 등의 행위를 학습한다. 예를 들면, 특별한 메시지를 읽은 후 저장했다면 메일 에이전트는 그 상황과 행동을 기억한다. 그 영역에서 그 메시지를 읽든지 아니든지, 전 메시지에 대한 회신 메시지 등을 기억하여 에이전트는 메시지의 보내는 사람, 받는 사람 등의 전보를 기억한다. 새로운 상황이 일어났을 경우 메모리에 기억된 과거에 사용자가 행동했던 것을 기본으로 하여 행동한다.

Maxims에는 두 가지 특징이 있다.

첫 번째 특징은 에이전트에게 명백히 명령할 수 있는 것이다. 에이전트가 어떤 패턴을 가지고 올 때까지 기다리지 않고 가설의 상황을 만들어 기능을 개선한다. 예를 들면 '홍길동'으로부터 오는 메시지는 높은 우선순위를 주어 새로운 상황을 기억시키고 다양한 방법으로 응용할 수 있다.

| 그림 5-2 | ERMS 구축 사례 |

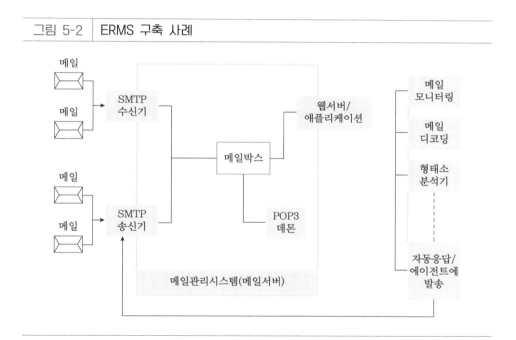

두 번째 특징은 멀티 에이전트에서의 에이전트 간의 협력이다. 사전상황에 대한 정보가 충분치 않을 때 다른 메일 에이전트에게 보조 받을 수 있다. 다른 에이전트에서 그 메시지에 대한 중요도를 추천했다면 즉시 사용자에게 추천하게 된다. 멀티 에이전트 통신은 한 그룹(workgroup)에서 다른 사용자들 사이에

능력과 정보를 전달하는 좋은 방법이다.

다. Select Response

APTEX사에서 개발하여 최근 상용화한 Select Response 시스템은 신경망 기술을 이용한 콘텐츠 마이닝 도구라 볼 수 있다.

이 시스템은 기업의 고객지원 창구에서 발생하는 각종 지원업무를 전자메일로 대치한다는 가정 하에서 다양한 문의를 전자메일로 받아 해당 부서별로 분류하여 실제 업무 담당자에게 바로 전달하도록 하였다. 이렇게 함으로써 고객의 질문에 즉각적인 회신이 가능하도록 하며, 처리의 정확도와 일관성을 향상시키고 24시간 온라인으로 고객 서비스를 지원할 수 있다는 장점을 들고 있다.

| 그림 5-3 | 수신된 메일 메시지의 리스팅 |

5.4 정보기술을 활용한 메일 응답관리 서비스

최근 하나의 추세를 보면 고객관계관리와 관련된 여러 가지 채널 중에서 전자메일의 역할이 주요한 관리도구로서 대두되고 있다. 이는 기업의 입장에서는 아직까지는 전화를 통한 고객과의 의사소통이 대부분을 차지하고 있지만, 특히 고객관계관리의 여러 가지 분야 중에서 서비스와 관련된 부분은 전자메일을 통한 커뮤니케이션의 방법이 현재 고객들이 사용하고 있는 여러 가지 채널 가운데 그 관리비용이 다른 채널에 비해서 비교적 저렴하고 언제 어디서든 고객의 요청사항을 수용할 수 있다는 장점을 지니고 있다.

그림 5-4 │ 분류기를 중심으로 한 분류 프로세스

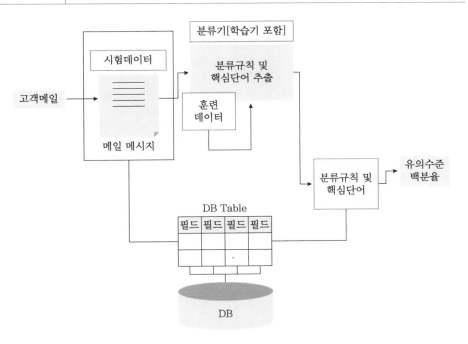

<그림 5-2>에서는 시스템으로 구현된 ERMS(e-mail Response Management System)의 구축 사례를 보여주고 있다.

(1) 메일관리시스템

메일관리시스템은 계정에 해당하는 메일박스에서 메일을 클라이언트의 컴퓨터에 전달해 주는 POP3 데몬과 해당 메일 계정을 관리하는 계정관리 모듈, 메일을 수신하고 전달하는 SMTP 데몬을 통틀어 메일관리시스템이라 하겠다.

메일관리시스템은 웹관리 및 서버 내부 애플리케이션에 속하는 부분과 밀접하게 연계가 되어 있다. 내부 애플리케이션에 의해 유의수준이 결정되면 다시 메일관리시스템의 SMTP 송신기를 이용하여 메일을 발송하게 된다. 또한 메일관리시스템은 웹서버 기반 서버사이드 스크립트 그리고 서버 내의 애플리케이션과 서로 연동되어 작동할 것이다.

<그림 5-2>는 메일관리시스템의 내부 프로세스와 ERMS에서 어떠한 역할을 하는지를 보여주는 구성도이다.

(2) 메일 모니터링 및 디코딩

메일관리시스템은 하드웨어적 구축의 개념이라 할 수 있으며 메일 모니터링부터가 ERM의 소프트웨어적 구축의 시작이라 할 수 있겠다. 메일 모니터링은 신규메일의 존재 여부를 수시로 체크하고 이를 POP3, IMAP 데몬을 이용하여 특정 메일박스에 있는 신규 메일 메시지를 가져오는 작업과정을 말한다.

(3) 전자메일 자동분류 응답

훈련 데이터라는 것은 분류기 엔진, 예제, 메일 메시지들을 투입한 후 이를 학습시켜 분류규칙을 만들어 내는 것을 목적으로 하는 데이터를 말한다. 이렇게 학습된 분류기는 분류규칙 및 핵심단어들을 가지게 되는데 이 분류규칙 및 그에 따른 분류집단 그리고 핵심단어들을 데이터베이스에 저장한다. 즉, 분류기 엔진에 의해 추출된 중요한 정보만을 저장하는 것이다. 위와 같은 작업이 끝나게 되면 실시간으로 들어오는 메일 메시지를 가져와 분석하기 위해 시험 데이터를 분류기에 투입하게 되는데 그 후의 작업들은 훈련 데이터에서 했던 방식과 동일하다.

그러나 이미 결정된 분류규칙 및 핵심단어들이 실험 데이터에 의해 확장, 발전하게 되고 관련된 데이터베이스의 내용이 갱신되게 된다. 이러한 과정을 거친 각각의 메일 메시지들은 데이터베이스에 있는 핵심단어들과 비교분석을 하게 되는데 이것이 바로 유의수준 결정과정이다.

(4) 메일 분류결과

고객으로부터 접수된 질의메일에 대해서 콜 센터의 관리자는 전자메일 관리

그림 5-5	메일 분류결과

를 위해서 전체 접수된 메일 중 자동응답을 통해 전달된 메일 결과와 콜 센터
상담원에게 전달된 결과, 그리고 분류되지 않은 메일의 분류결과를 확인하고
지속적으로 관리할 수 있다.

5.5   콜 센터와 고객메일 응답관리 서비스

<그림 5-6>을 보면 ERMS 시스템에서 분류된 전자메일이 콜 센터의 담
당 상담원에게 이관되어 질의메일에 대하여 답변을 하는 프로세스를 구현한 구
성도를 볼 수 있다.

| 그림 5-6 | 콜 센터와 통합 구현도 |

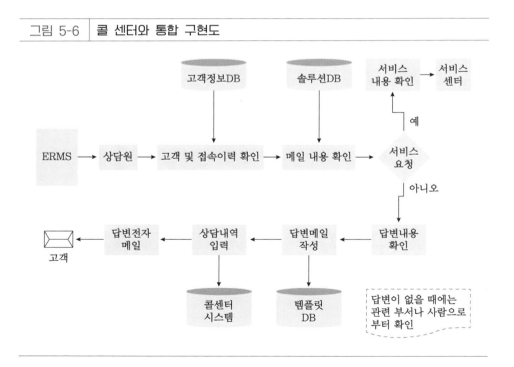

또한 여기서 말하고 있는 콜 센터는 기존의 콜 센터를 단순히 고객들의 질의, 응답을 처리하는 수동적인 모습이 아닌 고객의 질의를 능동적으로 처리하고 고객관계관리의 다른 영역인 마케팅, 영업 등과의 통합적인 운영을 할 수 있으며 고객 접촉을 위한 가장 핵심적인 역할을 하고 있다. 고객을 위한 주요 핵심 센터로서의 콜 센터는 다음의 주요 기능을 수행한다.

(1) 고객 이력관리

우선 질의메일이 콜 센터의 상담원에게 전달되면 상담원은 보낸 사람의 이름이나 전화번호를 통하여 기존에 전화 또는 다른 방법으로 접촉을 했는지 확인하고, 기존의 고객정보가 있을 때에는 기존에 어떠한 내용에 대해서 고객요청을 했는지 기존 접촉이력(contact history)을 확인한다. 기존에 접촉한 이력이 없을 때에는 고객 마스터 데이터에 개인정보를 입력하고 다음번에 대응할 준비를 한다. <그림 5-7>에서 보는 바와 같이 콜 센터의 상담원은 자신에게 전송되어진 접수메일을 매일 아침 또는 주기적으로 확인하여 자신이 답변을 보내

| 그림 5-7 | 상담원 메일박스에서 접수메일 확인 |

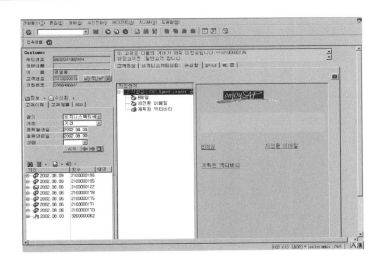

야 할 고객의 요청 사항을 확인할 수 있다.

또한 콜 센터의 상담원은 필요한 경우 자신에게 접수된 전자메일 중에서 여러 차례 빈번하게 클레임을 요구한 메일이거나 중요하게 관리되어야 할 고객메일인 경우에는 콜 센터 시스템을 활용하여 고객의 기존 접촉이력을 확인하거나 기존의 클레임 내역 또는 주요 서비스 요청내역 등에 대해서 확인할 수 있다.

(2) 솔루션 DB에서 질문내용 검색

콜 센터의 상담원은 접수된 질의메일에 대해서 단순하고 일반적인 내용일 경우에는 빠른 회신을 할 수 있지만 보다 전문적이고 상세한 내용을 요청한 경우에는 콜 센터의 솔루션 데이터베이스를 검색하여 관련 답변을 찾아낼 수 있으며 이를 근간으로 하여 다시 고객에게 회신을 할 수 있다.

<그림 5-8>에서 보는 바와 같이 콜 센터의 상담원들은 고객의 요청메일

그림 5-8	솔루션 DB에서 질문내용 검색

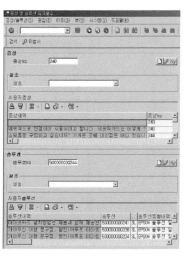

에 대한 답변을 일반적이고 간단한 내용인 경우 즉각적인 답신을 작성하여 고객에게 회신할 수 있지만 답변의 일관성을 유지하거나 다소 기술적인 질문이 있을 경우에는 솔루션 DB를 이용하여 답변을 검색할 수 있다.

(3) 서비스 센터로 이관

솔루션 데이터베이스를 이용해서도 고객에게 정확한 답변을 제공할 수 없을 경우에는 질의메일에 대하여 가장 답변을 잘 할 수 있는 관련 부서에게 고객의 질의메일을 이관하거나 서비스 센터로 고객의 서비스 요청메일을 이관할 수 있다.

콜 센터의 상담원은 자신에게 접수된 고객으로부터의 서비스 요청메일에 대해서는 고객이 원하는 서비스 센터에 접수된 전자메일의 내용을 기반으로 하여 필요로 하는 서비스 내용을 서비스 센터로 이관할 수 있다.

그림 5-9 | 서비스 요청메일을 서비스 센터로 이관

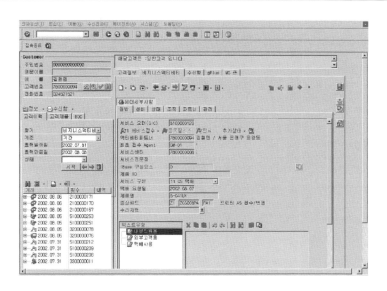

(4) 고객에게 답신메일 전송

고객으로부터의 질의메일에 대해서 최종적으로는 관련 내용을 고객에게 다시 답신을 하는 것으로 전체적인 프로세스가 마무리된다. <그림 5-10>에서 보는 바와 같이 고객이 자신의 신용과 관련하여 추가적인 대출에 대한 문의가 있었으며 이에 대한 답변을 작성하여 고객에게 답신메일을 보내는 내용의 사례를 보여주고 있다.

| 그림 5-10 | 고객에게 답신메일 전송 |

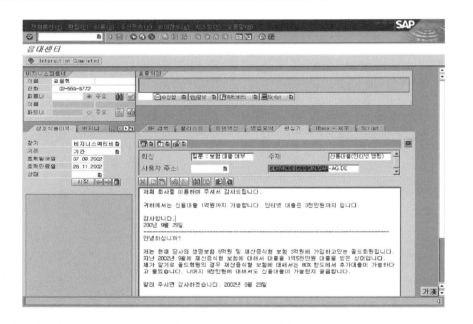

1. 코노랩스 "시간관리 인공지능으로 스마트하게 하자"

"직업인에게 돈보다 중요한 자산은 시간이다. 이 시간을 더 스마트하게 관리해고 싶다고 생각했다. 코노는 인공지능 엔진으로 글로벌 프로페셔널들이 시간을 잘 관리할 수 있게 도와준다. 이용자는 코노를 통해 시간을 관리하는 데 쓰는 쓸 데 없는 시간을 줄이고 내 비즈니스에 집중할 수 있다."

민윤정 코노랩스 대표는 일정관리 어플리케이션 코노를 가리켜 이용자의 시간을 관리해주는 일종의 개인 비서라고 소개했다. 특히 기계 학습을 활용해 이용자의 패턴을 분석, 약속잡기에 가장 적절한 시간과 장소를 추천하는 기능을 코노의 핵심으로 꼽았다.

이는 코노가 기존 캘린더 앱과 차별화하는 지점이기도 하다. 이용자가 모든 걸 일일이 다 입력해야 하는 기존 캘린더 앱과 달리 코노는 인공지능으로 시간관리에 들어가는 시간을 줄인다.

코노는 누구와 만날지만 입력하면 적절한 시간과 장소를 추천하고 상대방에게 초대장까지 보내준다. 추천은 이용자의 행동 패턴과 기존 스케줄을 고려해 이뤄진다. 해외와의 시차도 고려한다. 만나는 상대방도 코노를 쓰고 있다면 더 정교한 추천이 가능하다. 약속 한 번 잡기 힘든 바쁜 직장인들에게 편리한 기능이다.

"처음 깔았을 때는 일반적인 상식을 기반으로 추천해주지만 앱을 쓸수록 이용자에 맞춤한 추천이 가능해진다. 앱에 기록된 이벤트 즉 사실을 근거로 이용자의 성향을 학습하기 때문이다."

스마트 리마인더 기능도 제공한다. 현재 시간과 위치를 고려한 자동 알림 기능이다. 현재 위치와 도착지간의 거리 및 이동 시간을 고려해 약속 시간에 따른 떠나야 할 시간 알려준다.

지난해 11월 법인 설립 이후 지난 7월에 한국과 미국에 코노를 출시, 이미 3천 명이 넘는 이용자가 코노를 쓰고 있다. 스마트한 시간 관리에 대한 이용자들의 관심은 상당하다. 노르웨이, 말레이시아 등 다른 나라 이용자들이 직접 출시를 요청할 정도다.

코노 출시 전인 지난 4월 실리콘밸리 액셀러레이터 500스타트업으로부터 10만 달러 투자를 유치하고 2015년 배치 13 프로그램에 선정되는 등 국내외에서 코노랩스를 주목하고 있다.

무엇보다 구성원들의 화려한 면면이 눈길을 끈다. 민 대표는 다음 초창기 멤버로 코노랩스를 창업하기 전까지 다음커뮤니케이션 넥스트 인큐베이션 스튜디오에서 사내벤처를 육성 및 발굴했다.

여기에 올라웍스 창업자로 유명한 류중희 퓨처플레이 대표와 다음, 네이버 등을 거친 송민철 최고기술책임자(CTO)가 의기투합했다. 이외 다른 팀원들도 iSO, 안드로이드, 서버, 머신러닝, 데이터 사이언스 등에서 전문 기술력을 가지고 있다.

데이터 기반의 머신러닝 트렌드가 미래를 지배할 기술이라는 데서 비전을 봤다. 모두가 겪고 있는 일상적인 비효율을 기술로 풀자는 게 코노랩스의 목표다.

"사람이 모든 걸 다 기억해서 매칭하거나 미래나 상황을 예측 및 인식하는 건 힘들다. 인공지능이 사람의 두뇌활동을 도와줄 수 있다. 게다가 모든 사람들이 모바일 디바이스를 가지기 때문에 여기서 나오는 정보를 활용하면 할 수 있는 일들이 굉장히 많다. 코노는 아직 1.0 버전으로 앞으로 계속적으로 진화할 것이다."

박소연, 코노랩스 "시간관리 인공지능으로 스마트하게 하자", ZDNet Korea, 2015.09.07.
http://www.zdnet.co.kr/news/news_view.asp?artice_id=20150907102800&type=det&re=

2. 日 도요타, 美대학과 손잡고 '인공지능 자동차' 개발 나서

일본 도요타가 인공지능(AI) 기술을 접목한 미래형 자동차 개발에 나선다.

5일(현지시간) AP통신, 니혼게이자이신문 등에 따르면 도요타는 앞으로 5년간 5,000만 달러(약 595억 원)를 투자, 로봇과 AI 기술을 결합한 '지능형 승용차' 개발 구상을 밝혔다.

이날 도요타는 AI 공동연구를 위해 미국 스탠퍼드대학, 매사추세츠공과대학(MIT)과 제휴했다. 도요타는 두 대학의 AI 전문연구소에 연계연구센터를 설치한다.

이번 도요타의 AI 연구 프로젝트는 미국의 로봇공학자 질 프랫 박사가 맡는다. 그는 미국 국방부 산하 방위고등연구계획국(DARPA)에서 일한 로봇 전문가다. 프랫 박사는 "새로운 자동차는 사람이 승용차 운전에서 중요한 역할을 하지 않으면서 운전의 즐거움을 갖게 하는 것이 목표다. 신기술을 병렬적(기계와 운전자의 연결 상태), 연쇄적(운전자의 실수를 보완, 대응)으로 접목할 것"이라고 했다. 예를 들면 시력이 나쁘고 신체반응이 느린 노인 운전자들도 편리하게 운전할 수 있도록 AI 기술을 확장하는 것이다.

도요타의 이세 키요타카 전무는 "AI는 미래 기술의 기반이다. 물체 인식, 상황 판단, 인간과 협조 등을 테마로 한 AI 연구에 속도를 낼 것"이라고 했다.
또 그는 "AI를 자동 운전이나 로봇에 적용하고 있지만 일부에 불과하다. 도요타 생산 방식과 새로운 재료의 연구 등 다양한 분야를 크게 발전시킬 가능성이 있다"고 강조했다. 외신은 '도요타가 구글, 테슬라와 같은 무인차 개발 경쟁에 나서기 보다 운전자를 편안하게 해주는 AI 기술 활용에 초점을 맞춘 것'이라고 분석했다.

정상균, 日 도요타, 美대학과 손잡고 '인공지능 자동차' 개발 나서, 파이낸셜뉴스, 2015.09.06.
http://www.fnnews.com/news/201509061332290966

3. 알리바바, 인공지능 플랫폼 서비스 공개

알리바바그룹의 클라우드 컴퓨팅 사업을 담당하는 알리윤이 인공지능 플랫폼을 선보였다.

25일(현지시간) 미국 지디넷에 따르면, 알리윤은 대규모 데이터를 분석하게 해주는 인공지능 플랫폼 'DT PAI'를 출시할 예정이라고 밝혔다.

드래그앤드롭 기능을 제공하고, 사용자 행동과 산업 트렌드를 예측하게 해준다는 설명이다. 알리윤 측은 "알리바바의 핵심 알고리즘 구조로 작동하며, 피처 설계, 대규모 머신러닝, 딥러닝 등을 포함한다"고 설명했다.

DT API는 알리윤 클라우드 서비스 중 오픈데이터프로세싱 서비스(ODPS)의 하위 서비스로 제공될 것으로 보인다. ODPS는 1억 장의 HD필름에 해당하는 100페타바이트(PB) 데이터를 6시간 만에 처리할 수 있다고 알리윤 측은 주장했다.

표준화된 모듈을 연결해 관리하고, 애플리케이션 개발 전에 특정 측정치를 설정할 수 있으며, 전통적인 코딩과 연동가능하다고 회사측은 밝혔다.

웨이 샤오 알리윤 수석 제품매니저는 "우리의 목표는 데이터, 계산, 데이터 연통신 등을 통해 개발, 공개, 공유까지 한번에 할 수 있는 원스톱 인공지능 플랫폼을 만드는 것"이라고 강조했다.

그는 "과거 인공지능 영역은 극소수의 개발자에게만 열려 있었고 특별한 툴을 사용해야 했다"며 "이같은 방식은 에러와 여분을 초래한다"고 덧붙였다.

그는 DT PAI를 통해 개발자가 인공지능에 대한 경험 없이 더 짧은 시간 안에 아무 기반도 없는 상태에서 데이터 애플리케이션을 구성할 수 있게 된다고 주장했다. 그는 "며칠씩 걸리던 것도 수분 안에 완료된다"고 말했다.

김우용, 알리바바, 인공지능 플랫폼 서비스 공개, ZDNet Korea, 2015.08.26.
http://www.zdnet.co.kr/news/news_view.asp?artice_id=20150826095920&type=det&re=

4. 2016년 보안 시장의 화두는?

시만텍(www.symantec.com)이 '2016년 주요 보안 동향 전망'을 발표했다. 2016년에도 보안 위협이 더욱 심화될 전망이며, ▲ IoT 기기의 보안 이슈 확대 ▲ 애플 기기를 공격하는 사이버 범죄 증가 ▲ 랜섬웨어 범죄 집단과 악성코드 유포 집단의 경쟁 심화 ▲ 데이터 유출로 인한 사이버 보안 보험의 성장 ▲ 주요 기간시설 겨냥한 공격 위험 증가 ▲ 암호화 필요성 대두 ▲ 생체인식 보안 본격화 ▲ 게임화와 시뮬레이션을 통한 보안 의식 제고 등을 주목해야 할 보안 동향 전망이다.

1. IoT 기기의 보안 이슈 확대

스마트 시계, 운동량 추적기, 홀로그램 헤드셋 등 IoT 기기를 사용하는 소비자가 증가함에 따라 IoT 기기의 보안을 강화해야 하는 필요성은 더욱 커질 것이다. 시장조사기관 가트너(Gartner)는 2020년까지 다양한 산업 전반에서 약 300억대의 연결된 사물이 사용되고, 기업 내 부서 곳곳에 IoT가 사용될 것으로 전망했다. IoT 기기 시장이 성장하고 있는 것은 분명하지만, 값싼 하드웨어 플랫폼과 운영체제가 다수 존재하는 등 여전히 세분화가 많이 되어 있는 것이 사실이다. 최근 몇 년간 모바일 영역에서 안드로이드 플랫폼을 겨냥한 공격이 증가한 것처럼, 특정 생태계의 성장과 맞물려 IoT 기기를 겨냥한 공격은 분명히 증가할 것이다.

또한 2016년에는 의료기기 분야가 보안 위협의 새로운 영역이 될 것으로 보인다. 아직까지 현실에서 해킹 사례는 보고된 바 없지만, 인공심장박동기(pacemaker)나 인슐린 펌프와 같은 생명 유지 기기의 해킹 가능성은 이미 알려진 사실이다. 모바일 헬스(mHealth)의 발전으로 환자들이 점차 집에서 의료기기를 사용하게 되고, 이에 따라 공용 네트워크에 의료 기기가 연결된다거나 스마트폰과 같은 개인 기기를 통해 의료정보가 포함한 개인의 데이터를 주고받게 될 것이다.

이러한 변화가 급격하게 일어나면서 2016년에는 당장 규제가 이러한 기술을 따라갈 수밖에 없을 것이다. 일부 국가나 산업에서는 IoT 기기와 관련한 정보 사용, 데이터 소유권, 동의 등 새로운 문제를 해결하기 위한 가이드라인을 마련하게 될 것이다.

2. 애플 기기를 공격하는 사이버 범죄 증가

시장조사기관 IDC에 따르면, 애플은 전세계 스마트폰 출하량의 13.5%, 전세계 PC 출하량의 7.5%를 차지한다. 이러한 애플 기기의 인기에 발맞춰 OS X이나 iOS 기기의 감염을 목적으로 악성코드를 만들어내는 사이버 공격자의 수도 증가하고 있다. 애플 운영체제를 노리는 위협은 애플의 주요 경쟁사들(데스크톱은 윈도우, 모바일은 안드로이드)과 비교했을 때 여전히 매우 낮은 수준이지만, 애플을 겨냥한 위협이 지난 18개월간 급증했다는 것은 주목해야 할 현상이다. 지난 해 애플을 위협하는 위협들이 다수 발견되면서 보안 연구진은 애플 소프트웨어의 취약점에 더욱 집중하고 있다. 제로데이공격 브로커들은 최근 iOS 9.1 탈옥(jailbreak) 기법에 100만 달러를 지불하는 등 애플 취약점에 대한 현상금을 지급하기 시작했다. 애플의 인기가 지속적으로 늘어난다면 이러한 현상은 내년에도 계속될 가능성이 있다.

3. 랜섬웨어 범죄 집단과 악성코드 유포 집단의 경쟁 심화

데이터를 인질로 금전을 요구하는 랜섬웨어는 러시아어권 지역에서 시작되어 서유럽, 미국, 캐나다, 호주, 유럽 및 아시아 지역으로 확산되고 있다. 수익을 올릴 수 있다는 점 때문에 랜섬웨어의 규모는 더 커질 것으로 예상되는 가운데, 2016년에는 랜섬웨어 범죄 집단이 기존의 악성코드 유포 집단과 갈등을 일으킬 가능성이 예상된다.

랜섬웨어는 탐지가 어렵지 않아서 컴퓨터에서 랜섬웨어가 발견되면 보통은 즉시 컴퓨터 파일들을 말끔히 정리한다. 이때 모든 악성코드를 제거하는 과정에서 기존에 악성코드 유포자들이 심어놓은 악성코드들도 함께 삭제돼 악성코드 유포 집단의 비즈니스에도 영향을 주게 될 것이기 때문이다. 따라서 2016년에는 랜섬웨어 유포를 거부하는 악성코드 유포 네트워크가 증가해 랜섬웨어 집단이 자신들만의 유포방식을 고안해낼 가능성이 있다.

4. 데이터 유출로 인한 사이버 보안 보험의 성장

기업의 정보 유출 대응을 의무화하는 규제가 생기고, 탈취한 정보를 이용한 결제 사기, 계정 절도 등의 사이버 범죄가 늘어나면서 사이버 보안 보험의 성장을 이끌고 있다. 데이터 유출은 기업의 신뢰도에 심각한 타격을 입히고 많은 비용을 초래하기 때문에 2016년에는 많은 기업이 보안 강화의 일환으로 보험에 가입하게 될 것이다.

사이버 보안 보험은 보안 유출 사고에 직면했을 때 기업의 브랜드와 명성을 지키고, 지속적인 비즈니스 운영을 가능하게 할 수 있도록 보험가입시 신중하게 보장 범위를 선택해야 한다.

사이버 보안 보험은 기술만큼 빠르게 발전하고 있다. 요즘 제공되는 핵심 보장 범위는 불과 3년전만 하더라도 이용할 수 없었다. 데이터 유출 및 사이버 위험이 진화하면서 보장 범위를 강화하는 논의가 계속될 것으로 보인다.

5. 주요 기간시설 겨냥한 공격 위험 증가

이미 주요 기간시설에 대한 공격 사례가 보고된 바 있고, 2016년에는 이러한 공격이 증가할 것으로 전망된다. 국가와 정치 조직이 사이버 전쟁을 일으키고, 수익이나 몸값을 요구하는 사이버 범죄자들에서 볼 수 있듯 핵심 기반시설에 대한 공격은 정치적인 동기나 범죄 의도를 가지고 있다. 산업 분야의 IoT는 부가적인 서비스들과 연결을 통해 보고 및 기능을 개선하고자 하는 필요성 때문에 점점 더 네트워크에 긴밀하게 연결되고 있다. 이러한 변화로 전통적으로 보호가 어려운 기간시설로까지 사이버 공격이 확대되고 있다.

6. 암호화 필요성 대두

'모든 곳을 암호화하라(Encrypt everywhere)'는 말은 IT 업계에서 하나의 주문(mantra)이 되고 있다. 인터넷과 같이 불안전하고 취약한 네트워크에서 인간과 시스템 간에 많은 커뮤니케이션과 교류가 이루어지고 있는 가운데, 오고 가는 데이터에 대한 강력한 암호화가 필요하다는 것은 오랫동안 인지되어 왔고, 이제는 일반적으로 암호화가 도입되고 있다.

그러나 안타깝게도 많은 신규 기기와 앱에 암호화가 허술하게 구축되면서 취약점을 이용해 공격자들이 통신 데이터에 접근할 수 있게 되었다. 예를 들어, 대다수 사람들의 일상에서 모바일 기기는 통신이나 데이터 저장, 일반적인 기술 활용에 사용되면서 중요한 부분을 차지하게 되었고, 범죄자에게는 높은 가치가 있는 목표물이 되었다. 때문에 모바일 OS 제조사는 자사 제품의 암호화 수준을 지속적으로 개선하고 있다. 반면, 암호화가 사용자의 데이터를 사이버 공격으로부터 보호하는 데 도움이 되지만, 법 집행에 있어서 장애물이 된다고 생각하는 정부 입장에서는 불만이 높아지고 있다.

7. 생체인식 보안 본격화

최근 2년간 생체인식 기술의 활용이 급증했다. 주요 기업들을 중심으로 디지털 기기 자체의 새로운 센서나 파이도(FIDO), 터치ID(TouchID)와 같은 생체인식 인증 체계를 도입함에 따라 앞으로 생체인식은 더욱 늘어날 것으로 전망된다. 생체인식 보안의 활성화로 개인 사용자 입장에서 보안은 한층 강화되고, 디지털 기기의 잠금 해제나 구매 및 결제의 편의성은 크게 높아진다. 이러한 흐름 속에서 비밀번호 의존도를 줄이려는 기업들의 생체인식 보안 도입이 늘고 있다.

8. 게임화(gamification)와 시뮬레이션을 통한 보안 의식 제고

인터넷 보안은 기술만큼이나 인적 요소에 대한 의존도가 높다. 이러한 맥락에서 2016년에는 보안 의식을 제고하기 위해 보안 교육에 게임화(gamification)와 시뮬레이션의 도입이 확대될 것으로 전망된다.

게임화(gamification)는 게임이 아닌 분야에 게임의 메커니즘과 사고방식을 접목하는 것으로, '보안 게임화'는 단순한 컴퓨터 게임에서 얻는 심리적 보상과 즉각적인 만족감을 이용해 지속적인 행동 변화를 가져올 수 있다. 예를 들어, 게임 방식을 이용해 피싱 이메일이나 강력한 패스워드의 생성 및 사용에 대해서도 교육할 수 있다.

또한 기업들은 보안 침해사고에 대비하고, 현재의 방어 역량을 이해하고자 시뮬레이션과 보안 '워 게임(war game)'에 투자를 늘리게 될 것이다. 기업은 전통적인 침투 테스트를 시뮬레이션 대응과 사고 조치 단계로 확대함으로써 직원을 교육하고 준비 태세를 강화할 수 있다. 정부의 경우도 마찬가지다. 2015년 1월, 영국의 데이비드 캐머런(David Cameron) 총리와 미국의 버락 오바마(Barack Obama) 대통령은 '워 게임'을 통한 사이버 공격을 서로간에 실시하기로 한 바 있다. 2016년에는 기업도 이러한 방식을 선택하게 될 것이다.

출처 : 이상우 기자, IT동아, 2015. 12. 5.

CHAPTER 06

비즈니스 인텔리전스

빅데이터-BI 융합 가속 … SAP도 가세

데이터 분석에 초점을 맞춘 전통적인 비즈니스 인텔리전스(BI)와 비정형 데이터를 분석하는 빅데이터 기술의 융합에 가속도가 붙었다.

최근에는 오픈소스 기반 빅데이터 처리 기술인 스파크가 빅데이터와 BI의 벽을 허무는 기폭제 역할을 하는 모습이다. IBM과 마이크로 소프트(MS)에 이어 세계 최대 비즈니스 애플리케이션 업체인 SAP도 스파크 끌어안기에 본격적으로 나섰다.

SAP는 최근 하둡과 스파크에서 자사 HANA 인메모리 DB 플랫폼에 연결할 수 있는 도구인 HANA 보라(Vora)를 발표했다. 스파크와 하둡과 같은 빅데이터 기술이 SAP HANA 및 BI 솔루션과 버무려진 개념이다. 지디넷은 SAP 보라에 대해 BI 스타일의 분석을 빅데이터 세계에 융합시켰다고 평가했다.

스파크는 2009년 UC버클리 연구 프로젝트로 출발한 빅데이터 분석기술로 오픈소스 프로젝트로 제공된다. 가장 큰 장점은 빠르고, 쓰기도 쉽다는 것이다. 빅데이터 분석에 쓰이는 기존 하둡 맵리듀스의 경우 나온 지 꽤 됐음에도 여전히 까다로운 기술로 꼽힌다. 하이브 역시 데뷔 10년 가까이 됐지만 성능 이슈에서 자유롭지 않다는 지적이다. 스파크가 하둡 생태계의 맵리듀스나 하이브를 대체할 잠재력을 갖췄다는 전망이 나오는 이유다.

HANA 보라는 전용 하드웨어 인프라를 필요로 하지 않는다. 보라를 HANA와 통합하는 경우라면 하드웨어 인프라가 투입될 수 있지만 하드웨어 추가없이 별도로 사용하는 것도 가능하다고 지디넷은 전했다. 또 'HANA 보라'는 하둡과 스파크를 도입하는 SAP 고객들에게는 합리적인 방법이 될 수 있을 것이라고 덧붙였다.

SAP에 앞서 IBM은 6월 스파크를 자사 분석과 커머스 솔루션에 집중 투입하고 블루믹스 서비스형 플랫폼(PaaS)을 통해 스파크를 크라우드 서비스로도 제공한다는 전략을 발표했고 MS도 최근 스파크 온 애저 HD인사이트 퍼블릭 프리뷰를 공개했다. HD인사이트는 MS가 제공하는 크라우드 기반 하둡 서비스이다.[1]

---

1) 황치규, 빅데이터−BI 융합 가속…SAP도 가세, ZDNet Korea, 2015. 09. 02.

6.2 ## 데이터 마이닝

고객분석 단계에서는 공통적으로 기존에 확보된 고객의 자료를 잘 분석하여 숨어 있는 고객의 구매성향이나 공통적인 속성을 정확히 파악하는 것이 가장 중요하다고 할 수 있다. 그러나 각 고객분석 단계에서 단계별로 필요한 정보나 분석방법은 각 단계의 목적에 따라 상이하므로 각 단계별로 적합한 분석방법을 선택해야 한다. 이와 관련하여 일반적으로 자료 내에 숨어 있는 지식을 손쉽게 발견할 수 있는 방법을 총칭하여 데이터 마이닝(data mining)이라 한다.

데이터 마이닝이란 용어는 '자료'(data)와 '발굴하다'(mining)란 용어의 합성어로서 말 그대로 '자료를 발굴한다'라는 의미를 가지고 있다. 즉 파묻혀 있는 보석은 의사결정에 유용한 정보나 지식을 찾아내는 것이라 할 수 있다. 보다 일반적인 데이터 마이닝의 의의는 대용량의 데이터로부터 유의한 패턴을 찾아내는 과정을 의미한다. 컴퓨터 기술의 발전과 저장장치의 저렴화에 따라 기업에서 관리하는 데이터의 양은 기하급수적으로 증가하고 있다. 기업의 데이터 저장방식은 기하급수적으로 증가하는 데이터를 보다 효과적으로 관리하기 위해 데이터베이스로부터 데이터 웨어하우스로 변환되고 있다.

데이터 웨어하우스의 구축을 위해서는 데이터를 분석하고 이를 유의한 형태로 정리하는 OLAP(online analytic processing)의 개념이 발전하게 되었는데 이러한 OLAP의 기반기술로 이용되고 있는 것 중의 하나가 바로 데이터 마이닝 기술이다. 데이터 마이닝은 지능형 정보기술과 통계학적인 방법론 등을 이용하게 된다.

데이터 마이닝은 이상에서 설명한 장바구니 분석 인공신경망 사례기반 추론 통계적 방법론 등을 이용하여 대용량의 데이터로부터 유의한 패턴을 찾는 방법이다. 데이터 마이닝의 응용분야는 다양하며 대용량의 데이터베이스가 구축된 분야이면 거의 전 분야에서 이용되고 있다고 할 수 있다. 구체적으로는 의료 법률 등의 전문분야와 금융분야에서의 부정적발 위험관리 등에서 이용되고 있으며 e비즈니스 환경하의 정보시스템과 관련한 고객확보 고객유지 시장세분화 타깃 마케팅 다이렉트 메일링 등의 분야에서 광범위하게 응용되고 있다.

6.3 **비즈니스 인텔리전스의 종류**

고객의 구매성향을 예측하기 위해서는 고객 데이터베이스로부터 기존 고객의 구매성향을 미리 파악하고 이를 활용하여 새로운 고객에 대한 구매성향을 판단하여야 한다. 즉 기존 고객의 데이터를 확보하고 이 데이터들로부터 일정한 규칙을 추출하여 새로운 고객의 구매성향 파악에 활용하여야 한다. 이를 위해서는 데이터베이스로부터 정보나 지식을 추출할 수 있는 데이터 마이닝 기술의 활용이 필요하다.

정보처리 및 정보의 분석 각 단계에서 데이터 마이닝을 활용함으로써 여러 가지 이점을 얻을 수 있는데 데이터 마이닝의 대표적인 방법론들을 살펴보기로 한다.

(1) 인공신경망

인공신경망(artificial neural networks)은 있는 그대로 생체적 뇌의 작동원리를 토대로 모방하여 새로운 형태의 알고리즘을 만들고자 하는 노력에서 개발되었다. 이는 연산능력에서 탁월한 성과를 나타내는 컴퓨터의 특성과 기억장치로부터의 추론능력이 뛰어난 두뇌를 결합하고자 한 시도였다.

인간의 두뇌는 뉴런(neuron)들이 서로 연결된 신경망으로 구성되어 있다. 하나의 뉴런은 다른 뉴런과 수천 개의 시냅스(synapse)에 의해 연결된다. 뉴런의 기능은 정보의 수용 연산처리 출력 등이다. 세포제로부터 나온 돌기를 축색(axon)이라 하고 한 개의 가느다란 섬유와 수상돌기(dendrites)라 불리는 다수의 돌기로 구성되어 있다. 축색은 전기적으로 활성화되며 뉴런에 의해 발생되는 펄스(pulse)를 다른 뉴런에게 전달한다. 수상돌기는 다른 뉴런과 연결되어 입력 선호를 받아 필요한 처리를 수행한 후 이를 세포체에 전달하며 세포체는 이 선호를 펄스선호로 변환시킨다. 뉴런 간의 정보교환은 모두 시냅스라 불리는 축색돌기의 끝 부분에 의해 수행된다.

인공신경망은 이상과 같이 동물의 뇌에서 일어나는 과정을 컴퓨터에 모방한 것이다. 인공신경망은 특수한 컴퓨터를 사용하여 구현될 수도 있으나 대부분 일반 컴퓨터에서 응용소프트웨어에 의해 구현된다.

인공신경망을 경영학 분야에 응용하기 위해서는 전술한 인공신경망의 작동원리에 따라 진행되는데 예를 들어 고객수익성을 예측하기 위한 인공신경망 모형을 구축하기 위해서는 기본적으로 고객수익성 예측을 위한 기초 입력자료가 제공되어야 한다. 인공신경망은 고객의 기초 자료를 입력받아 처리요소에서 처리를 하고 이를 이용하여 연결선의 가중치를 결정하게 된다. 가중치가 결정되면 이를 이용하여 새로운 고객의 수익성을 예측하는 데에 이용할 수 있다.

전술한 예시와 같이 인공신경망은 정보시스템에서 고객수익성 예측에 유용하게 활용할 수 있다. 이 밖에도 고객수익성에 기반을 둔 고객획득 고객유지 등에도 활용할 수 있는데 고객획득에서는 우량고객이 될 고객의 예측에 고객유지에서는 이탈가능고객의 예측에 인공신경망을 활용할 수 있다.

(2) 사례기반추론

사례기반추론(case based reasoning)은 과거에 발생한 유사사례를 이용하여 새로운 문제를 해결하고자 하는 방법이다. 사례기반추론의 문제해결방법은 인간의 문제해결방법과 가장 유사하고 간단하여 많은 연구자들에 의해 연구되어지고 있다. 사례기반추론을 이용하기 위해서는 일반적으로 과거의 사례와 새로운 사례들 사이의 유사정도를 측정하기 위한 유사도 척도가 준비되어야 한다.

과거사례는 현재 사용자가 해결하고자 하는 문제와 관련 있는 과거에 발생한 사례들로 구성된다. 사례기반추론은 과거의 사례를 기반으로 추론을 하므로 현재 해결하고자 하는 문제와 얼마나 유사한 사례를 확보하느냐가 중요한 점이다. 또한 과거사례들을 모두 이용하여 추론하는 것이 아니라 과거사례들 중에서 현재 해결하고자 하는 문제와 유사한 몇 개의 사례를 선택하여 이들을 이용하여 추론을 하게 되므로 해결하고자 하는 문제와 과거사례들 사이의 유사도를 측정하는 척도가 필요하다.

유사도 측정도구는 여러 가지 방법이 제안되고 있지만 일반적으로 근접이웃방법(nearest neighbor method)이 가장 많이 이용되고 있다. 근접이웃방법은 먼저 각 속성값들 간의 유사성 정도를 측정할 수 있는 속성 유사성 함수를 정의하여야 하고 이를 이용하여 과거사례의 속성 값들과 해결하고자 하는 문제의 속성 값들에 대한 유사성 정도를 측정하고 이를 속성의 중요도에 따라 가중 합계하여 사례들 사이의 유사도를 측정하게 된다.

근접이웃방법에서 사례들 사이의 속성 유사성 함수는 여러 가지 대안이 있을 수 있지만 일반적으로 좌표축상의 두 점의 거리를 측정하는 척도인 유클리드 거리(Euclidean Distance)라는 개념을 많이 사용한다. 유클리드 거리는 두 사례들 간의 기하학적 거리를 나타낸다. 유사도 척도를 이용하여 해결하고자 하는 문제와 유사한 과거사례가 선정되면 그 중에서 유사한 정도에 따라 한개 또는 그 이상의 과거사례를 이용하여 현재 문제의 해답을 추론하게 된다.

사용자가 문제에 대한 기술을 하면 모형은 과거사례를 보관하고 있는 사례 기반(case base)으로 부터 유사한 사례를 찾게 되며 이에 따라 추론을 수행한다. 추론이 끝난 후 성공적인 사례에 대해서는 사례기반에 이를 추가하거나 수정함으로써 사례기반을 계속 보완해 나가게 된다. 전술한 바와 같이 사례기반추론은 그 방법론이 간단하고 인간의 문제 해결방식과 유사하므로 많이 응용되고 있는데 경영학 분야에서는 기업신용평가 채권등급평가 콜 센터에서의 자동응답 시스템 고객수익성 예측 등에 사용되고 있다.

(3) 장바구니 분석

장바구니 분석(market basket analysis)은 말 그대로 시장에서 상품을 사가지고 가는 주부의 장바구니에 들어 있는 상품들 간의 구매 연관관계를 파악하고자 하는 방법이다. 즉 여러 사람의 장바구니에 A라는 상품과 B라는 상품이 들어 있었다면 A와 B 두 상품은 함께 구매되는 경우가 많은 것이라고 판단하는 것이다.

장바구니 분석은 방법이 간단하고 많은 양의 데이터에 대해서도 쉽게 적용할 수 있으므로 데이터 마이닝에 유용하게 이용될 수 있다. 장바구니 분석에서는 상품들 간의 연관관계를 찾게 되므로 흔히 의사결정규칙의 형태로 결과를 얻게 된다. 데이터 마이닝에서 대용량의 데이터에 대한 분석을 하게 되면 수많은 의사결정규칙 도출될 수 있고 이 중에서는 규칙들 간에 결과가 상충하는 규칙도 나타나게 된다.

따라서 수많은 의사결정규칙 중에서 분석에 유의한 규칙을 찾아내고 상충하는 규칙 중에서 의사결정보다 영향력이 있는 규칙을 선택해내는 것이 중요한 과제이다. 장바구니 분석에서는 이를 위하여 여러 가지 선택기준을 제시하고 있는데 그 중 하나는 "Support"라는 기준이다. Support는 전제 거래 중에서 상품 A와 상품 B를 포함하는 거래량이 어느 정도인가를 파악하는 측정의 기준으로 아래와 같이 표현할 수 있다.

$$Support = n(A \cap B)/N$$

이때 N은 전제거래의 횟수이고 $n(A \cap B)$는 상품 A와 상품 B가 함께 구매되는 빈도수를 나타낸다. 또 다른 기준으로는 "Confidence"라는 것이 있으며 이는 상품 A를 구매한 거래 중에서 상품 B가 포함된 거래의 정도를 측정하는 기준이다. 이는 연관성의 강도를 나타낼 수 있으며 다음과 같은 조건부 확률에 의해 계산된다.

$$Confidence = P(B \mid A)$$

마지막으로 장바구니 분석에서 많이 사용되는 기준 중 하나는 "Improvement"라는 개념으로 이는 임의로 상품 B를 구매하는 경우에 비해 상품 A와의 관계를 고려하여 구매되는 경우의 비율을 측정하는 기준으로 다음과 같은 식으로 타나낼 수 있다.

$$Improvement = P(A \cap B)/P(A)P(B)$$

이때 $P(A)$는 전제거래 중에서 A라는 상품이 포함된 거래가 일어날 확률을 의미한다. Improvement의 값이 1에 가깝다는 것은 상품 A와 상품 B의 구매거래가 통계적으로 서로 독립이라는 의미이며 1보다 크면 양의 연관관계를 1보다 작으면 음의 연관관계를 갖는다는 것을 의미한다. 장바구니 분석에서는 이상에서 제시된 세 가지의 기준을 복합적으로 고려하여 유의한 의사결정규칙을 선택하게 된다.

(4) 협업 필터링

협업 필터링(collaborative filtering)은 앞에서 살펴 본 사례기반추론의 개념과 유사한 방법으로 특정 고객과 유사한 속성을 지닌 다른 고객이 어떤 상품을 선호하는지를 파악하여 그 상품을 추천해 주는 방식이라고 할 수 있다. 따라서 협업 필터링은 한 고객과 다른 고객 사이의 연관관계를 토대로 추천하는 방식이라고 할 수 있다.

협업 필터링은 먼저 상품추천이 필요한 대상고객의 개인 선호성향을 파악하는 것이 첫 번째 분석이고 다음으로는 대상고객과 유사한 선호성향을 지닌 고객군을 찾아낸 후 그 고객군이 선호한 상품들을 중심으로 대상고객에게 상품을 추천하는 절차를 밟게 된다. 따라서 필터링에서는 대상고객의 개인 선호성향을 잘 파악하고 유사한 고객군을 찾는 것이 가장 중요하다고 할 수 있다.

협업 필터링을 이용하게 되면 추천을 필요로 하는 대상고객이 기존에 구매하지 않았던 상품도 추천을 할 수 있으며 분석에 필요한 자료가 충분한 경우에 다른 데이터 마이닝 방법에 비해 보다 용이하게 또한 정확하게 분석을 할 수 있는 장점이 있다.

한편 단순히 구매이력 및 상품별 선호도를 기반으로 분석을 하게 되므로 고객의 구체적인 프로필 정보를 충분히 활용하지 못하고 분석대상 고객의 자료량이 많은 경우에는 많은 연산시간이 소요되는 단점이 있다.

그러나 협업 필터링은 그 알고리즘을 이해하기가 매우 용이하며 비교적 분석결과의 정확도도 높아서 현재 많은 고객관계관리 시스템에서 활용되고 있으며 특히 교차판매를 위한 상품추천 등에 활용될 수 있다.

(5) K-Means 알고리즘

통계학적 군집화 방법은 경영학 공학 등의 분야에서 효과적으로 적용되어 왔다. 여기서 군집(cluster)이란 유사한 속성을 가진 자료의 집합을 의미한다. 일반적으로 군집화는 한 군집 내의 패턴들이 동질적이면서 군집 간에는 가능한 이질적으로 구성되게 집단화하는 방법이라고 할 수 있다.

K Means 알고리즘은 비계층적 군집화 방법 중 가장 많이 이용되고 있는 방법으로 계층적 군집화 방법에 의해 얻어진 최초의 군집결과를 이용하여 군집의 수(k)와 중심점을 결정한다. 이후에는 k개의 시작점을 중심으로 유사성에 근거하여 군집화를 수행하는 방법이다. K Means 방법에서는 한 번 군집이 만들어질 때마다 각 군집별로 그 군집의 평균값을 구하여 군집 내 대상들 간의 유클리드 거리의 합을 구하게 되며 이 값이 더 이상 작아지지 않을 때까지 군집화를 수행하게 된다.

K Means 알고리즘은 각 고객의 프로필 정보와 같이 이미 확보된 자료만으로 분석을 할 수 있으며 이를 기반으로 하여 유사성을 평가하고 유사한 고객군들을 같은 군집으로 묶어주므로 고객세분화에 이를 활용할 수 있다.

(6) 자기조직화 지도

자기조직화 지도(self organizing map)는 인공신경망 모형의 일종으로 군집화에 활용할 수 있는 모형이다. 즉 일반적인 인공신경망은 모형 내의 연결가중치를 결정하기 위해 독립변수와 종속변수의 값이 이미 결정된 자료가 필요하지만 자기조직화 지도는 자료의 독립변수 값만으로 유사성을 평가하여 자료를 군집화 할 수 있다. 자기조직화 지도는 일반적으로 입력층과 출력층 두 개의 층으로 구성되어 있으며 입력층 뉴런은 각 출력층 뉴런에 입력 패턴을 배열시키는데 유사한 패턴을 가진 입력층 뉴런은 동일한 출력층 뉴런으로 배열된다.

자율학습이란 과정을 통해 입력 패턴과 가장 유사한 연결강도를 갖는 출력층 뉴런이 승자(winner)뉴런이 되며 이 승자뉴런을 중심으로 반경(radius)을 설정하면 이 범위 내의 모든 뉴런들은 출력층에서 유사한 연결강도를 갖는 입력 패턴의 하위집합이 되고 이 집합이 입력 공간의 지도를 형성하게 된다. 이때 유사도 측정에도 주로 유클리드 거리의 제곱을 사용하며 규정된 반복 횟수만큼 학습이 진행되면 반경과 학습률을 감소시킨 후 다음 학습과정을 반복하게 된다. 자기조직화 지도는 인공신경망의 정교한 연산능력을 이용한 군집화를 가능하므로 고객 세분화에 적합한 방법으로 제안되고 있다.

(7) 웹 마이닝

웹 마이닝(web mining)은 웹 상에서 발생되는 데이터를 분석하기 위한 데이터 마이닝 방법론을 의미한다. 웹 마이닝은 크게 웹 구조 마이닝 웹 내용 마이닝, 웹 사용 마이닝 등으로 분류할 수 있다. 웹 구조 마이닝은 웹 페이지들의 연결을 어떻게 해야 최적의 접속경로를 사용자에게 제공할 것인지에 관련된 것으로 이는 최적화 알고리즘을 이용하여 사용자의 접속경로에서 일정한 패턴을 찾는 과정을 통해 수행할 수 있다.

웹 사용 마이닝은 사용자의 사용 흔적을 분석함으로써 사용자의 행태에 대한 일정한 패턴을 찾는 분석방법이라고 정리할 수 있다. 즉 웹 사용 마이닝은 웹 서버에 접속하는 사용자의 접속 패턴을 분석하여 웹 사용자의 행동분석을 하는데 이용될 수 있다. 웹 사용 마이닝의 대표적인 방법론은 웹 로그 화일 분석이다. 웹 로그 파일은 웹 서버에 남아 있는 웹 사용자의 접속 흔적을 모아둔 파일로 이는 사용자의 접속과 관련된 여러 유용한 정보를 포함하고 있다. 웹 로그 파일은 크게 표준로그 형식과 확장로그 형식의 두 가지 형태가 있으며 표준로그 형식은 네 가지 형태의 구분으로 구성되어 있다.

가. 엑세스 로그 파일(access log file)

사이트 방문기록을 수록하고 있으며 웹 사이트 방문시간 방문경로에 대한 정보를 얻을 수 있다. 또한 인증된 사용자라면 사용자의 아이디에 관한 정보를 얻을 수 있으며 웹 사이트에서 수행한 작업에 대한 내용도 확인할 수 있다.

나. 에러 로그 파일(error log file)

웹 서버에서 발생하는 에러와 접속 실패의 시간과 내용을 기록하고 있다. 에러 로그가 과도하면 사이트의 신뢰도에 치명적일 수 있으므로 이를 참조하여 주기적인 보수를 하여야 한다.

다. 레퍼럴 로그 파일(referrer log file)

현재 웹 페이지를 찾는데 사용된 검색엔진과 키워드 이전 웹 페이지 등에 대한 정보를 포함하고 있다. 레퍼럴 로그 파일에 수록된 정보를 이용하여 인터넷 광고매제 선정 등에 이용할 수 있다.

라. 에이전트 로그 파일(agent log file)

사이트를 방문하는 사용자의 웹 브라우저의 종류 및 버전 운영 체제의 종류 등에 관한 정보를 제공하며 이를 이용하여 최적화된 웹 페이지 구성에 이용할 수 있다. 이 밖에 표준로그 형식 외에 확장로그 형식이 있는데 확장로그 형식에서는 표준로그에서 제공하지 않는 추가적인 정보를 더 제공받을 수 있다. 웹 사용 마이닝을 수행하기 위해서는 웹 서버에 있는 웹 로그 파일을 구하여 전처리를 수행한 후 데이터 마이닝 기술을 이용하여 분석을 하게 된다.

특히 웹 사용 마이닝에서 사용되는 웹 로그 파일은 사용자의 방문 흔적을 모두 기록하고 있어서 분석에 불필요한 정보도 많이 포함한 경우가 많다. 따라서 사용자 파악과 동일 사용자의 방문 횟수 산정을 위한 세션 파악 로그 파일에 기록되지 않은 사용자의 방문 경로의 완성 등의 전처리 과정이 일반적인 데이터 마이닝과 달리 매우 중요한 부분이라고 할 수 있다.

웹 사용 마이닝의 결과는 군집화분석 등을 통해 얻어진 시장세분화의 결과에 따라 사용자에게 개인화된 웹 페이지의 제공과 네트워크 관리 서버부하 균

등화 등의 시스템 개선 등에 이용될 수 있다.

6.4 비즈니스 인텔리전스의 활용

'Travelocity.com'은 여행하는데 필요한 모든 요구사항들을 한 번에 충족시켜줄 수 있는 강력한 여행전문 상거래 사이트이다. 이 사이트에서는 여행을 목적으로 웹 서핑을 하는 유저들이 여러 사이트를 돌아다녀야 하는 복잡함을 개선하고자 다음과 같은 서비스를 한꺼번에 처리해주고 있다. 고객의 니즈(Needs)에 충실하기 위해 고객을 성향을 파악하고 이에 따라 고객에 대한 서비스를 강화하려는 노력을 꾸준히 해왔다. 이 회사에서는 효과적인 고객관리를 위한 프로세스를 지속적으로 개발해 왔으며 기존의 여행 관련 off line기업들의 특정에서 벗어나 고객지향적인(Customer Oriented) 공간을 구축하기 위해 Global 경영을 목표로 실천해왔다.

이 사이트는 현재 traffic/membership에 있어 큰 성과를 보고 있는데 현재 10,000,000 이상의 회원을 보유하고 있으며 매달 9.9million의 고객이 사이트를 방문하고 있고 달마다 100million번 이상의 page views를 기록하고 있다. 판매 실적으로는 1998년에 $285 million 1999년에 $808 million의 매출 실적을 올렸으며 또한 94나라로의 ticketing을 하고 있다. 이 회사의 1996년에 신생 기업으로 시작했으며 IT산업의 활성화에 더불어 빠른 성장(skyrocketing)을 기록해왔다. 1998년에 180만 명의 회원은 1999년 말에 천만 명으로 증가했다. 이후 타 회사들과의 합병을 통해 자타가 인정하는 최고 여행전문 사이트로 성장했으며 미국 내 전제 전자상거래 사이트 중 12위의 자리에 올라왔다.

또한, 오라클이 오라클 비즈니스 인텔리전스 12c(Oracle Business Intelligence

12c, 이하 BI 12c)를 출시했다. 오라클 분석 솔루션 라인의 토대가 되는 오라클 BI 12c는 기업들이 단일한 통합 플랫폼을 활용해 셀프서비스를 운영하고, 데이터 분석결과를 시각적 자료로 확인할 수 있게 하며, 직원들이 사무실뿐만 아니라 외부에서도 비즈니스 질의에 신속하게 응답할 수 있도록 돕는다.

기존 BI 솔루션들은 IT 관리 데이터에 있어 확장 가능한 성능을 제공하지만 신속한 셀프 서비스 운영 및 가치 실현 시간(Time—to—value)에 있어서는 취약한 약점이 있었다. 하지만 오라클 BI 12c는 사용자들이 시각화분석을 직접 할 수 있게 하면서도 개인, 부서, 기업 데이터 모두에 있어 엄선된 대시보드 및 분석을 제공하는 유일한 모던 플랫폼이다.

오라클 BI 12c는 셀프 서비스 시각화분석, 새로운 사용자 경험(Re—imagined User Experience), 최적화된 인메모리 프로세싱, 고급 분석 역량 및 간소화된 행정처리를 가능하게 하는 통합 플랫폼과 같은 최신 기술을 제공한다.

랜드 오레익스의 아르빈드 싱 BI 솔루션 설계 담당은 "여러 데이터를 연결시키는 것(Data Mashup)은 기업들에게 큰 도움이 될 것"이라며 "사람들은 더 빠른 분석과 데이터 시각화를 위해 엑셀 데이터를 BI의 데이터와 통합해 결과를 도출할 수 있게 됐다. 즉, 엄청난 기술을 보유하고 있지 않아도 다양한 대시보드를 만들 수 있게 된 것"이라고 전했다.

새로운 오라클 BI 12c의 특징은 ▲ 기업용 분석 역량으로 데이터 시각화 및 셀프 서비스 데이터 융합을 함께 제공 ▲ 직관적인 검색 기반 분석으로 사용자가 데이터를 쉽게 탐색 ▲ 자원활용에 최적화된 인메모리 프로세싱 기술로 대용량 데이터의 빠른 분석 ▲ 시스템의 유지관리 및 업그레이드 시간 획기적 감소 등이 있다.

오라클 비즈니스 애널리틱스 부문 총괄 부사장 해리 상카는 "오늘날 고객들은 비즈니스 변화 속도에 맞춰 즉각적인 의사결정을 내리기 위해 확장성과 안정성을 유지하면서도 시각화된 분석을 돕는 분석 플랫폼이 필요하다는 것을 잘 인식하고 있다"며 "오라클 BI 12c는 엔터프라이즈급 비주얼 애널리틱스 플랫폼을 통해 풍부한 분석 시각화 기능 및 최고의 성능, 간소화된 처리, 거버넌스 등 고객들이 필요로 하는 모든 역량을 제공한다"고 전했다.[2]

---

2) 오라클, 비즈니스 인텔리전스 12c 출시, 2015. 4.[1]

1. 인텔, 어디서나 인텔리전스 가능 새로운 컴퓨터 경험 시대 연다

IoT게이트웨이 제품군, 실리콘 · 소프트웨어 · OS 선택 폭 넓혀

인텔이 대만에서 열리고 있는 '컴퓨텍스(Computex) 2015' 행사에서 새로운 사용자 경험을 제공하고 컴퓨팅 에코시스템이 새로운 분야로 확장되는 것을 지원하게 될 제품 및 솔루션을 공개했다.

인텔 수석 부사장 및 클라이언트 컴퓨팅 그룹 총괄 커크 스카우젠은 컴퓨텍스 2015의 기조연설에서 대만의 관련 업체들이 상호 협력하여 컴퓨팅의 미래를 설계해나갈 수 있는 기회를 포착해야 한다고 역설했다.

스카우젠은 "무어의 법칙에 힘입어 지난 50년간 컴퓨팅 분야에서 놀라운 혁신이 지속될 수 있었으며 이로 인해 미래에는 거의 모든 기기들이 연산하고 상호 연결되는 기능을 갖추게 될 것"이라며 "인텔은 대만과의 30년 협력 역사를 통해 개인용 컴퓨팅에서 클라우드 및 데이터센터에 이르기까지 다양한 분야에서 역사적인 혁신을 전 세계에 제공해 왔고 다가올 30년에도 인텔은 보다 과감한 혁신을 실현해나가기 위해 새로운 컴퓨팅 경험을 제공함은 물론 IoT(Internet of Things) 분야에서 인텔리전스와 연결성을 동시에 구현해 나갈 것"이라고 말했다.

또한 스카우젠은 컴퓨팅의 미래에 대한 전망과 함께 미래 컴퓨팅을 이끌어 갈 인텔의 제품 및 플랫폼들을 소개했으며 이러한 혁신이 어떻게 모든 분야에서 인텔리전스를 가능하게 해줄지에 대해 설명했다.

한편 인텔은 확장된 인텔 IoT 게이트웨이(Intel IoT Gateway) 제품군을 소개했다. 최신 게이트웨이 레퍼런스 디자인은 실리콘 및 소프트웨어의 폭넓은 선택을 제공한다.

여기에는 인텔 코어 프로세서 기반 게이트웨이와 윈드리버의 인텔리전트 디바이스 플랫폼(Intelligent Device Platform) XT 3가 추가됐으며 저비용의 엔트리급을 필요로 하는 애플리케이션에 필요한 유연한 패키징 옵션을 제공한다.

인텔은 또한 게이트웨이 레퍼런스 디자인을 위한 운영시스템 선택의 폭을 넓혔다. 이 제품은 우분투 리눅스 공급 업체인 캐노니컬(Canonical)이 개발한 스내피 우분투 코어(Snappy Ubuntu Core)를 비롯해 MS와 윈드리버가 출시 중인 OS를 지원한다.

인텔은 특히 소매업 및 의료 환경 분야의 IoT 솔루션을 위해 새로운 인텔 펜티엄, 셀러론 및 아톰 프로세서를 출시했다. 저전력으로도 놀라운 그래픽 성능을 자랑하는 이 프로세서들은 IoT에 최적화됐으며 7년의 제품 구매가능 기간을 제공한다.

뿐만 아니라 인텔 유나이트는 새로운 비용 효율적인 비즈니스 솔루션으로 쉽고 직관적인 협업 및 회의의 생산성 향상을 위해 설계됐다.

회의실 내의 인텔 코어 v프로(Intel Core vPro) 프로세서 기반 미니 PC와 디바이스에서 구동되는 인텔 유나이트 애플리케이션을 통해 기존 회의실은 향상된 보안성을 갖춘 스마트 및 커넥트 회의 공간으로 새롭게 변모하게 된다.

썬더볼트3은 차세대 데이터 전송 규격인 썬더볼트(Thunderbolt)가 공개된 이래 가장 큰 성능 향상이 이뤄졌다. 썬더볼트3은 썬더볼트 디바이스와 모든 디스플레이 및 수십억 개의 USB 디바이스와 연결할 수 있는 하나의 컴퓨터 포트를 제공하며 하나의 케이블로 전력을 공급하는 동시에 다른 케이블보다 4배 빠른 데이터 속도와 2배의 비디오 대역폭을 구현한다.

썬더볼트3은 특히 4K 비디오, 충전기능의 단일 케이블 독(dock), 외장형 그래픽(external graphics) 및 내장형 10GbE(Gigabit Ethernet) 네트워킹과 같은 새로운 분야에서 최상의 성능을 발휘한다. 이 제품의 첫 출시는 올해 말

본격적인 생산은 내년으로 예상된다.

인텔의 가장 강력한 클라이언트 프로세서 그래픽 및 미디어 엔진인 내장형 아이리스 프로(Iris Pro) 그래픽이 탑재된 첫 번째 LGA 소켓 기반 데스크탑 프로세서가 5세대 인텔 코어 제품에 새롭게 추가됐다.

이 프로세서는 65W의 낮은 열 설계 전력(TDP)으로 한층 작아지고 얇아진 미니 PC 및 올인원 데스크탑 등을 포함한 다양한 종류의 폼팩터 상에서 완벽한 PC성능을 구현하며 이전 세대 프로세서와 대비해 최대 2배의 3D 그래픽 성능, 35%의 비디오 변환 속도 및 20%의 연산 성능 향상 효과를 제공한다.

인텔은 또한 모바일 및 IoT 분야를 위해 내장형 인텔 아이리스 프로(Intel Iris Pro)가 탑재된 새로운 5세대 인텔 코어 모바일 프로세서를 발표했다.

인텔의 가장 빠르고 즉각적인 모바일 프로세서 신제품은 인텔 아이리스 프로 그래픽 6200이 내장돼 모바일 환경의 게이머와 콘텐츠 제작자에 최적화됐으며 기존 세대 제품과 비교해 최대 2배 높은 컴퓨팅 성능 및 2배 향상된 3D 그래픽 성능을 제공한다.

또한 이 프로세서는 ECC 메모리 지원, 인텔 v프로 기술 적용 및 7년의 구매가능 기간 보장과 같이 강력한 IoT 디자인을 위한 핵심적인 기능들을 제공함으로써 의료, 공공 업무 및 산업 IoT 애플리케이션에 매우 이상적인 제품이다.

인텔은 완벽한 무선 컴퓨팅 환경을 위한 노력 일환으로 리젠스(Rezence) 표준 기반의 무선 충전 솔루션을 제공하기 위해 타거스(Targus)와의 협력을 발표했다. 또한 인텔은 올해 말부터 중국의 레스토랑, 호텔, 카페뿐만 아니라 공항과 비행기에서 무선 충전 솔루션을 제공하기 위해 중국 전자제품 기업인 하이얼(Haier)과 최근 협약을 체결했다.

인텔은 올해 말 시장에 무선 충전 솔루션을 출시하기 위해 A4WP(무선충

전연합) 회원사, 폭스콘 인터커넥트(Foxconn Interconnect), 베이스컴(Basecom), 디자인 제조업체인 BYD 및 프라이맥스(Primax)와 협업할 계획이다.

더불어 인텔은 아이리스 프로 그래픽 P6300이 내장된 첫 번째 제온 프로세서인 인텔 제온 프로세서 E3–1200 v4 제품군을 새롭게 출시했다. 이 프로세서는 14nm 공정으로 생산되며 비주얼 집약 작업, HD 영상 트랜스코딩과 같은 클라우드 기반 워크로드 및 원격 워크스테이션 딜리버리 등에 최적화됐다.

인텔 제온 프로세서 E3–1200 v4 제품군은 전 세대 제품과 비교해 영상 트랜스코팅에 있어 최대 1.4배의 성능 향상 3 및 1.8배의 3D그래픽 성능 향상을 제공해 준다.

이광재, 인텔, 어디서나 인텔리전스 가능 새로운 컴퓨터 경험 시대 연다, CCTV News, 2015.06.03.
http://www.cctvnews.co.kr/news/articleView.html?idxno=24004

2. HDS, 빅데이터 통합·비즈니스 분석 기업 '펜타호' 인수 완료

데이터 통합·시각화 기술 융합으로 IoT·빅데이터 역량 강화

효성인포메이션시스템(대표 전홍균 www.his21.co.kr)은 합작사 히타치데이터시스템즈(HDS)가 빅데이터 통합 및 비즈니스 분석 서비스 제공 업체인 '펜타호(Pentaho)' 인수를 공식적으로 완료했다고 밝혔다.

HDS는 펜타호 플랫폼이 HDS의 고급 분석 기반 소프트웨어(advanced analytics foundation software)로 통합돼 기존 HDS 빅데이터 분석 및 프로세싱 기술을 향상시키고, 더 광범위한 정보 관리 제품 및 서비스 포트폴리오 역량을 확장시킬 것으로 기대했다.

특히 IoT 디바이스들로부터 추출한 인텔리전스를 연결하고, 운영 기술(OT)를 지원하는 HDS의 고급 데이터 분석 애플리케이션의 역량을 강화하고, 정교한 데이터 분석 스택으로 HDS 소셜 이노베이션(Social Innovation) 솔루션을 강화에도 기여할 것으로 기대했다.

한편 인수 조항에 따라 인수된 펜타호의 사명은 HDS펜타호(Pentaho, a Hitachi Data Systems company)로 기존 펜타호 브랜드를 유지하고, 독립 운영되며, 펜타호 플랫폼도 HDS 소프트웨어와의 통합 외에도 독립적으로도 제공된다. 쿠엔틴 갈리반(Quentin Gallivan) 펜타호 CEO가 비즈니스를 총괄하고 케빈 이글스톤(Kevin Eggleston) HDS 소셜 이노베이션 수석 부사장에게 업무 내용을 보고할 예정이다.

케빈 이글스톤(Kevin Eggleston) HDS 소셜 이노베이션 수석 부사장은 "펜타호의 데이터 분석, 시각화, 통합 플랫폼은 히타치 소셜 이노베이션 솔루션의 엔진 역할을 수행하는 우리의 고급 분석 기반의 필수불가결한 일부가 될 것"이라며 "우리는 고객들의 비즈니스는 물론 사회와 시장 전체를 변화시킬 수 있는 전체적이고 정교한 솔루션을 통해 소셜 이노베이션 비전과 '진정한 의미의 IoT'를 실현하기 위해 최선을 다할 것"이라고 전했다.

오현식, HDS, 빅데이터 통합·비즈니스 분석 기업 '펜타호' 인수 완료, DATANET 뉴스, 2015.06.12.
http://www.datanet.co.kr/news/articleView.html?idxno=85108

3. 빅데이터-BI 융합 가속 … SAP도 가세

데이터 분석에 초점을 맞춘 전통적인 비즈니스 인텔리전스(BI)와 비정형 데이터를 분석하는 빅데이터 기술의 융합에 가속도가 붙었다.

최근에는 오픈소스 기반 빅데이터 처리 기술인 스파크가 빅데이터와 BI의 벽을 허무는 기폭제 역할을 하는 모습이다. IBM과 마이크로소프트(MS)에 이어 세계 최대 비즈니스 애플리케이션 업체인 SAP도 스파크 끌어안기에 본격 나섰다.

SAP는 1일(현지시간) 하둡과 스파크에서 자사 HANA 인메모리 DB 플랫폼에 연결할 수 있는 도구인 HANA 보라(Vora)를 발표했다. 스파크와 하둡과 같은 빅데이터 기술이 SAP HANA 및 BI 솔루션과 버무려진 개념이다. 지디넷은 SAP 보라에 대해 BI 스타일의 분석을 빅데이터 세계에 융합시켰다고 평가했다.

스파크는 2009년 UC버클리 연구 프로젝트로 출발한 빅데이터 분석 기술로 오픈소스 프로젝트로 제공된다. 지난해를 기점으로 빅데이터 분야에서 큰 주목을 끌기 시작했다. 가장 큰 장점은 빠르고, 쓰기도 쉽다는 것이다. 빅데이터 분석에 쓰이는 기존 하둡 맵리듀스의 경우 나온 지 꽤 됐음에도 여전히 까다로운 기술로 꼽힌다. 하이브 역시 데뷔 10년 가까이 됐지만 성능 이슈에서 자유롭지 않다는 지적이다. 스파크가 하둡 생태계의 맵리듀스나 하이브를 대체할 잠재력을 갖췄다는 전망이 나오는 이유다.

HANA 보라는 전용 하드웨어 인프라를 필요로 하지 않는다. 보라를 HANA와 통합하는 경우라면 하드웨어 인프라가 투입될 수 있지만 하드웨어 추가없이 별도로 사용하는 것도 가능하다고 지디넷은 전했다. 또 'HANA 보라'는 하둡과 스파크를 도입하는 SAP 고객들에게는 합리적인 방법이 될 수 있을 것이라고 덧붙였다.

SAP에 앞서 IBM은 6월 스파크를 자사 분석과 커머스 솔루션에 집중 투입하고 블루믹스 서비스형 플랫폼(PaaS)를 통해 스파크를 클라우드 서비스로도 제공한다는 전략을 발표했고 MS도 최근 스파크 온 애저 HD인사이트 퍼블릭 프리뷰를 공개했다. HD인사이트는 MS가 제공하는 클라우드 기반 하둡 서비스다.

황치규, 빅데이터-BI 융합 가속…SAP도 가세, ZDNet Korea, 2015.09.02.
http://www.zdnet.co.kr/news/news_view.asp?artice_id=20150902075758&type=det&re=

경영정보시스템의
응용

Management
Information
System

CHAPTER 07

정보보안과 프라이버시

정보위험의 종류

(1) 악성 소프트웨어(malicious software, malware)

악성 소프트웨어는 바이러스나 웜, 트로이 목마, 스파이웨어와 같이 컴퓨터 또는 네트워크에 해를 입히거나 보안을 무력화시켜 정보를 빼내가기 위해 특별히 설계된 소프트웨어, 또는 코드의 총칭을 말한다. 악성 프로그램(malicious program), 또는 악성 코드(malicious code)라고도 한다. 악성 소프트웨어의 종류에는 다음과 같은 것들이 있다.

가. 트로이 목마(trojan horse)

대체적으로 이 소프트웨어는 유용한 파일과 비슷해 보인다. 하지만 파일이 열리면 트로이 목마가 발생하여, 치명적인 결과를 가져오게 된다. 트로이 목마는 주로 백도어(외부 엑세스를 허용)를 여는데 사용되며, 보안을 약화시키는 역할을 한다.

나. 애드웨어(adware)

주로 무료로 사용되는 프리웨어나 일정 금액을 지불하고 사용하는 셰어웨어(shareware)에 주로 사용되는 악성 소프트웨어이다. 대체적으로 광고나 홍보성 사이트를 띄우는 프로그램 이지만, 사용자의 정상적인 행위를 방해할 만큼 무분별하게 팝업 광고나, 시작페이지를 고정하는 등의 피해를 준다.

다. 다운로더(downloader)

다운로더는 악성 소프트웨어를 유포하는 대표적인 방식이다. 특정 사이트에서 파일을 내려 받으면, 그 파일이 다시 악성 소프트웨어를 다운받게 하는 방식으로 악성 소프트웨어를 유포한다.

라. 스파이웨어(spyware)

넓은 범위에서 애드웨어와 비슷한 의미지만, 애드웨어와는 다르게 스파이웨어는 특정 사람이나, 조직에 관한 정보를 빼 가는데 특화되어있다. 무료로 공개되는 소프트웨어를 다운받을 때 설치되며, 최초의 스파이웨어 개발목적은, 사용자의 취향을 파악하기 위함이었다.

마. 랜섬웨어(ransom ware)

최근 새롭게 등장한 악성 소프트웨어로 컴퓨터 사용자의 문서 등을 볼모로 잡고 돈을 요구하는 신종 악성 소프트웨어이다. 사용자의 컴퓨터에 잠입해 내부 문서, 스프레이시트 등 특정 파일에 암호를 걸어 첨부된 이메일 주소로 돈을 지불하면 해독용 열쇠 프로그램을 주는 방식이다.

바. 그레이웨어(grayware)

악성 소프트웨어와 정상 소프트웨어의 중간에 손하며, 악성 프로그램과 달리 사용자의 동의를 얻어 설치되며, 컴퓨터에 직접적인 위협을 가하지 않지만, 사용자에게 불편을 야기하는 프로그램이다. 일종의 스파이웨어, 애드웨어 등이 그레이웨어의 큰 범주에 속한다.

| 그림 7-1 | 악성코드 유형별 분포 |

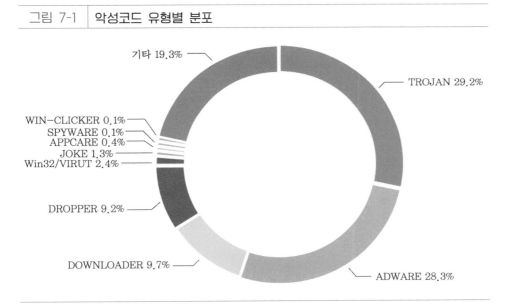

출처: 안LAB

7.2 **컴퓨터 바이러스의 종류**

컴퓨터 바이러스는 컴퓨터 프로그램의 일종으로 사용자 몰래 스스로 복제하여 다른 프로그램을 감염시키고, 결과적으로 정상적인 프로그램이나 다른 데이터 파일 등을 파괴하는 악성 프로그램을 뜻한다. 바이러스라고 이름 지어진 이유는 생물학적인 바이러스가 숙주에 기생하면서 자기 자신을 스스로 복제해 병을 일으키는 것과 유사하게 동작하기 때문이다.

따라서 컴퓨터 바이러스라는 말보다 컴퓨터 바이러스 프로그램이라고 해야 더 정확한 표현이다. 컴퓨터 바이러스는 사용자 몰래 스스로 복제하여 다른 프로그램을 감염시키고, 결과적으로 정상적인 프로그램이나 다른 데이터 파일 등을 파괴하는 악성 프로그램을 뜻한다.

(1) 발전단계에 따른 구분

가. 원시형 바이러스(Primitive Virus)

실력이 뛰어나지 않은 아마추어 프로그래머들이 만든 단순하고 분석하기 쉬운 컴퓨터 바이러스를 의미한다. 코드의 변형이나 변화 없이 고정된 크기를 가진다. 주로 기억장소에 상주해서 부트 영역이나 파일을 감염시킨다. 돌(Stoned) 바이러스나 예루살렘(Jerusalem) 바이러스 등이 여기에 속한다.

나. 암호화 바이러스(Encryption Virus)

어느 정도 실력을 갖춘 프로그래머들이 만들었으며, 백신 프로그램이 진단할 수 없도록 컴퓨터 바이러스 프로그램의 일부나 전체를 암호화시켜서 저장한 컴퓨터 바이러스를 뜻한다. 암호화 방식(routine)이 일정했기 때문에 암호 해독 방식도 일정했다. 다만, 이때부터 백신 프로그램에 암호 해독 방식을 포함해야 했기에 제작이 다소 어려워졌다. 폭포(Cascade) 바이러스, 느림보(Slow) 바이러스 등이 여기에 속한다.

다. 은폐형 바이러스(Stealth Virus)

스스로 은폐하고, 사용자나 백신 프로그램을 속이기 위해서 다양한 기법을 사용하는 컴퓨터 바이러스를 뜻한다. 예를 들어, 원래 실행 파일에 기생하는 형태의 컴퓨터 바이러스는 실제 파일의 크기가 증가해서 감염 여부 진단 인식이 쉽다. 이를 마치 파일크기의 변화가 없는 것처럼 은폐해서 사용자나 백신 프로그램이 감염 사실을 눈치 채지 못하게 속이는 것이다. 또한, 백신 프로그램이 감염된 부분을 진단하려고 하면 감염되기 이전의 상태를 보여줘 감염 여부를 눈치 채지 못하게 한다. 맥가이버(McGyver) 바이러스, 브레인(Brain) 바이러스, 512 바이러스 등이 여기에 속다.

라. 갑옷형 바이러스(Armor Virus)

어떠한 백신 프로그램으로도 진단할 수 없도록 하기 위해 만들어져 다양한 암호화, 은폐 기법이 적용된 컴퓨터 바이러스이다. 컴퓨터 바이러스를 분석하고 백신 프로그램을 만들기 어렵게 함으로써 개발을 지연시키는 것이 목적이다. 갑옷형 바이러스의 일종으로 다형성 바이러스(Polymorphic Virus)가 있다. 자체 변형 바이러스(self−encrypting Virus)라고 불리기도 한다. 이것은 암호화 바이러스의 일종인데, 암호를 푸는 부분이 항상 일정한 2세대 암호화 바이러스와 달리 암호를 푸는 부분도 감염될 때마다 달라지도록 발전되었다.

일부 다형성 바이러스는 변형방법만 100만 가지가 넘는다. 따라서 백신 프로그램이 기존 방식으로 진단해 내기가 어렵다. 현재 갑옷형 바이러스의 종류가 많지는 않지만, 앞으로 제작되어 문제를 유발할 가능성이 높은 것으로 인식되고 있다. 그러나 다른 컴퓨터 바이러스와 마찬가지로 진단이나 치료가 불가능한 것은 아니며, 실제로 대부분의 백신 프로그램을 사용하면 진단 및 치료가 가능하다.

마. 매크로 바이러스(Macro Virus)

엑셀이나 워드처럼 매크로 명령을 사용하는 프로그램의 데이터에 감염되는 컴퓨터 바이러스를 뜻한다. 지금까지의 컴퓨터 바이러스는 전문 수준의 지식이 필요했기 때문에 일반 사용자가 제작하거나 배포하기 어려웠지만, 매크로 바이러스는 누구라도 약간의 관심만 있으면 쉽게 만들 수 있다. 특히, 인터넷이 대중화 되고 난 이후에는 매크로 바이러스 개발 툴 등의 정보가 쉽게 퍼져 있어 악용된 위험성이 높다.

(2) 감염 대상에 따른 구분

가. 부트 바이러스

컴퓨터의 전원을 처음 켜면, 디스크의 가장 처음 부분인 부트 섹터에 위치하는 프로그램이 제일 먼저 실행되는데, 여기에 자리 잡아 컴퓨터 부팅에 영향을 주는 컴퓨터 바이러스를 뜻한다. 플로피 디스켓의 경우는 도스 부트 섹터에, 하드 디스크의 경우는 주 부트 섹터에 감염된다. 브레인 바이러스 또는 미켈란젤로(Michelangelo) 바이러스 등이 여기에 속한다.

부트 바이러스에 감염되게 되면 부팅이 되지 않거나 디스크를 인식하지 못하게 된다. 또한, 부팅 시간이 평소보다 오래 걸리거나 전체적인 시스템의 속도가 저하되기도 하며, 메모리나 디스크의 용량이 갑자기 감소하는 등의 증상이 일어난다.

나. 파일 바이러스

일반 프로그램의 파일에 감염되는 컴퓨터 바이러스를 뜻하며, 전체 바이러스의 90% 이상이 파일 바이러스이다. 감염되는 파일은 프로그램 COM 파일, EXE 파일 등의 실행 파일이나 오버레이 파일, 주변기기 구동 프로그램 등이다. 파일 바이러스는 감염되는 파일 종류, 감염 위치 및 동작 원리에 따라 다시 분류할 수 있다.

① 기생형 바이러스 :
    원래의 프로그램을 파괴하지 않고 프로그램의 앞이나 뒤에 바이러스가 기생하는 형태이다. 감염된 프로그램을 실행하면 바이러스 프로그램이 실행되고, 원래의 프로그램이 실행되기 때문에 감염 여부를 눈치 채기 어렵다. 대부분의 파일 바이러스가 여기에 속한다.

② 겹쳐 쓰기형 바이러스 :

원래의 프로그램이 있는 곳에 바이러스가 겹쳐서 존재하는 형태이다. 일반적인 겹쳐 쓰기형 바이러스는 파일 앞부분에 있기 때문에, 감염된 파일을 실행하면 원래 프로그램 대신 바이러스가 실행된다. 그리고 원래 프로그램은 파괴되기 때문에 백신 프로그램으로도 복구할 수가 없다. 단, 프로그램에서 사용하지 않는 파일 영역이 감염되었을 경우에는 복구할 수 있다.

③ 산란형 바이러스 :

프로그램 실행 파일인 EXE 파일을 직접 감염시키지 않고, 같은 이름의 COM 파일을 만들어 바이러스를 넣어두는 형태이다. 같은 이름의 EXE 파일과 COM 파일이 같은 디렉토리(폴더) 안에 있을 경우, 파일 이름을 입력하면 COM 파일이 먼저 실행되기 때문에 결국 바이러스가 먼저 실행된다.

④ 연결형 바이러스 :

프로그램을 직접 감염시키지 않고 디렉토리 영역에 저장된 프로그램의 시작 위치를 바이러스의 시작 위치로 변경하는 형태이다. 따라서 프로그램을 실행하면 원래 프로그램 대신 바이러스가 먼저 실행된다.

파일 바이러스에 감염되게 되면 특정 파일 또는 프로그램이 실행되지 않거나, 실행 시간이 오래 걸리게 된다. 그리고 파일의 용량이 갑자기 늘어나거나, 파일의 생성 날짜/시간 등이 변경되며, 작업과 관련 없는 문자열이나 소리가 나타나는 등의 증상이 일어난다.

다. 기타 악성 소프트웨어 공격

① 스미싱(Smishing)

문자메시지(SMS)와 피싱(Phishing)의 합성어로 '무료쿠폰 제공', '돌잔치 초대장' 등을 내용으로 하는 문자메시지 내 인터넷 주소를 클릭하면 악성코드가 설치되어 피해자가 모르는 사이에 소액결제 피해 발생 또는 개인·금융정보 탈취하는 수법이다.

② 파밍(Pharming)

악성코드에 감염된 PC를 조작해 이용자가 인터넷 '즐겨찾기' 또는 포털 사이트 검색을 통하여 금융회사 등의 정상적인 홈페이지 주소로 접속하여도 피싱(가짜)사이트로 유도되어 범죄자가 개인 금융정보 등을 몰래 빼가는 수법이다.

③ 피싱(Phishing)

개인정보(Private data)와 낚시(Fishing)의 합성어로 개인정보를 낚는다는 의미. 금융기관 또는 공공기관을 가장해 전화나 이메일로 인터넷 사이트에서 보안카드 일련번호와 코드번호 일부 또는 전체를 입력하도록 요구해 금융정보를 몰래 빼가는 수법이다.

라. 해킹(원격 공격)

① 웹 해킹

웹 사이트의 취약점을 공격하는 기술로, 웹 페이지를 통하여 권한이 없는 시스템에 접근하여 데이터의 유출/파괴 등을 목적으로 하는 기술적 공격이다. 대표적인 종류로는 웹 애플리케이션 해킹, 미들웨어 해킹 등이 있다.

② 네트워크 해킹

한꺼번에 수많은 컴퓨터가 특성 네트워크를 통해 웹 사이트 등에 접속함으로써 비정상적으로 트래픽을 늘려 해당 사이트를 공격하는 방식이다. DDOS공격에 사용되는 컴퓨터들은 일반적으로 개인 컴퓨터들이며, 대부분 사용자가 열어본 이메일이나 파일 등에 심어진 악성코드로 감염된 컴퓨터들이다.

③ 시스템 해킹

시스템의 취약점을 이용하여 '버퍼 오버플로(buffer overflow)', '포맷 스트
링(format string)' 등과 같이 기술적 공격을 하는 방식이다.

- 버퍼 오버플로: 시스템상 설정되어 있는 수신용량보다 훨씬 더 큰 용량의
  데이터를 한 번에 보내면서 특수한 실행프로그램을 첨부하여 관리자 권
  한을 획득하는 방법의 공격이다.
- 포맷 스트링: 다양한 형태로 구성된 함수에서 문자열 입력을 고의적으로
  바꾸어 버그를 발생시켜 루트권한을 획득하는 방법이다.
- 사전단어공격: 사전에 있는 수십만 개의 단어를 순차적으로 입력하여, 컴
  퓨터에 자동 처리시킴으로써, 단시간에 모든 단어를 입력할 수 있기 때문
  에 기본적인 패스워드를 탐색하는 수법으로 이용된다.

7.3 정보위험에 관한 대처방안

(1) 정보보안

정보위험으로 인한 피해가 급증하고 있는 가운데, 정보위험에 반대되는 개
념인 정보보안에 대해서 알아보도록 하겠다.

가. 정보보안의 정의

정보보안(information security)은 정보의 수집, 가공, 저장, 검색, 송신, 수신
도중에 정보의 훼손, 변조, 유출 등을 방지하기 위한 관리적·기술적 방법을 의
미한다.

나. 정보보안의 특징

정보는 기밀성(confidentiality), 무결성(integrity), 가용성(availability)을 유지해야 하는데, 기밀성(confidentiality)이란 허락되지 않은 사용자 또는 객체가 정보의 내용을 알 수 없도록 하는 것이다.

원치 않는 정보의 공개를 막는다는 의미에서 프라이버시 보호와 밀접한 관계가 있다. 무결성(integrity)은 허락되지 않은 사용자 또는 객체가 정보를 함부로 수정할 수 없도록 하는 것이다. 즉, 수신자가 정보를 수신했을 때, 또는 보관돼 있던 정보를 열람했을 때 그 정보가 중간에 수정 또는 삭제되지 않았음을 확인할 수 있도록 하는 것이다. 가용성(availability)은 허락된 사용자 또는 객체가 정보에 접근하려 하고자 할 때 방해받지 않도록 하는 것이다. 최근에 네트워크의 고도화로 대중에 많이 알려진 서비스 거부 공격(DoS 공격, Denial of Service Attack)이 이러한 가용성을 해치는 공격 중 하나이다.[1]

(2) 개인정보 보호방안

데이터를 수집하고 폐기하는 것은 5단계로 이루어지며, 각 단계별 개인정보 보호방안은 다음과 같다.

가. 데이터 수집단계

① 능동적 데이터 수집을 통해 데이터를 확보하는 경우, 데이터를 생산하는 주체에게 사전에 동의를 받고 수집해야 한다. 내부적인 시스템 로그와 같은 데이터는 외부로 유출되지 말아야 하며, 내부적으로만 이용할 수 있도록 해야 한다.

② 수동적 데이터를 수집할 경우, 공개된 데이터에 한하여 데이터를 수집해

---

1) [네이버 지식백과] 정보보안 [Information Security]

야 한다. 하지만, 공개된 영역에서의 데이터 수집이라 할지라도, 서비스 이용자의 민감 정보 등이 포함되어 개인의 사생활을 침해할 수 있는 경우 법적인 사항을 고려하여 데이터를 수집해야 한다. 수집을 명확히 거부하려는 데이터 제공자는 데이터에 대한 접근 통제를 통하여 자동화된 웹 봇이 데이터를 수집하는 것을 원천적으로 차단해야 한다.

나. 데이터 저장 및 관리단계

① 데이터의 안전한 저장 및 관리

데이터 수집단계를 통하여 수집된 데이터는 안전하게 저장되어야 한다. 이는 저장되는 데이터가 외부의 시스템 침입 등에 의하여 불법적으로 유출되었을 경우에 대비하기 위함이다.

② 데이터 필터링 및 등급 분류

데이터 수집단계를 통하여 수집된 데이터는 그 종류에 따라서 필터링 되어 저장되거나 또는 데이터의 등급별로 분류하여 별도 관리하여야 한다.

다. 데이터 처리 및 분석단계

① 익명화된 데이터 처리 및 분석

데이터 처리에 있어서, 이미 수집된 데이터를 이용하거나 또는 외부의 데이터를 이용하여 데이터를 처리 및 분석할 수 있다.

② 암호화된 데이터의 처리

데이터 처리과정에서 유출될 수 있는 개인정보를 근본적으로 해결하기 위하여 저장되는 데이터를 모두 암호화 하고, 암호화된 형태로 데이터를 처리한다면 데이터 처리과정의 투명성을 보장할 수 있을 것이다.

③ 이용 목적 외의 처리 및 분석

데이터를 저장하고 있는 주체는 데이터 수집시 법적 절차에 의하여 동의를 받았던 이용목적 이외의 데이터 처리 및 분석을 해서는 안 된다.

라. 데이터 분석결과 가시화 및 이용단계

① 개인정보를 침해할 수 있는 정보의 생성

빅데이터 분석을 통하여, 분석된 결과는 개인정보를 침해할 수 있는 민
감한 정보를 포함할 수 있다. 이러한 경우, 해당 정보를 이용하여 개인
에 서비스를 제공하게 되면 문제가 될 수 있다.

② 분석된 정보의 무단 이용

데이터를 분석하여 도출된 결과는, 데이터 분석을 위해 수집된 데이터로
부터 도출된 결과이다. 따라서 도출된 데이터 결과를 데이터 수집시 동
의받은 목적 외에 사용하거나 제공되어서는 안 된다.

그림 7-2	빅데이터 분석단계별 보안 요건

1	수집단계	• 수집되는 데이터에 대한 동의 • 수집 데이터 접근 통제
2	저장단계	• 데이터의 안전한 저장 및 관리 • 데이터 필터링 및 등급 분류
3	분석단계	• 익명화된 데이터 처리 및 분석 • 암호화된 데이터 처리 • 이용 목적 외의 처리 및 분석 방지
4	가시화단계	• 개인정보 침해 정보 생성 방지 • 분석된 정보의 무단 이용 방지
5	폐기단계	• 데이터 폐기에 대한 확인 • 완전한 데이터 폐기

마. 데이터 폐기단계

① 데이터 폐기에 대한 확인

수집된 데이터는 이용목적을 달성하면 지체 없이 파기해야 한다. 하지만 이용목적 달성 후에도 해당 데이터가 파기되었는지 이용자 입장에서는 알기 어렵다.

② 완전한 데이터 폐기

빅데이터 환경에서 저장되는 데이터는 여러 곳에 분산되어 저장될 수 있으며, 저장되는 데이터 또한 여러 곳에 복제되어 저장될 수 있다. 따라서 데이터 폐기시, 기존의 폐기방식을 통하여 폐기하는 경우 완벽하게 폐기되지 않을 수 있다.

7.4 개인정보 보호

대한민국의 경우, 개인정보(個人情報)는 규정하고 있는 법률에 따라 그 정의가 약간 다르다. 정보통신망 이용촉진 및 정보보호 등에 관한 법률 제2조에서는 개인정보를 "생존하는 개인에 관한 정보로서 성명, 주민등록번호 등에 의하여 당해 개인을 알아볼 수 있는 부호, 문자, 음성, 음향 및 영상 등의 정보를 말한다"라고 규정하고 있다.

개인정보의 구체적인 예는 다음과 같다.

- 신분관계: 성명, 주민등록번호, 주소, 본적, 가족관계 등
- 내면의 비밀: 사상, 신조, 종교, 가치관, 정치적 성향 등

- 심신의 상태: 건강상태, 신장, 체중 등 신체적 특징, 장애 등
- 사회경력: 학력, 직업, 자격, 전과 여부 등
- 경제관계: 소득규모, 재산보유, 거래내역, 채권채무관계 등
- 기타 유형: 생체인식정보(지문, 홍채, DNA 등), 위치정보 등

(1) 개인정보 유출이란?

정보통신망 이용촉진 및 정보보호 등에 관한 법률 제22조에 따르면, 개인정보의 수집과 관련하여 정보통신 서비스 제공자가 이용자의 개인정보를 수집하는 경우 원칙적으로 당해 이용자의 동의를 얻어야 한다.

정보사회에서의 개인정보 유출이란 일반적으로 개인에 관련된 여러 가지 정보(성별, 주소, 나이, 재산정도, 학력, 취미 등)들이 본인의 동의 없이 다른 사람에게 노출되거나 악용되는 것을 뜻한다.

가. 개인프라이버시 유출 문제

개인정보는 한번 유출되면 그 피해는 걷잡을 수 없다. 개인정보가 유출되면 사생활 침해로 인한 정신적 피해뿐 아니라 도용으로 인한 금전적 손실을 겪을 수도 있고, 범죄에 악용될 수도 있다.

명의도용, 스팸전화, 보이스 피싱 등 2차 피해로 확산된다. 불법적으로 흘러나간 개인정보는 불법거래 사이트에서 밀거래 되거나 조직적으로 계열사(텔레마케팅 회사 등)에 전달된 후 전화나 메일, 문자메시지 등 '돈벌이 수단'이 된다. 심지어 유출된 개인정보를 이용한 사기성 전화로 돈을 갈취하는 일도 벌어진다.

그러나 아직도 많은 네티즌들이 개인정보 유출에 적극적으로 대응하지 않고 있을 뿐 아니라, 당첨 가능성도 적은 홍보성 이벤트에 현혹돼 웹사이트 업체에 자신의 개인정보를 아낌없이 주고 있는 것이 현실이다. 전문가들은 개인정보를 가능한 한 최소한으로 제공하고, 침해사고 발생시 적극적으로 대처하라고 충고

한다.

나. 개인프라이버시 문제에 대한 최소화 해결책

전문가들은 급증하는 개인정보 유출 피해에 대해 개인정보에 대한 법과 제도의 개정이 필요하다며 "민간기업체에서 주민등록번호를 무단으로 사용하는 것을 금지하는 것이 시급하다"고 입을 모았다. "개인정보가 '돈이 된다'는 사실을 범죄 집단들이 알아가는 게 문제"라며 "갈수록 고도화되는 해킹수법을 즉각 탐지하는 강화된 보안시스템 또한 필요하다"고 말했다.

- 통신·인터넷사업자의 개인정보보호 책임성 강화
- 개인정보 해킹 대응 및 기술적 대책 강화
- 명의 도용 차단 서비스를 이용
- 불필요한 인터넷 사이트는 회원 탈퇴
- 노출 사고가 나면 개인 식별번호를 변경 가능케 함
- 집단소송제를 통해 개인정보 유출을 막아야 한다.
- 법 정비를 서둘러야 한다.
- 주민번호가 대체수단의 보완
- 신고

다. 개인정보보호를 위한 이행사항

개인정보보호법 기반 개인정보를 처리하는 기업 및 기관에서 반드시 고려해야 하는 이행사항은 다음 6가지로 정리할 수 있으며, 그 중 1) 무분별한 개인정보 수집 자체, 2) 개인정보 수집시 서비스제공에 꼭 필요한 필수정보와 선택정보 구분, 3) 이미 수집된 개인정보 파일을 이용한 후에는 알아볼 수 없도록 파기의 경우 국내 서비스 제공업체 내 이행사항으로써 찾아보기 어려운 실정이다.

① **무분별한 개인정보 수집 자제**
불필요하게 주민번호 등 개인정보를 수집하는 경우, 관리소홀로 인해 해킹 등 유출사고 책임이 크게 증가하므로 서비스 제공에 필요한 최소한의

개인정보 수집이 현명하다.

② **개인정보 수집시 서비스 제공에 꼭 필요한 필수정보와 선택정보 구분**

고객정보 수집시 해당 서비스 제공과 관련 없는 개인정보(선택정보)를 수집하지 말아야 한다. 즉, 선택정보를 고객이 입력하지 않았다고 하여 해당 서비스 제공을 거부하는 것은 개인정보보호법에 위반되는 사항이다. 또한 법적 분쟁 발생시 필수정보(해당 서비스 제공에 필수적인 정보)와 선택정보가 적정한지 여부는 사업자가 입증책임을 부담한다.

③ **고유식별정보와 민감정보는 원칙적 처리 금지**

고유식별정보와 민감정보는 ㉠ 정보주체의 별도의 동의 ㉡ 법령에서 구체적으로 명시하거나 허용하는 경우를 제외하고 처리할 수 없도록 규제가 강화된다. 수집시 법령에 근거가 있는지, 홈페이지 또는 서식에 별도의 동의 서식을 갖추고 있는지 살펴서 법 위반사례가 없도록 한다.

④ **개인정보 위탁시 정보주체에게 고지하고 관리책임을 이행**

홍보 또는 조사목적으로 개인정보 처리업무를 위탁할 때 정보주체에게 고지해야 한다. 예를 들어, 수탁자인 조사회사의 잘못으로 개인정보가 유출되어 피해가 발생한 경우, 위탁자가 손해배상을 해야 한다. 위탁자는 수탁자를 관리·감독할 책임이 부과되므로 수탁자 교육 등을 철저히 이행해야 한다.

⑤ **개인정보 파일은 DB보안 프로그램, 암호화 등 안전한 방법을 사용하여 보관**

개인정보 파일은 유출되었을 때 명의도용, 불법마케팅, 보이스피싱 등에 악용될 수 있으므로 안전한 방법으로 보관해야 한다. 안전하게 보관하기 위해서는 개인정보를 암호화하고 DB에 접근권한 제한, 백신프로그램 설치, 방화벽 등 침입차단 시스템을 설치하고 필요한 보호조치를 취해야 한다. 특히, PC에 개인정보를 함부로 보관하여 유출되지 않도록 주의해야 한다.

⑥ 이미 수집된 개인정보 파일을 이용한 후에는 알아볼 수 없도록 파기

개인정보의 보유이용 기간이 끝난 경우, 이용목적을 달성한 경우에는 문서를 분쇄하거나 소각해 파기해야 한다. 컴퓨터로 저장된 문서를 가지고 있는 경우라면 포맷이나 삭제 소프트웨어를 사용해서 파기처리한다.

7.5 프라이버시 문제와 해결방향

(1) 프라이버시란?

프라이버시의 정의를 법 규정에서 살펴보면, 헌법 17조에 '모든 국민은 사생활의 비밀과 자유를 침해받지 아니한다.'고 규정하고 있다. 이 조항에서 말하는 사생활의 비밀과 자유의 내용으로 사생활의 비밀 불가침, 사생활 내용의 불가침, 자기정보관리통제권 등이 포함된다. 그러나 넓은 의미로 프라이버시권을 해석하면 주거와 통신의 불가침을 포괄하는 개념으로 이해된다(권영성 1994: 455, 458-64).[2]

프라이버시의 개념의 역사적 변화를 보면, 근대 자유주의 사상의 등장과 함께 프라이버시의 개념은 정치적 의미를 지니게 되었다. 개인주의 발달로, 프라이버시는 절대 군주국가 또는 어떤 공적 권위로부터도 자유로울 수 있는 개인적 영역에 대한 개인의 배타적 지배권을 의미하는 것으로 바뀌게 되었다. 프라이버시는 일종의 권리-자유권의 하나로서 성격을 지닌 것이다.

즉 전제정치를 통하여 통치하려는 권력자나 소수를 다수에게 종속시키거나 감시해야 한다는 논리에 대해 개인의 자유로운 사적공간을 마련하는 것이 사회

---

2) 이준형. "情報社會와 프라이버시." 한국행정학회 Conference 자료, (1996), pp.107-132.

적으로 타당하고 당연하며 바람직하다는 견해가 지배하게 된 것이다(lukes 1973: 65).

현대에 프라이버시는 어떤 개인이 그 자신만이 가질 수 있는 독특한 방법에 의해 자신의 특정한 목적을 달성하려는 자신의 행복추구로부터 평온권·비밀권에 이르기까지 개인적인 사사의 전 분야에 걸쳐 추구될 수 있는 권리를 의미하게 되었다. 정보화 사회에서 프라이버시는 정보의 개념자체가 정치적이고, 사적이며, 경제적인 성격을 가지고 있기 때문에, 개인정보와 관련하여 새로운 측면이 프라이버시의 개념에 추가되었다고 볼 수 있다(Michael 1994: 4).

(2) 프라이버시 침해의 원인은?

일시적인 호기심, 경쟁상대자의 자료열람, 정치·법적인 이유로의 개인정보 획득, 사적정보에 대한 신중하지 못한 누설, 악의 등 여러 가지 이유에 일어날 수 있다고 본다.

기업의 측면에서 고객의 데이터베이스는 효과적인 마케팅의 핵심자산으로 인식되고 있고 고객관리를 위한 각종 기법들이 개발되고 있다. 즉 개인정보의 상품적 가치가 커지고 있는 것이다.3) 그 증거가 사이트에 가입할 때 주민등록번호를 받고 있는 120개 게임업체를 조사한 결과 신용평가기관에 본인 확인을 하는 업체는 절반에 불과하다. 즉 상당수 업체들이 원래 목적과는 다른 용도로 사용하기 위해 주민등록번호 등 개인정보를 모으고 있다는 뜻이다. 현재 많은 업체들은 가입자의 개인정보를 다른 사업 마케팅에 사용하고 있다 심지어 업체가 망할 때 개인정보를 사고파는 경우도 있다. 또 한편 정부가 개인의 프라이버시 침해에 있어 위협적인 존재가 될 수도 있다. 발달된 기술로 통제의 범위나 기술을 넓히고 공고히 하여 권력은 더욱 강하게 중앙집권화하는 경향을 띨

---

3) 대한안전경영과학회: 학술대회지, Proceedings of the Safety Management and Science Conference, 대한안전경영과학회 01 추계학술대회, pp.113-126, 2001.

수 있기 때문이다. 그러나 아이러니컬하게도 이에 대한 정치의 적극적 개입이 필요하다는 결론에 도달하게 된다. 사회는 어떻게 변하든 정부를 포함한 정치권은 개인이 실천할 수 없는 공익을 대신하여 실천해야 할 도덕적 당위성이 있기 때문이다.

(3) 프라이버시 침해의 유형

가. 해킹에 의해 컴퓨터 시스템에 침투하거나 정보를 빼내는 방법

- 스니퍼링: 호스트 A와 B가 주고받는 데이터를 몰래 엿보거나 가로채는 해킹
- 스푸핑: A, B가 네트워크상에서 정보를 교환할 때 B로 위장하여 A가 B에게 보내는 문서를 빼내는 해킹

IP 주소를 알면 인터넷 이용자가 어느 지역에 있는 누구인지를 파악할 수 있고, 웹브라우저를 통하여 사용하고 있는 웹브라우저의 종류, 언어, 방문하고 있는 페이지로 전달한 웹사이트, 경우에 따라서는 이메일 주소까지 알 수 있다. 또한 회원가입을 할 때 흔히 자세한 개인정보(성명, 성별, 생년월일, 최종학력, 직업, 결혼 여부, 전화번호, 휴대폰번호, 이메일번호, 주소)를 강제로 기재하도록 하는 경우가 많고 인터넷 이용자가 로그인을 하면 웹사이트는 개인의 개별적 활동을 쉽게 파악할 수 있다.

나. 쿠키를 통한 정보유출

쿠키는 사용자의 웹사이트 이용습관을 보여주는 정보로, 인터넷 사용자가 어떤 제품을 구입하였는지, 어떤 분야에 관심이 있는지와 같은 모든 정보를 기록할 수 있다. 그러므로 인터넷 쇼핑몰이나, 온라인 광고업체는 쿠키를 이용하여 인터넷 사용자의 기호를 수집, 분석하고 타켓 마케팅이나 광고전략에 쿠키를 활용할 수 있다.

또 쿠키를 통해 얻은 정보를 스펨 메일의 발송에 사용하는 경우도 있다. 쿠키는 인터넷 보안문제를 유발하는데, 쿠키를 통해 인터넷 사용자가 즐겨 사용하는 암호를 짐작해 낼 수도 있고, 심한 경우 PC의 다른 파일을 훔쳐낼 수도 있다. 쿠키가 고의로 인터넷 사용자의 정보를 빼내는 통로역할을 하는 경우도 있다.[4]

---

4) 인터넷상 쿠키를 통한 개인정보침해의 법적 문제 -김민중

1. "보안은 해커한테" 우버의 역발상

차량공유 서비스 업체인 우버가 최근 무선으로 자동차를 조작해 관심을 끌었던 두 명의 해커를 전격 고용했다고 29일(현지시간) 월스트리트저널(WSJ) 등이 보도했다.

이번에 우버가 고용한 해커는 미국 국가안보국(NSA) 출신으로 트위터에서 일하는 찰리 밀러와 보안 전문회사 'IO액티브'의 크리스 밸러섹이다. 이들은 지난 7월 인터넷이 연결된 피아트크라이슬러의 '커넥티드카'를 해커가 무선으로 해킹해 조종할 수 있음을 실험으로 입증해 큰 관심을 모았다. 수 km 떨어진 곳에서 피아트크라이슬러가 만든 지프 체로키를 해킹해 마음대로 조작할 수 있다는 내용을 공개한 것이다.

우버는 이들이 피츠버그에 소재한 '우버첨단기술센터'에서 일할 것이라고 밝혔다. 이 센터는 무인·로봇 자동차 관련 기술과 자동차 보안·안전 문제를 연구하는 곳이다.

우버가 이들을 고용한 것은 자사 운영시스템이 해킹되면 돌이킬 수 없는 타격을 받는다는 우려 때문으로 보인다. 해커들이 우버 고객의 신상정보를 빼돌리거나 차량 작동에 대한 원격 해킹에 나설 경우 치명적인 피해를 입기 때문에 잠재적 위험요인을 사전에 제거하겠다는 것이다.

앞서 우버는 페이스북에서 일하던 저명 정보·보안 전문가인 조 설리번과 구글의 지도 분야 전문가들까지 영입하는 등 최근 주요 글로벌 업체들에서 100여 명의 보안·정보 전문가를 끌어들였다.

한편 우버는 창업 직후 세계 곳곳에서 현지 운송 업계의 거센 반발과 당국의 규제로 어려움을 겪고 있음에도 급격한 성장세를 보이면서 기업가치가 500억 달러(58조 8,500억 원)까지 치솟았다. 최근에는 추가로 60억 달러의 자금을 유치하기도 했다.

이경운, "보안은 해커한테" 우버의 역발상, 서울경제, 2015.8.30.
http://economy.hankooki.com/lpage/worldecono/201508/e20150830174353143270.htm

2. 해커를 막아라, 프라이버시 제품 앞다퉈 출시하는 스타트업

이메일 및 메시지 암호화 서비스, 데이터 정보 지우는
웹사이트부터 임시 번호 부여 서비스까지

해커들이 인터넷에서 나의 발자취를 따라오는 것 쯤은 이제 아무것도 아닌 세상이 되어버렸다. 날로 기술이 발전하는 해커들을 한 발 앞서 막기 위해 스타트업(신생 벤처기업)들이 앞다투어 보안 서비스를 내놓고 있다.

월스트리트저널(WSJ)에 따르면 이들이 제공하는 서비스는 주로 사용자 검색 데이터를 저장하지 않는 웹브라우저, 수신인이 읽지 않은 이메일과 문자 메세지는 다른 사람이 읽을 수 없게 막는 암호화 서비스로 이루어져 있다.

여러 스타트업들이 해커, 정부, 신원 도용범 등 사용자의 개인정보에 접근하려고 하는 모든 사람들로부터 이메일, 전화, 메세지를 보호하기 위한 제품들을 출시했다. 이 제품에 들어간 기술 중 상당 부분은 과거 기업이나 정부에서 내부 정보유출을 막기 위해 사용했던 것들이다. 이제는 이 기술들이 대중에게 전달되고 있다.

WSJ는 암호화 서비스를 제공하는 회사들을 언급했다. 프로톤메일, 락빈 같은 회사는 암호 키 또는 패스워드를 아는 사람만 열어볼 수 있는 방식으로 암호화 된 이메일을 제공한다. WSJ에 따르면 이 이메일은 발신인과 수신인이 아닌 다른 사람이 열어보는 것은 사실상 불가능하다. 위커와 같은 회사는 문자 메시지에 암호화 서비스를 제공한다. 프라이빗미는 사용자 데이터를 저장하지 않는 검색엔진을 제공한다.

가장 복잡한 서비스를 제공하는 회사도 소개했다. 뉴욕에 있는 스타트업 컨파이드다. 이 회사가 제공하는 서비스는 메시지 암호화는 기본이고 수신인이 메시지를 읽을 경우 회사 서버나 수신인의 폰에서 메시지를 영구 삭제한다. 사진과 문서에도 같은 방식을 적용할 수 있다. 또한 누군가 메시지를 캡처하려고 하면 사용자에게 알려주기도 한다. 이 모든 서비스가 무료다.

컨파이드 공동창업자 겸 사장 존 브로드는 WSJ를 통해 "온라인에서 소통하는 것들이 디지털 기록으로 영구 저장되는데 우린 이게 터무니없다고 생각한다"고 말했다.

또 다른 회사도 있다. 사용자에게 임시번호 부여 서비스를 제공하는 회사 버너다. 온라인상에서 우리는 아무렇지 않게 연락처를 주고받곤 하는데 이 정보가 개인정보 도용에 악용되곤 해 문제였다. 이 문제를 해결하기 위한 방법으로 버너는 임시번호를 제공한다. 버너에서 받은 임시번호를 상대에게 전달해 그 번호로 전화를 하면 실제 번호를 알리지 않아도 연결이 된다. 이 임시번호를 다 사용하고 나면 서비스 중단을 할 수도 있다.

아직까지 프라이버시 보호 서비스 시장은 대기업이 뛰어들 만큼 시장이 커지지 않았기 때문에 주로 스타트업이 시장을 개척하고 있다고 WSJ는 설명했다. 사용자 데이터를 남기지 않는 웹서비스 프라이빗미 최고 업무집행 책임자 로버트 니버트는 WSJ를 통해 "프라이버시 제품은 대기업에게 너무 작은 시장"이라며 "대기업들은 매출 측면에서 이익 창출이 가능할 만큼 시장이 커지기를 기다리고 있다"고 설명했다.

스마트폰만 있으면 모든 업무처리가 가능해진 지금, 앞으로도 보안문제는 이슈가 될 수밖에 없다. 해커를 뛰어넘는 보안 서비스의 개발로 개인정보 유출을 걱정하지 않는 시대가 올 수 있을지 프라이버시 시장이 주목받고 있다.

이연지, 해커를 막아라, 프라이버시 제품 앞다퉈 출시하는 스타트업 이코노믹 리뷰, 2015.08.26.
http://www.econovill.com/news/articleView.html?idxno=259564

3. 얼굴 인식 막아주는 日 액세서리 '프라이버시 바이저'

2016년 2월 양산 목표로 모금 들어가

얼굴인식은 안드로이드 스마트폰이나 윈도우 헬로에 도입될 만큼 보편화된 기술이다. 카메라에 얼굴만 비추면 잠금이 풀리기 때문에 양 손을 쓰기 곤란할 경우에 유용하다. 초기에는 사진과 실제 얼굴을 구분하지 못하는 사례도 있었지만 사물의 깊이를 파악하는 3D 카메라가 등장하면서 이런 문제점은 줄었다.

오히려 이제는 거리를 돌아다닐 때 내 얼굴이 자기도 모르게 인식되어 CCTV, 혹은 다른 사람이 찍어서 올린 페이스북 사진에 흔적이 남지 않는지 걱정해야 할 판이다. 이렇게 자기 얼굴이 인식되는 것을 달가워하지 않는 사람을 위한 도구가 최근 일본에서 개발되었다.

일본 국립정보학연구소가 6일 발표한 '프라이버시 바이저'(PrivacyVisor)는 빛을 반사하고 흡수하는 소재를 이용해 얼굴이 인식되는 것을 방해한다. 기존 기술은 얼굴에 다른 색을 입히거나 얼굴을 가려서 얼굴 위치를 파악하는 것을 막았지만 다른 사람과 대화할 때 불편함이 따랐다. 하지만 이 기술은 가시광선을 반사시키고 흡수하는 소재를 눈 주위에 붙여서 카메라로 명암 구분이 어렵게 만들었다.

이 제품은 일본 후쿠이 현 소재 안경광학회사인 닛세이를 통해 생산될 예정이다. 연구소가 만든 시제품은 3D 프린터와 플라스틱으로 만들어졌지만 실제 제품은 티타늄을 이용한 프레임이 적용된다. 이 과정에서 올라가는 비용은 후쿠이 현에서 자체 운영하는 크라우드펀딩 서비스인 '파보 사바'를 통해 조달할 방침이다. 현재 200만 엔(한화 약 1천 900만 원)을 목표로 모금이 진행중이며 2만 엔을 후원하면 일련번호가 들어간 초기 한정판을 2016년 2월 이후 받을 수 있다.

권봉석, 얼굴 인식 막아주는 日 액세서리 '프라이버시 바이저', CNET Korea뉴스, 2015.08.07.
http://www.cnet.co.kr/view/100141469

CHAPTER 08

e-비즈니스와 전자상거래

　　얼마 전 중국 광군제(2015년 11월 11일) 당시 하루만에 16조 5천억 원의 경이로운 매출을 기록한 알리바바 그룹이 세계 각지의 브랜드 제품을 중점적으로 취급하는 B2B 플랫폼을 런칭하며 글로벌 유통시장 공략에 본격적으로 나선다. 'Alibaba.com Wholesaler'라고 명명된 알리바바의 신사업은 세계적으로 유명한 브랜드 제품을 취급하는 B2B 플랫폼으로 최근 급성장하고 있는 브랜드 시장을 겨냥, 이 시장을 선점하겠다는 알리바바 그룹의 전략이 담겨 있다. 나아가 알리바바 그룹은 전세계 유명 브랜드 제품을 중점적으로 다루는 'Alibaba. com Wholesaler'를 통해 중국 내에 집중된 기존의 수익구조를 다변화 시키며 동시에 회사의 이미지까지 쇄신할 수 있을 것으로 내다보고 있다.

　　Alibaba.com Wholesaler를 통해 전 세계 각지의 유명 브랜드 업체들은 손쉽게 바이어들을 만날 수 있으며 마찬가지로 전 세계 각지의 중소상인들 또한

다양한 브랜드 제품들을 도매가에 구매할 수 있게 된다. 알리바바 그룹의 관계
자는 세계 곳곳에 숨겨진 우수한 브랜드 제품들이 유통되는 기회의 장이 될
것'이라며 신사업의 의의를 설명했다.

해마다 경이로운 성장률을 보이며 세계 최대 유통업체가 된 알리바바 그룹
이 야심차게 도전하는 브랜드 유통 플랫폼 Wholesaler가 세계 유통업 판도에
어떠한 지각변동을 일으킬지 귀추가 주목된다.[1]

8.1   e-비즈니스 개념

e-비즈니스에 대한 개념은 그 어원을 전자상거래로부터 찾을 수 있다.
1970년대 초에 전자자금이체(EFT)의 형태로 전자상거래는 이후 전자문서교환
(Electronic Data Interchange: EDI)과 전자메일(e-mail)과 같은 전자메시징 기술의
형태로 발전하면서 본격화되었다. 그러나 전자상거래의 발전에 획기적인 전환
점을 마련한 것은 1990년대 인터넷에 등장한 월드 와이드 웹(www)이라 할 수
있다.

웹의 출현은 정보게시와 제공의 문제를 해결해 주었고, 동시에 사용의 편의
성도 제공해 주었기 때문에 웹을 기반으로 하는 비즈니스의 범위를 보다 넓힐
수 있게 하였다. 즉, 웹은 EDI에 의한 전자상거래가 정형화된 거래문서만을 대
상으로 하던 단일한 기술의 한계를 벗어나, 상품의 사진이나 기술도면 등 비정
형화된 정보를 포함하여 거래에서 발생하는 비용지불까지 수용하는 쪽으로 발
전되고 있다.

---

1) 박재균 기자, 파이넨스 투데이, 세계 1위 전자상거래 업체 알리바바, 브랜드 B2B 플랫폼 런칭,
   2015년 12월 02일.

따라서 인터넷상에서 구현되는 전자상거래는 무형의 서비스와 재화로서 금융, 신용, 소프트웨어, 영상산업의 글로벌 거래를 가능하게 했을 뿐만 아니라, 서적과 같은 유형의 상품까지도 국경을 초월한 세계적 시장으로 변화시켜 가고 있다.

전자상거래는 비즈니스에의 적용개념으로 변화되면서 인터넷 비즈니스(Internet Business), 전자상거래(e-Commerce), e-비즈니스(e-Business) 등의 개념으로 분류되고 확대 발전되었다. 특히 최근 전자상거래의 무게 중심이 기업과 소비자 간(B2C) 전자상거래에서 기업 간(B2B) 전자상거래로 전이되면서 e-Marketplace, e-CRM, 전자조달(e-Procurement) 등 새로운 유형의 e-비즈니스 형태도 속속 등장하고 있다.

즉, 오늘날 전자상거래의 개념이 변화하고 다양한 형태의 e-비즈니스가 등장하면서 여러 가지 개념과 용어가 혼재되어 있는 상황이다. 이와 같은 상황에서 e-비즈니스와 경쟁전략의 연계에 관한 연구목적을 위하여 e-비즈니스를 유사개념인 인터넷 비즈니스 및 전자상거래와 비교하면서 정리하면 다음과 같다.

(1) 인터넷 비즈니스

인터넷의 산업적 활용이 급속도로 확산되면서 등장한 인터넷 비즈니스(Internet Business)는 인터넷상에서 직접 상품이나 정보 등을 판매하는 쇼핑몰은 물론 유료 컨텐츠나 데이터베이스 검색 정보제공, 몰(mall)의 관리, 정보나 사이

표 8-1 전자거래의 개념 변화

	Internet Business	Electronic Commerce	e-Business
대상	제품, 서비스, 정보	제품, 서비스, 정보	비즈니스적 프로세스
개방성	개방형	개방형 + 폐쇄형	개방형 + 폐쇄형
사업유형	기업과 소비자 간 기업과 기업 간	기업과 소비자 간 기업과 기업 간	기업 내, 기업 간, 기업과 소비자 간

트의 검색 등 인터넷상에서 혹은 인터넷을 이용하여 비즈니스를 전개하는 사업
유형을 말한다.

즉, 인터넷 비즈니스는 순수하게 인터넷만을 활용하여 사업을 수행하며, 인
터넷의 특성상 완전 개방형으로 운영된다. 초기에 포털과 판매를 중심으로 시
작된 인터넷 비즈니스는 점차 중개, 경매, 컨텐츠 제공 등 여러 분야에서 인터
넷을 활용해 수요와 공급을 연결하는 다양한 형태로 개발되면서 실제 공간에서
이루어지는 비즈니스 영역을 대체해 나가고 있다.

(2) 전자상거래

전자상거래(Electronic Commerce: EC)는 개방형인 인터넷상의 거래활동뿐만
아니라 EDI, CALS와 같이 폐쇄형 네트워크상의 거래를 포함하는 포괄적 개념
이다. 따라서 인터넷 비즈니스를 포괄하는 보다 광범위한 전자거래를 의미한다.
기본적인 사업유형은 기업과 소비자 간(B2C), 기업과 기업 간(B2B) 거래가 있으
며, 유료거래는 물론 무상으로 정보를 제공하기도 한다. 그러나 최근 급속한 발
전과 함께 기업과 정부 간(B2G), 기업과 공공기관 간(B2A), 개인과 정부 간
(C2G), 개인 간(P2P) 전자상거래 등 다양한 유형의 사업으로 확대되고 있다.

(3) e-비즈니스

e-비즈니스(e-Business)는 구매-제조-유통-판매-서비스로 이어지는 비
즈니스 전 프로세스에 전자적 네트워크(인터넷)와 정보기술을 적용하여 경영활
동의 효율성을 높이고 새로운 사업기회를 창출하는 활동이라 할 수 있다.

비즈니스 프로세스상 구매-제조-유통과정의 전자거래는 대부분 폐쇄적으
로 운영되는 반면, 판매와 서비스의 거래는 개방형으로 운영된다. 이는 정보기
술의 발전으로 인해 판매활동뿐만 아니라 조달, 운영, 지식관리 등 제반 경영
프로세스를 전자화함으로써 효율성을 높일 수 있기 때문에 더욱 확대되고 있다.

e-비즈니스에 대해서는 여러 학자들이 유형을 분류하였는데 먼저, Hoffman Novak and Chatterjee(1955)는 인터넷 비즈니스의 유형을 최종 행선지 사이트와 통행통제 사이트로 구분하여 분류하였다.

8.2 e-비즈니스 유형

최종 행선지 사이트에 대해서는 ① 온라인 상점(online storefront), ② 광고·정보 제공 사이트(internet presence sites), ③ 컨텐츠 사이트(contents sites)로 구분하였으며, 통행통제 사이트에 대해서는 ④ 몰 사이트(mall sites), ⑤ 인센티브 사이트(incentive sites), ⑥ 검색 사이트(search sites) 등으로 구분하였다. Rappa (1999)는 중개형, 광고형, 정보중개형, 상인형, 제조업형, 제휴형, 커뮤니티형, 가입회원형, 과금형 등 9가지 비즈니스 모델 유형을 구분하여 e-비즈니스 유형을 분류하였다.

Amor(2000)는 인터넷 경매, 인터넷 뱅킹, 전자상거래, e-디렉토리, e-엔지니어링, e-프랜차이즈, 인터넷 도박, 온라인 교육, 전자메일, e-마케팅, e-운용자산관리, e-공급관리, 사이버 주식거래 등으로 분류하였다.

한편, Timmers(1998)는 전자상점, 전자구매, 전자경매, 전자쇼핑몰, 전자 제3장터(3rd party marketplace), 가상 커뮤니티(virtual communities), 가치사슬통합, 가치사슬 부가서비스, 공동작업 플랫폼(collaboration platform), 정보중개, 신용 서비스 등 11개로 분류하였다.

이외 다른 연구자들은 e-비즈니스의 유형에 대해 각기 다르게 분류하였으나 실제적인 내용은 거의 대동소이하다. 따라서 여기서는 Timmers의 분류 유형을 기준으로 논의를 전재하고자 한다. Timmers(1998)의 비즈니스 모델에 대한 체계적인 접근법을 통해 구분한 e−비즈니스 모델의 유형을 정리하면 다음과 같다.

그림 8-1 │ e-비즈니스 모델 분류

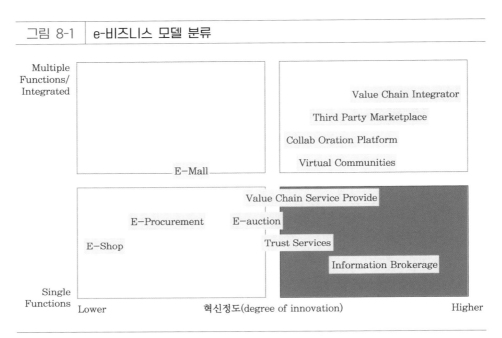

자료: Timmers, 1988.

---

(1) 전자상점

전자상점(e-shop)은 기업이나 점포의 웹사이트를 이용한 마케팅 모델로서 가장 기본적인 e−비즈니스 모델이다. 처음에는 웹사이트를 단순히 기업홍보, 제품홍보를 위해 사용하다가 점차 고객으로부터 주문도 받고 대금도 지불할 수 있는 기능을 첨가하게 되면서 전자상점으로 발전하게 되었다.

기업 입장에서 보면 저렴한 비용으로 시장을 전세계로 확대함으로써 수요기반을 확충하여 매출 증대를 가능케 하는 또다른 마케팅 채널을 갖게 된다. 반면, 고객입장에서는 전통적 채널보다 저렴한 가격, 폭넓은 선택기회, 보다 많은 정보, 시간과 공간을 초월한 구매, 대금지불 절차까지의 편리함 등을 제공받음으로써 보다 큰 만족과 가치를 향유하게 된다.

기업의 마케팅 관점에서는 특히 한번 구매했던 고객의 정보를 확보할 수 있고 이를 이용해 1대1 마케팅을 통한 판매량을 올릴 수 있다. 전자상점은 소위 데이터베이스 마케팅(DB Marketing)이나 고객관계관리의 가장 기본적 기능을 제공하는 B2C전자상거래의 한 유형이다.

(2) 전자조달

전자조달(e-procurement)은 인터넷을 이용해 입찰공고와 협상을 통해 재화나 용역을 구매하는 B2B형 e-비즈니스 모델로서 전통적인 EDI나 CALS의 연장선상에 있다고 볼 수 있다. 구매자 입장에서는 공급선 선택 폭이 넓어지고, 저렴한 원가와, 보다 나은 품질, 배달 및 구매 소요비용절감 등의 효과가 있다. 반면 공급자 입장에서는 입찰정보에 대한 접근, 입찰시장의 세계화, 입찰비용의 절감, 부분입찰 가능성, 공동입찰 같은 입찰의 유연성 제고 등의 이점을 향유할 수 있다. 최근 국내 주요 대기업들이 전자조달시스템 구축에 열을 올리고 있는 것도 이와 같은 효과를 노리고 있기 때문이다.

(3) 전자경매

전자경매(e-auction)란 전통적인 경매시장을 인터넷 공간으로 옮겨 개설한 것으로서, 경매대상이 되는 제품이나 서비스를 멀티미디어로 정보를 제공함과 동시에 단순한 경매 입찰기능뿐만 아니라 계약, 대금결제, 배달기능까지 첨가할 수 있는 비즈니스 모델이다.

(4) 전자쇼핑몰

전자쇼핑몰(e-mall)은 전자상점(e-Shop)을 한 곳에 모은 mall of mall 개념으로서 소위 고객들이 믿을 수 있는 저명한 브랜드 아래 품질 보증, 대금지불

보증 등의 기능을 추가적으로 제공할 수 있다. 취급하는 제품군에 따라 소비재를 다루는 전자쇼핑몰과 산업재 또는 특정 서비스에 특화하는 경우로서 eSteel, Industry.Net이나 Vertical.Net 같은 B2B 전자상거래 허브(B2B hub) 형태를 취하는 장터(marketplace)로 나눌 수 있다.

(5) 제3장터

제3장터(third party marketplace)는 기본 오프라인 기업들이 웹 마케팅을 아웃소싱하려는 경향이 증가함에 따라 떠오르는 비즈니스 모델로서 다양한 형태의 모델이 존재한다. 이는 공급자의 제품 카탈로그를 수요자의 이용자 인터페이스를 통해 제공하는 것이 필수적이며 브랜딩, 대금지불, 물류, 주문 등 매매 거래 절차 모든 단계의 서비스를 추가로 제공할 수 있다. 장터의 제공자가 갖는 수입원은 회원 가입비, 서비스 수수료, 거래 수수료 등이며 광고수입도 수입원이될 수 있다. 통산 B2B의 대표적 유형인 e-marketpalce가 이에 해당한다.

(6) 가상 커뮤니티

가상 커뮤니티(virtual communities)란 인터넷 공간을 통해 같은 주제의 관심사나 이해관계를 갖는 회원이 참여하여 이루어진 공동체를 말한다. 가상 커뮤니티 모델의 궁극적인 가치는 가상 커뮤니티에 참여하는 고객과 파트너들로부터 나온다. 커뮤니티 회원들이 회비(membership fee)와 광고수입이 커뮤니티 제공자의 주된 수입원이며, 고객의 feed-back이나 고객 서비스를 통한 관계구축에 기업들이 많이 활용한다.

(7) 가치사슬 부가서비스

가치사슬 부가서비스(value chain service provide) 제공 사업모델은 전자지불 기능, 물류와 같은 산업의 가치사슬(industry value chain)상 특정한 기능에 특화하여 온라인으로 서비스를 제공하는 모델로서 은행들의 전자결제 인증서비스,

생산관리, 재고관리 등 가치사슬상의 제반 활동을 하는 주요 비즈니스 모델의 핵심이다. 수입원은 웹 기반 소포배달 서비스인 www.ups.com의 예처럼 주로 서비스 이용료 또는 수수료에 있다.

(8) 가치사슬 통합

가치사슬 통합(Value chain integrators) 사업 모델은 가치사슬상의 여러 단계들을 묶어서 통합 서비스를 제공하는 모델로서, 핵심역량의 강화나 아웃소싱(outsourcing) 확대 및 소규모 비즈니스 기업의 증가 추세에 따라 등장한 비즈니스 모델이다. 이 서비스 제공자의 수입원은 컨설팅 수익이나 거래 수수료 등이다.

(9) 공동작업 플랫폼

공동작업 플랫폼(collaboration platforms) 사업 모델은 기업 간에 공동으로 작업하는데 필요한 도구, 소프트웨어 등을 제공하고 동일한 인터페이스를 기업들에게 제공하는 비즈니스 모델로서 공동 디자인, 공동 엔지니어링, 공동 프로젝트 컨설팅 등이 활용된다.

(10) 정보중개

정보중개(information brokerage) 비즈니스 모델은 인터넷상에서 구할 수 있는 정보를 수집, 가공해서 제공하는 사업으로서, Yahoo 같은 정보검색 사이트에서 이용자정보를 모아 고객정보화해서 판매하는 정보사업이 이에 해당한다. 주된 수입원은 DB 판매, DB 이용료, DB상의 광고수입 등이 있다.

(11) 신용과 부가서비스

신용과 부가서비스(trust and other services) 모델은 인터넷상에서 인증, 공증 등의 서비스를 제공하는 모델로서 한국전자인증, 금융결제원 등의 사업체의

e－비즈니스가 이에 해당한다. 수입원으로는 확인서비스 수수료, 관련 소프트웨어 판매 등이 있다.

8.3 e-비즈니스와 기업전략

앞서 제시한대로 e－비즈니스는 기업의 모든 비즈니스 과정이 인터넷과 접목되는 경영활동을 뜻하는데 반해, 전자상거래는 제품, 정보, 서비스 등을 인터넷상에서 사고파는 하위개념으로서, e－비즈니스로의 변모는 단순한 경영 패러다임의 변화이기보다는 향후 인류 전체의 모습을 바꾸게 될 대혁명이다. 혁신성과 비전을 갖춘 최고경영자를 e－CEO, 전자적인 가치창출능력을 보유한 기업을 e－Company, 경쟁우위를 확보하기 위한 전자적인 사업 방식을 e－Business, 디지털경제 및 지식경제 기반의 경제 e－Economy라는 계층적 구조로 파악하고 있다.

e－비즈니스 모델은 거래방향이나 시장 주도자, 가치사슬 및 시장 등에 따라 여러 가지 유형으로 구분할 수 있다. 이러한 다양한 유형의 모델들은 단일의 e－비즈니스 전략만으로 추진할 수는 없다. 이와 같이 e－비즈니스 모델의 실행에 있어서는 기존의 전략과의 차이나 인터넷 환경의 특성에 따라 다양한 전략을 선택해야 하는 전략 유연성의 문제가 대두된다.

따라서 디지털 환경에 적합한 방향을 설정하고, 핵심역량을 기반으로 한 경쟁우위의 전략을 수립해야 한다. 이를 기초로 다양한 환경의 속성에 따라 e－비즈니스 모델이 달라지며, 사업전략도 수정되어야만 한다. 이러한 환경에 적합한 전략들을 e－비즈니스 모델과 접목하면 e－비즈니스 추진을 위한 통합 모델을 도출해 낼 수 있다.

여기서는 e-비즈니스의 추진전략을 기본전략과 연계전략으로 구분하여 고찰함으로써 e-비즈니스 모델의 선택과 실행의 극대화를 유도할 수 있다. 기본적인 전략으로는 정보기술전략, 웹사이트전략, 인터넷 마케팅전략 및 가치사슬전략이 있으며, 연계전략은 디지털 시대의 불확실한 환경에 대응하기 위한 외부와의 유연하고 신속한 연계를 위한 전략으로 공급자와의 e-SCM(Supply Chain Management) 전략, 고객과의 e-CRM(Customer Relationship Management) 전략 및 온라인 기업과 오프라인 기업과의 전략적 제휴 등 외부와의 공존과 관계에 관한 전략을 들 수 있다.

전술한 바와 같이 e-비즈니스의 실행을 위한 다양한 전략을 살펴보았으나, 닷컴 몰락으로 인하여 오프라인 기업의 중요성이 부각되고 있다. 따라서 e-비즈니스를 추진하기 위해서는 온라인 기업과 오프라인 기업의 제휴를 기반으로 <그림 8-2>와 같이 세분화된 전략의 통합이 e-비즈니스의 추진에 시너지 효과와 효율성을 극대화시킬 수 있을 것으로 사료된다.

그림 8-2 | e-비즈니스의 추진을 위한 전략적 통합

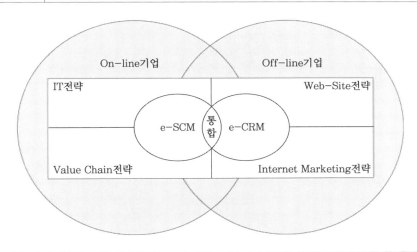

특히 e-비즈니스는 공급망관리(SCM), 전사적자원관리(ERP), 고객관계관리 (CRM) 등 기업 내부 및 외부 협력업체와 고객을 하나로 연결하는 통합적인 가 치사슬의 구축을 통해 시장 변화에 민첩하게 대응하고 경쟁력을 확보하기 위한 비즈니스 패러다임이라고 말할 수 있다.

1. 미 월마트, 전자상거래전용 대형 물류센터 개장

11만㎡ 규모의 전자상거래전용 풀필먼트센터 … 보다 저렴하게, 빠르게 처리

미국의 월마트가 빠르게 성장하고 있는 전자상거래시장의 공략을 위해 미국 인디애나주와 펜실베이니아주에 대규모 전자상거래용 물류센터를 잇달아 개장했다.

지난 7월 22일(현지 시간) 미국 북동부지역 펜실베이니아주 베들레헴에 약 11만㎡ 규모의 전자상거래전용 풀필먼트센터를 개장한 지 채 한달도 안 된 8월 12일(현지 시간) 미 동부지역 인디애나주 플레인필드에 약 11만㎡ 규모의 전자상거래전용 풀필먼트센터를 열었다.

월마트 측은 두 개의 풀필먼트센터는 온라인 주문처리 속도를 높이고, 고객에게 다양한 수취 방법을 제공하기 위한 것이라고 밝혔다. 수취장소를 집·매장 내 라커와 안내소 중 선택할 수 있어 베들레헴 물류센터는 전자상거래 상품의 관리, 보관, 운송기능을 담당하는 풀필먼트센터로, 최첨단 자동창고 시스템을 도입해 출하 속도를 크게 높였다. 특히 고객이 상품을 집에서 받을 것인지, 월마트 매장에서 받을지, 택배 대리점에서 받을지 선택할 수 있도록 한 것이 특징이다.

이 물류센터는 400명의 정규직 일자리를 창출했으며, 향후 몇 년 내에 약 1,000개의 새로운 일자리를 창출할 예정이다. 플레인필드 물류센터 역시 전자상거래 상품을 보관한 후 고객 또는 점포에 배송하는 전자상거래 전용 풀필먼트센터로, 대형 소터 등의 자동화 기기를 대거 도입해 빠르고 정확하게 출하할 수 있도록 했다. 이곳 역시 고객이 수취장소를 집, 월마트 매장의 수취 락커와 배송 데스크 중 고를 수 있다.

닐 애쉬 월마트 글로벌 전자상거래 최고경영자(CEO)는 "베들레헴 물류센터는 단순한 물류센터가 아니다. 4,500여 개의 월마트 매장, 미 전역에 위치한 물류센터와 전자상거래 시설, 세계적 수준의 배송망 등과 결합된 월마트의 다각적 네트워크의 일부"라며 "이 모든 요소들이 결합해 낮은 비용으로 고객에게 더욱 빨리, 더 많은 제품을 제공할 수 있도록 한다. 이와 함께 고객이 물건을 받는 방법을 선택할 기회를 제공해 고객 만족도를 높인다"라고 말했다.

조나리, 미 월마트, 전자상거래전용 대형 물류센터 개장, 물류신문, 2015.8.31.
http://www.klnews.co.kr/news/articleView.html?idxno=111890

2. 카페24, 라쿠텐과 제휴 … 일본 전자상거래 시장 문턱 낮춘다

국내 기업들의 일본 전자상거래 시장 진출이 한층 쉬워진다. 역직구 쇼핑몰 '카페 24'가 일본 최대 전자상거래 업체 '라쿠텐(Rakuten)'과 손잡고 한국 상품의 일본 수출을 지원한다.

카페24를 운영하는 심플렉스인터넷은 라쿠텐과 함께 26일 서울 여의도 전경련회관에서 기자간담회를 열고 한국 기업의 일본 전자상거래 수출 지원 전략을 발표했다.

1997년 창업한 라쿠텐은 금융, 미디어, 스포츠 사업까지 폭넓게 진행하는 종합 인터넷 서비스 기업이다. 라쿠텐의 온라인 쇼핑몰인 '라쿠텐 이치바'는 지난해 2조 130억 엔(약 19조 930억 원)의 유통거래액을 기록했고, 가입자 수는 1억 명에 달한다.

라쿠텐의 지원 전략 중 가장 눈에 띄는 부분은 한국 기업들에 대한 진입 장벽 완화다. 라쿠텐은 다른 온라인 마켓과 달리, 입점 업체들이 일본 내에서만 물품 배송을 할 수 있도록 규제해 왔다. 기존에 라쿠텐을 통해 물건을 파는 한국 기업들은 일본 법인을 따로 만들어 한국에서 물품을 대량으로 수입한 뒤 판매하는 과정을 거쳐야 했다.

그러나 앞으로 카페24를 통해 라쿠텐에 입점하는 한국 기업들은 한국에서 일본으로의 직배송이 가능해진다. 주문이 들어올 때마다 물품을 발송하기 때문에 대량으로 물품을 배송하던 이전 방식에 비해 통관 부담이 줄어들어 가격 경쟁력을 확보할 수 있다.

다카하시 마사토 라쿠텐 마켓담당 사장은 "화장품, 의류 등 한국 상품에 대한 수요는 계속 유지될 것으로 본다"며 "해외 직배송 방식이 적용되면 화장품이나 건강식품 등 기존의 수입 규제품도 판매가 가능해져 한국 상품의 판매량이 더 늘어날 것으로 본다"고 말했다.

카페24는 라쿠텐에 입점한 한국 기업들의 홈페이지 제작, 배송, 해외 송금 등 운영 업무를 대행한다. 중소 상인들이 상품에만 집중할 수 있도록 일본 내 운영을 일괄 지원한다는 입장이다.

카페24는 일본 내 원활한 배송을 위해 일본 물류회사 '사가와'와 연계한다. 일본에서는 상품을 수령할 때 배송 기사에게 물품 대금을 결제하는 방식이 일반적인데, 이런 부분을 현지화해 일본 이용자들의 보다 쉽게 한국 상품을 구매하도록 만들 계획이다.

이재석 심플렉스 인터넷 대표는 "국내 전자상거래 사업자의 25%가 일본 진출을 희망하고 있다"며 "일본 지사를 통해 한국 기업들이 일본 시장에 보다 쉽게 접근할 수 있도록 도울 것"이라고 말했다.

정용창, 카페24, 라쿠텐과 제휴…일본 전자상거래 시장 문턱 낮춘다, ChosunBiz, 2015.08.27.
http://biz.chosun.com/site/data/html_dir/2015/08/27/2015082700811.html

3. 쿠팡. 전자상거래 채널 경계 허문 '마켓플레이스'란?

소비자에 제품 선택폭 확대 … 판매자 쿠팡 입점 진입장벽 낮추는 효과까지

쿠팡은 큐레이션, 리테일 서비스에 이어 판매자와 소비자를 직접 연결해주는 '마켓플레이스' 서비스를 다음 달 중 시작한다고 26일 밝혔다.

이로써 쿠팡은 양질의 상품을 직접 선별해 선보이는 '큐레이션 서비스', 제품을 직접 사업해 판매하는 '리테일 서비스'의 강화에 이어 판매자와 소비자를 직접 연결해주는 '마켓플레이스' 서비스의 추가 도입을 통해, 전자상거래 채널의 경계를 허물고 새로운 형태의 이커머스 모델을 만들어 나갈 예정이다.

이번 쿠팡의 '마켓플레이스' 서비스가 기존 서비스에 추가되면, 고객들은 더욱 다양한 종류의 상품을 구매할 수 있게 될 것으로 전망된다. 아울러 판매자들 입장에서는 쿠팡 입점의 문턱이 낮아져 다양한 제품을 판매하는 중소상공인들에게는 어커머스를 통한 판매 기회가 커질 것으로 예상된다.

쿠팡은 이번 서비스를 시행하기 위해 지난달 금융감독원에 전자금융업 등록을 신청, 지난 25일 전자금융업 등록이 완료됐으며, 구체적인 서비스 시행을 위한 작업을 진행 중이다.

쿠팡 관계자는 "이번 서비스는 고객들에게 선택의 폭을 넓혀주고, 중소상인 등의 다양한 판매자들에게 쿠팡 입점의 문턱을 낮추는 것에 그 의미가 있다"며 "이번 신규 서비스의 도입은 기존 이커머스 채널의 경계를 허무는 의미가 있는 만큼, 지속적인 혁신을 통해 고객들에게 최상의 서비스를 제공하기 위해 노력하겠다"고 말했다.

김수경, 쿠팡, 전자상거래 채널 경계 허문 '마켓플레이스'란?, 브레이크 뉴스, 2015.8.26.
http://www.breaknews.com/sub_read.html?uid=389751&section=sc3

4. 핸디페어-에코, 안정적인 소자본 기술창업 아이템으로 화제

끊임없는 수요와 높은 신뢰도로 워킹푸어 창업 아이템으로 각광받아

100만 창업시대가 열렸다. 일하면서도 가난에 시달리는 일명 워킹푸어(Working Poor) 족이 늘어나면서 적은 자본으로 성공적인 창업을 꿈꾸는 사람들을 위해 연신 다양한 창업아이템이 쏟아지고 있다. 하지만 창업도 직장생활만큼 어렵기는 마찬가지다. 직장이라는 울타리가 없어지면서 최종 결정권자로서 책임감이 막중해진다. 또한 철저한 준비 없이 창업을 시작한다면 열심히 마련한 자본이 한순간에 사라지는 억울한 일이 발생할 수 있다. 따라서 안정된 창업을 위해 아이템에 대한 더욱 많은 관심과 주의가 필요하다.

워킹푸어 창업의 핵심은 유행에 쉽게 휩쓸리지 않고 꾸준히 수익을 낼 수 있는 안정적인 아이템을 찾는 것이다. 이에 소자본 기술 창업이 가능한 핸디페어-에코가 안정적인 창업 아이템으로 각광받고 있다. 핸디페어-에코(www.handipair.com)는 건물 수리 및 보수, 리모델링 등 생활전반적인 서비스를 제공하는 토탈생활서비스 프랜차이즈 브랜드다. 현장 출장 서비스를 주로 제공하기 때문에 상권에 구애받지 않는 매장으로 창업이 가능하다.

대한민국 100대 프랜차이즈로 4년 연속 수상하기도 한 핸디페어-에코 창업의 가장 큰 매력은 소자본으로도 창업이 가능하다는 것이다. 타 소자본창업보다도 확연히 적은 초기 비용인 4,000만 원 이하로도 오픈 가능해 대표적인 소자본창업 아이템으로 알려져 있다.

핸디페어-에코는 창업 시 가맹점주의 부담을 덜어주기 위해 창업 지원 시스템을 운영하고 있다. 가맹점과 본사의 공생을 꿈꾸는 핸디페어-에코는 본사 차원에서 ▲ 공동 점포의 지원 ▲ 체계적인 홍보 ▲ 차량 지원 ▲ 고가의 공구 지원 ▲ 대폭적인 원가 절감 시스템 ▲ 브랜드 인지도 및 신뢰 향상 등 다양한 마케팅 시스템을 제공해 가맹점의 매출 극대화를 실현하고 있다.

또한 핸디페어-에코만의 '동반성장 프로그램'을 통해 ▲ 노후안정자금 지원 ▲ 가맹점주가 불의의 상황으로 정상 운영이 어려울 시 HELP SYSTEM 운영 ▲ 재기 및 상생 가능한 패자부활 시스템 운영 ▲ 열심히 일한 가맹점주를 위한 "수고하셨습니다" 프로그램 운영 ▲ 아이디어 혁신 센터 운영 ▲ 경조사 시스템인 '두레시스템' 운영 ▲ 흡연자를 위한 금연장려금 지급 등 다양한 프로그램을 제공해 가맹점의 성공을 돕는다.

핸디페어-에코 관계자는 "유행을 타거나 수요가 한정적·일시적인 다른 창업 아이템들과는 다르게 집이나 상가, 오피스 등 생활에 필요한 간단 수리부터 보수, 클리닝, 인테리어, 리모델링까지 진행하는 토탈 생활기술서비스를 제공해 끊임없는 수요와 안정적인 수익을 보장한다"라며 "대기업과 연계한 협력 시스템을 가동해 안정성과 신뢰도를 더욱 높였다"라고 말했다.

출처: 온라인뉴스팀, 이투데이, 2015. 07. 14.

1. 서창적·한원윤. "조직의 서비스 지향성이 기업성과에 미치는 영향", 품질경영학회 제 28권 제4호, 한국품질경영학회. 2000.

2. Heskett, J. L., W. E. Sasser, Jr., and L. A. Schlesinger. *The Service Profit Chain : How Leading Companies Link Profit ad Growth to Loyalty, Satisfaction, and Value.* New York : The Free Press. 1997.

3. Schneider, B., S. K. Gunnnarson, and K. Niles−Jolly. "Creating the Climate and Culture of Success," *Organizational Dynamics*, Vol. 23, No. 1, pp. 17~29. 1994.

4. www.seri.org/

5. www.digieco.co.kr

6. 100.naver.com

7. www.cis.go.kr

8. www.ubiu.net

9. www.asiatoday.co.kr

10. www.gm−korea.co.kr

11. www.jangin.com

12. www.shinhan.com

13. www.autodiary.kr/3009779

14. www.imblog.co.rk/943

15. blog.naver.com/riksa0

16. blog.naver.com/catchsm

17. blog.naver.com/ggbaqui

18. blog.naver.com/catchsm
19. blog.naver.com/adinplan
20. blog.naver.com/ccguider
21. blog.naver.com/cnsekf
22. lugenzhe.blog.me/90109707409
23. spogood.blog.me/90103941586

CHAPTER 09

핀테크, 금융과 정보기술

　최근 금융당국은 국내 핀테크 산업의 발전 토대를 조성하기 위해 공인인증서 사용 의무, 정보보호제품의 국가기관 인증제품 사용 의무화에 관한 규정과 대표적 사전 규제 중 하나인 보안성 심의 및 인증방법 평가 제도를 모두 폐지하기로 결정했다. 또한 소규모 핀테크 스타트업 기업들을 지원하기 위한 방안도 마련했다. 기존에는 창업기업들이 핀테크 사업을 하기 위해 전자금융업자로 등록하기 위해서는 전자화폐 발행업은 자본금 50억 원, 전자자금 이체업은 30억원, 전자지급결제대행업은 10억 원의 자본금을 갖춰야 했으나, 향후 최소자본금 규제를 중장기적으로 50% 이상 큰 폭으로 완화할 예정이다. 특히 특정 기술을 응용한 아이디어의 사업화에만 적용이 되는 소규모 전자금융업 등록 규정도 신설해 자본금이 거의 없는 스타트업 기업들도 손쉽게 핀테크 사업을 시작할 수 있도록 허용할 예정이다.

아직까지는 글로벌 핀테크 기업들이 국내 금융시장에 간접적으로 일부 서비스를 제공하고 있는 수준에 머물러 있으나, 직접 진출을 통해 국내 시장에서 영향력을 지속적으로 확대해나갈 가능성이 크기 때문에 이에 대비할 필요가 있다. 국내 금융업이 해외 핀테크 업체들의 공세에 효과적으로 대응하기 위해서는 국내 핀테크 산업을 적극 육성하고 금융회사들도 핀테크를 접목한 상품과 서비스를 개발해 경쟁력을 키워나갈 필요가 있다.

9.1   핀테크(Fin-Tech)의 개념 및 특징

(1) 핀테크의 정의

금융을 뜻하는 Financial과 기술을 뜻하는 Technology의 합성어로 모바일, 소셜 네트워크 서비스(SNS), 빅데이터 등의 첨단 기술을 활용해 기존 금융기법과 차별화 된 새로운 형태의 금융기술을 의미한다. 즉, 점포중심의 전통적 금융서비스에서 벗어나 소비자 접근성이 높은 인터넷, 모바일 기반 플랫폼의 장점

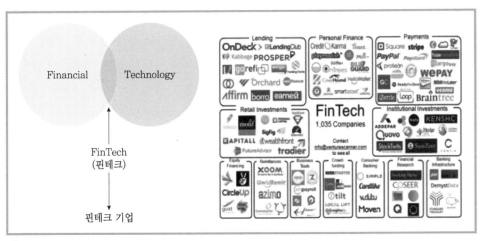

자료: Venture Scanner, 2014

을 활용하는 송금, 결제, 자산관리, 펀딩 등 다양한 분야의 대안적인 금융 서비스다.

전통적인 금융기관들은 오프라인 점포를 통한 고객 상담 및 강력한 보안 시스템, 제도권 기관들과의 데이터베이스 연계에 기반을 둔 신용평가 등을 통해 금융 서비스에 필수적인 접근성과 신뢰성을 확보해 왔다. 반면 핀테크 기업들은 기본적으로 혁신적 아이디어와 첨단 기술을 결합해 기존의 금융거래 방식과는 차별화 된 새로운 형태의 금융 비즈니스모델을 표방하고 있다. 2014년 말 조사한 바로는, 전 세계적으로 약 1,030여 개의 핀테크 기업들이 설립되어 운영되고 있는 것으로 알려져 있다.

(2) 핀테크의 특징

가. 간편함

계좌번호를 몰라도 송금이 가능하며, 음성으로도 송금하는 서비스도 있다. 기존의 금융기관은 매우 까다로운 절차를 통해 각종 금융 서비스가 가능하다. 불행하게도 그것을 가장 잘 느낄 수 있는 곳이 우리나라이기도 하다. 넘쳐나는 ACTIVE X에 최근에는 이를 개선하고 exe를 설치하는 정책이 나와 이를 비난하는 여론도 많았다.

나. 이동성

기술의 발전과 핀테크의 절차 개선을 통해 스마트폰을 이용한 결제가 가능해졌다. 우린 더 이상 지갑을 깜박하더라도 당황할 필요 없이 스마트폰을 통한 금융 서비스를 쉽게 진행할 수 있다.

다. 저렴함

영국의 핀테크 업체를 예로 들자면 기존 금융 서비스에 비해 해외송금 수수료가 불과 10%밖에 되지 않는다고 한다.

라. 인프라에 따라 가치가 변화함

사용자 수에 따라 제품이나 서비스의 가치가 변동할 수 있다. 페이팔의 경우 어마어마한 가입수 성장으로 소비자의 요구로 인해 시장이 점점 커지는 사례가 발생하고 있다. 최근 많은 국가들이 저성장으로 고민이 많은데 중국으로부터 쏟아져 나오는 소비자들의 요구를 모른척하기 어려울 것이다. 새로운 인프라를 만들기도 하고, 그 인프라를 기반으로 한 성장이 가능해진다.

마. 확산

새로운 기술과의 결합을 통한 확산이 매우 쉽다. 이점은 핀테크의 가장 큰 가능성이기도 하다. 핀테크를 통해 사용자의 전체 데이터가 취합된다면 빅데이터를 이용한 개인 자산관리가 가능해진다.

바. 경계의 파괴

더 이상 금융 서비스는 금융기관에 구속될 필요가 없다. 심지어 소비자 사이에서도 직접적인 금융거래가 가능해진다.

9.2 핀테크의 주요 사업영역

핀테크 기업들은 일반적으로 혁신적인 아이디어와 첨단기술을 결합하여 기존의 금융거래 방식과는 차별화된 원터치 결제, 크라우드펀딩, P2P 대출 등 새로운 형태의 금융 비즈니스 모델을 표방한다. 핀테크 기업들의 주요 사업영역은 송금과 결제, 금융 데이터분석, 금융 소프트웨어, 플랫폼 등 네 가지로 구분할 수 있다.

최근 핀테크 산업이 주목을 받게 된 배경은 모바일 트래픽이 급증함과 동시에 모바일 채널을 통한 금융거래가 늘어나 관련 산업이 발전할 수 있는 여건이 형성됐기 때문이다. 미 시스코사에 따르면 글로벌 모바일 트래픽량은 2013년 1.5엑사바이트에서 2018년 15.9엑사바이트로 연평균 61%씩 급증할 것으로 예상된다. 1엑사바이트(Exabyte)는 DVD 2,500억 개 분량의 데이터 저장용량을 의미한다. 이러한 방대한 모바일 트래픽량은 개인 및 기업의 신용평가 및 금융거래에 대한 새로운 분석이 가능한 기초 데이터를 제공하여 대출, 보험 등 금융업 사업방식의 변화를 촉발하고 있다.

이와 같은 모바일 트래픽량의 급증에 힘입어 글로벌 모바일 결제시장 규모 역시 2011년 1,059억 달러에서 2017년 7,210억 달러로 6년 동안 약 7배 이상 성장할 것으로 전망된다. 모바일 결제시장의 급속한 확대로 송금 및 지급결제의 수단으로서 스마트폰의 비중이 확대되면서 관련 신기술이 빠른 속도로 발전하고 있다. 향후 핀테크 산업의 빠른 성장이 예상되는 가운데 글로벌 시장에서 관련 산업에 대한 투자가 지속적으로 증가하고 있는 추세이다. 핀테크 기업에 대한 글로벌 투자금액은 2008년 9억 3,000만 달러에서 2013년 29억 7,000만 달러로 최근 5년 동안 3배 이상 성장했다.

(1) 글로벌 핀테크 기업의 서비스 동향

핀테크 서비스를 제공하는 글로벌 ICT기업의 진영은 크게 인터넷 플랫폼 서비스 회사, 통신사, 그리고 휴대폰 제조회사 등으로 구분할 수 있다. 인터넷 플랫폼 서비스 회사로는 구글이 전자지갑의 일종인 구글월렛과 이메일 기반 송금 서비스를 출시했다. 페이스북은 아일랜드 내 전자화폐 사업자 인가를 받았으며, 글로벌 송금업체인 아지모와 제휴하여 주로 해외시장에서 핀테크 사업을 전개하고 있다.

이베이와 알리바바는 자사의 전자결제 수요를 충족시키기 위해서 각각 페이팔과 알리페이 서비스를 출시하였으나, 지금은 해외시장 진출에 성공하여 글로

표 9-1   핀테크의 사업영역

사업 영역	내 용	세부 영역
송금·결제	이용이 간편하면서도 수수료가 저렴한 송금 및 지급 결제서비스를 제공	Infrastructure / Onine Payment / Foreign Exchange
금융데이터 분석	개인·기업 고객과 관련된 다양한 데이터를 수집하여 분석함으로써 새로운 부가가치를 창출	Credit Reference / Capital Markets / Insurance
금융 소프트웨어	진화된 스마트 기술을 활용하여 기존 방식보다 효율적이고 혁신적인 금융업무·서비스 관련 SW 제공	Risk Management / ALM Management / Accounting
플랫폼	개인·기업 고객들이 금융기관의 개입 없이 자유롭게 금융거래를 할 수 있는 다양한 거래 기반 제공	P2P Lending / Trading Platforms / Personal Finance

자료: UK Trade & Investment, 2014.

벌 전자결제시장을 주도하고 있다. 통신 진영에서는 미국의 버라이존과 AT&T, T모바일 등이 연합하여 모바일 전자지갑 서비스를 출시했고, 애플은 최근 아이폰에서 사용 가능한 NFC(Near Field Communication) 방식의 애플페이 서비스를 선보이면서 글로벌 핀테크 시장에 진출한 상황이다. 우리나라의 삼성전자는 기존 NFC방식과 MST(Magnetic Secure Transfer)방식을 모두 사용할 수 있는 삼성페이 서비스를 출시하였다. 글로벌 ICT기업들이 주로 송금, 결제 사업에 주력하고 있는 데 반해 중국의 ICT기업들은 최근 금융의 본업이라 할 수 있는 자산관리 부문에도 활발하게 진출하고 있다.

이에 중국 ICT기업들의 핀테크 비즈니스 동향을 좀 더 자세히 살펴볼 필요가 있다. 중국 최대의 전자상거래 업체인 알리바바는 2013년 6월 위어바오라는 온라인 금융상품을 출시했는데, 가입자 수와 가입 금액이 급증하고 있는 추세이다. 위어바오는 2013년 9월 말 이후 6개월 만에 가입자 수를 20배, 가입금액은 19배 이상 유치하는 데 성공했다.

위어바오는 알리바바가 고객의 여유자금을 중국 텐홍자산운용이 운용하는

표 9-2 주요 글로벌기업의 핀테크의 추진현황

회사명	주요 내용
구글	전자지갑 구글월렛 출시(2011) / 이메일 기반 송금 서비스 출시(2013)
페이스북	아일랜드 내 전자화폐 발행 승인(2014) / 글로벌 송금업체인 아지모와 제휴(2014)
이베이	지급결제서비스인 페이팔과 선불카드인 My Cash 출시(1998 / 2012)
알리바바	송금·지급결제서비스인 알리페이 출시(2003)
아마존	자사 사이트 내 지급결제 서비스인 아마존페이먼트 출시(2014)
버라이존	AT&T, T모바일과 공동으로 모바일 지급결제 서비스인 아이시스 출시(2012)
애플	전자지갑 패스북 출시(2011) / NFC 기반 애플페이 서비스 출시(2014)
삼성	NFC / MST 기반 삼성페이 서비스 출시(2015)

텐홍이라는 통화펀드에 위탁, 운용하여 수익을 창출하는 머니마켓펀드(MMF) 상품의 일종이다. 통화펀드는 주로 국채, 중앙은행어음, 정부단기채권, 기업채권, 은행예금 등에 투자하는 펀드는 말한다. 위어바오는 알리바바 산하의 타오바오나 텐마오 등 인터넷 쇼핑몰의 결제대행 시스템인 즈푸바오의 고객 거래계정에 남아있는 여유자금을 텐홍펀드에 투자해 수익을 창출한다.

(2) 국내외 핀테크 산업 및 정책 동향

국내에서는 대현 ICT기업들이 송금, 결제시장에 뛰어들고 있으나, 해외와 같은 핀테크 기업들의 서비스 상용화 실적인 사실상 전무한 상황이다. 국내 대형 ICT기업들은 기존 사업의 연장선상에서 송금, 결제 서비스 영역을 좀 더 확대하는 데 초점을 맞추고 있다.

한편, 벤처스캐너라는 해외 가관의 조사에 따르면 2013년 말 기준으로 국내에 상용 서비스를 제공하는 핀테크 기업은 전무한 것으로 나타났다. 그러나 최근 송금결제 부문, P2P대출 등 일부 부문에서 국내 핀테크 기업들이 서비스를 제공하기 시작해 앞으로 국내 핀테크 기업들의 시장 참여가 빠른 속도로 증가할 것으로 예상된다.

국내 핀테크 산업의 성장이 부진한 이유는 법과 규정에 의한 사전 규제가 핀테크 기업들의 사업 추진을 어렵게 만들고 있기 때문이다. 금융업의 특성상 기본적인 보안요건과 기술을 갖추는 것은 반드시 필요하지만, 전자금융업자의 등록요건을 맞추기 위해 불필요하게 자본을 늘려야 하거나, 추가 인력과 시스템을 구축해야 하는 등의 문제가 발생하고 있다.

정부가 간편결제 서비스 제공 기업의 범위를 확대하기 위해 전자지급 결제대행업체(Payment Gateway)가 카드정보를 저장할 수 있도록 허용한 것도 일부 기업에만 한정하는 것으로 정책의 실효성이 떨어진다는 의견이 업계에서 일부 제기되고 있다. 한편 국내 송금, 결제시장에서 핀테크 기업의 창업이 저조할 수밖에 없는 또 다른 이유 중 하나는 국내 결제시장 환경의 특수성 때문이다. 최근 공인인증서 의무사용이 폐지되는 등 개선이 되고는 있으나, 과거 인터넷 익스플로러 기반의 보안정책의 영향으로 여전히 ActiveX 사용 비중이 높은 실정이다. 보안, 인증, 결제 등 금융서비스와 직간접적으로 관련된 부문의 ActiveX 사용 비중이 전체의 61.3%를 차지하고 있는 것으로 나타나 높은 수준을 보이고 있다.

표 9-3   국내 주요 기업의 핀테크 서비스 현황

기업	서비스	개요
SKT	BLE 페이먼트	스마트폰과 POS 기기 간 결제정보를 무선으로 교환하여 오프라인 매장에서 결제가 가능케 하는 서비스 제공
KT	올레앱 안심인증	휴대폰의 고유 정보로 금융기관의 앱 이용시 자동으로 사용자 본인 인증이 가능
LGU+	페이나우 플러스	안전패턴과 간편그래픽 인증방법으로 간편결제 가능
다음카카오	뱅크월렛 카카오	뱅크월렛카카오 가입 회권 간 송금 및 오프라인 결제 가능
삼성전자	삼성월렛 삼성페이	신용카드사와 연합하여 앱카드 방식으로 결제 서비스 제공 NFC / MST 방식의 간편결제 서비스 출시 예정

9.3 핀테크 산업의 육성방안과 전망

(1) 국내 핀테크 산업의 육성방안

핀테크 기업들의 불완전한 서비스로 인해 대형 금융사고가 발생할 경우, 이는 직접적으로 금융소비자에게 심각한 피해를 주고 핀테크 산업의 발전을 저해하는 결과를 초래할 수 있기 때문에 국내 핀테크 산업이 자생력을 갖추고 건전하게 발전하게 위해서는 핀테크 기업들의 자체적인 기술 혁신 및 서비스 경쟁력 제고 노력도 반드시 선행되어야 한다.

세계 각국 정부의 지원과 더불어 민간부문인 선진 글로벌 금융회사들도 투자기회를 선점하고 자사의 뱅킹 경쟁력 향상을 위해 이미 핀테크 기업에 대한 투자와 지원을 확대하고 있다. 글로벌 금융회사들은 핀테크 산업에서 고수익 투자기회를 선점하고, 자사의 뱅킹 경쟁력을 높일 수 있는 유망 기업들을 창업 단계에서 조기에 발굴하여 육성하려 하고 있다.

일본 제2의 이동통신사인 KDDI는 2008년 금융회사인 미쯔비시도쿄UFJ와 50%씩 출자하여 인터넷전문은행인 지분뱅크를 설립했다. KDDI는 통신기술을 활용하여 모바일 뱅킹서비스 시스템을 구축하고, 미쯔비시도쿄UFJ는 통신회사가 갖지 못한 금융서비스 업무기반을 제공하여 사업 시너지를 극대화했다. 그리고 지분뱅크는 휴대폰으로 촬영한 신분증을 전송하여 계좌를 개설하는 퀵 계좌개설 서비스, 상대방의 전화번호로 자금을 이체하는 모바일 자금이체 서비스, 실물 신용카드 없이도 발급 및 사용이 가능한 모바일 신용카드 서비스, 모바일 뱅킹만으로도 가입이 가능한 보험 서비스 등 차별화된 모바일 전용 서비스를 제공하여 조기에 영업기반을 확대하는 데 성공했다.

따라서 국내 ICT기업과 금융회사들도 핀테크 기업들과 제휴를 확대하여 자생력을 가진 생태계를 구축함으로써 장기적으로 국내 핀테크 산업이 발전하고 궁극적으로 국내 금융산업의 경쟁력이 향상될 수 있는 토대를 만들 필요가 있다.

(2) 핀테크 산업의 전망

애플은 지난 번 발표에서 가장 힘이 들어간 것은 '애플페이'였다. 일반인이 애플페이를 체험할 수 있는 방법은 두 가지이다. 첫째, 아이폰6/6＋를 구매하는 방법이다. 아직 약정이 끝나지 않았거나 휴대폰 구매가 필요 없는 사람은 애플와치를 구매하면 된다. 전체 고객 규모를 생각하면 애플와치 고객이 월등하게 많고 이러한 고객에게 애플와치가 유용해지는 방법은 다양한 결제처와 제휴이다.

하지만 애플페이는 기존 금융권을 비롯하여 그다지 받아들여지기 쉽지 않은 대상이었을 것이다. 그래서 먼저 발표를 해서 그 세력을 확장하기 위함이 아니었을까 하는 생각을 한다. 실제로 그 공백 기간에 애플은 그 영향력을 넓히기도 했다. "빅데이터가 요즘 한창인데 빅데이터로 사업할 것이 있을까요?"라는 질문도 마찬가지이다.

직접 시장을 개척하는 것은 대기업들도 많이 실패하는 것이다.

플랫폼을 열어두고 다수의 참여를 통해 시장을 키우는 것은 보다 가능성 있어 보이겠지만, 네트워크를 확장시킬 힘이 없다면 이 역시도 무모하다고 생각된다. 트렌드에 촉각을 세우고 주요 플랫폼에 빨리 자리를 잡든지, 아직 기술이 불분명한 상황에서 저비용으로 자사에 기여 효과가 있는 선에서 투자를 하는 것이 유리하다는 것이다.

실제로 빅데이터에 대한 저 질문을 한 대표님에게 내부 시스템에 대한 로그를 지속적으로 분석하여 시스템 효율을 높이든지, 유입되는 고객 정보분석을 하여 마케팅 혹은 내부 서비스/제품의 개선 포인트를 발견하는 것이다.

이는 최근의 IT 기술은 무한경쟁사회에서 독점적인 지위 획득 자체가 어려우므로 표준화 자체가 불가능하다라고 할 수도 있다.

하지만 그것은 잘못된 판단이다. 비유를 해보자면 아직 완성되지 않은 츄러스가 있다고 가정해보자. 갑자기 츄러스가 유행하니 우리도 음식점이니 츄러스로 돈을 만들어낼 수 있지 않을까라고 묻는 것과 똑같은 것이다. 그러니 츄러스 가게를 열거나 츄러스를 많이 사먹는 플랫폼을 만드는 것이 위험할 수밖에 없다. 그래도 굳이 하고 싶다면 츄러스 가게에 자신이 넣는 메뉴를 하나쯤 올려서 츄러스와 같이 먹으면 좋다라는 것 정도는 권해드릴 수 있는 것이다.

정리하자면, 직접적인 시장 참여는 가급적 안하는 것이 좋다. 다만 핀테크의 활성화로 개인은 소액 규모부터 보다 왕성한 소비가 생길 것이다. 그러한 변화에 적합한 전략을 세울 수는 있다.

지금 당장은 큰 변화가 없지만 스마트폰이 세상을 변화시켰듯 핀테크 산업 또한 세상을 변화시킬 강력한 금융혁명이 아닐까 싶다. 빠르고 쉽게 결재가 가능한 핀테크의 시대가 곧 다가 오리라 예상한다.

9.4 핀테크 사례연구

(1) 국내

가. 비바리 퍼블리카-토스(TOSS)

비바리퍼플리카가 출시한 토스는 자신의 출금계좌 등록과 비밀번호만 설정함으로써 돈을 받는 사람의 계좌번호나 전화번호만으로 송금(계좌이체)이 가능한 수수료 없는 무료 송금 서비스로 인기를 얻고 있다. 토스를 이용하는 방법은 iOS 및 Android에서 Toss를 검색한 후 어플을 다운로드하고 간단하게 회원 가입을 하면 된다.

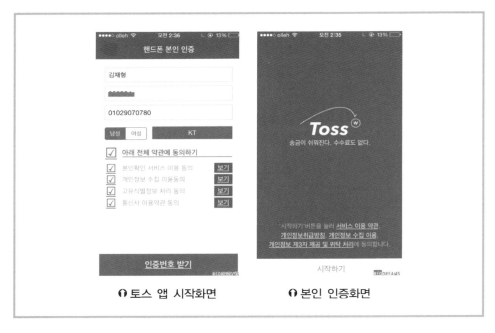

| ♀ 토스 앱 시작화면 | ♀ 본인 인증화면 |

계좌번호와 휴대폰 번호만으로 송금하는 방법 중 후자의 방법은 토스 앱 실행 후 연락처를 선택한 후, 내 스마트폰에 저장된 모든 연락처를 활용할 수 있으며 신규로 추가할 수도 있다. 한 가지 중요한 점은 연락처 번호와 실명이 반드시 일치해야 한다. 만약 받는 분의 연락처의 실명이 확인되지 않으면 계좌이체가 진행되지 않을 수 있다. 그 다음으로 전화번호 선택, 실명입력 그리고 이

체금액과 메시지 입력 후 '보내기'만 누르면 완료된다. 송금이 완료되면 수취인은 문자메시지로 받을 금액과 입금을 위한 URL이 보여진다. URL을 클릭하면 토스 웹페이지가 열리면서 즉시 은행과 계좌번호를 입력할 수 있다.

∩ 수취인 문자화면

토스의 장점은 다른 송금 앱과는 달리 돈을 받는 사람이 토스 앱을 설치하지 않아도 된다. 또 송금 수수료는 무료이고 송금 즉시 이체가 완료돼 1영업일을 기다리지 않아도 된다. 그러나 1일 송금 한도는 1일, 1회 각 30만원으로 제한되어 있다.

나. 마이리얼플랜

마이리얼플랜은 보험업계 핀테크 스타트업으로 맞춤형 보험 서비스를 제공하고 있다. 고객이 자신에게 맞는 보험상품을 스스로 찾고 선택하는 기존 방식과 다르게 '역경매 방식'을 적용한 맞춤형 보험 추천 서비스를 제공한다. 우선 고객이 간단한 보험설계 요청서를 작성해 마이리얼플랜에 올려두면 요청서를 확인한 여러 설계사가 적합한 보험을 설계한다.

자체보험 분석 시스템을 통해 설계사가 제안한 보험 플랜 중 고객에게 가장 적합한 3개의 보험 플랜을 추천하는 방식으로 서비스를 제공한다. 결국 마이리얼플랜의 역경매 방식은 설계사간 경쟁을 유도함으로써 고객은 저렴한 가격에 자신에게 딱 맞는 보험을 선택할 수 있게 된다. 서비스 출시 이후 6개월 만에 1,200건의 누적 요청이 달성됐으며, 약 50%의 낙찰률을 유지하고 있다.

다. BC카드-TabSign

BC카드는 국내 카드사로는 유일하게 MWC에 참가해 TabSign서비스를 시연했다. TabSign서비스는 앱을 설치한 스마트폰에 실물 신용카드를 갖다 대면 비밀번호 입력만으로 결제가 이뤄지는 기능이다. 이 서비스는 NFC기술과 후불교통카드 기능이 있는 신용카드로도 사용이 가능하고 30만 원 이상 결제할 때 TabSign기능을 이용하면 모바일 앱과 달리 공인인증을 거치지 않아도 결제가 가능하다.

라. LGU+-Paynow

LGU+에서는 Paynow라는 간편결제 서비스를 제공하였는데 Paynow는 Active X나 공인인증서 없이 최초 1회만 결제정보를 등록하면 자체 로그인 인

증만으로 결제가 가능한 서비스이다. Paynow는 계좌이체 결제를 지원하고 있어 국내 간편결제 서비스 중 최다 결제수단을 확보하고 있다.

마. SKT-BLE 페이먼트

SK는 신개념 모바일 결제 솔루션 BLE페이먼트를 개발했다. 여기서 BLE는 블루투스 4.0부터 나온 핵심 기술로 저전력으로 장기간 근거리 무선연결을 가능하게 하는 기술을 말한다. 이 기술을 이용하여 SK는 BLE페이먼트를 개발하였는데, 결제정보가 포함된 스마트폰을 소지한 채 포스 기기에 가져가면 결제 금액과 비밀번호가 뜬다. 이를 확인하고 비밀번호만 입력하면 결제가 가능한 기술이다. BLE페이먼트는 BLE통신 기반이기 때문에 스마트폰과 포스 기기의 결제정보를 안전하게 주고받을 수 있고 이 기술이 더 발전하게 되면 굳이 카운터에 가지 않아도 자리에 앉아 결제가 가능하게 된다.

(2) 해외

가. 트랜스퍼와이즈 (Transferwise) / 영국

영국의 대표적인 핀테크 사업으로, 은행의 고유 업무 중 하나인 해외송금과 환전서비스를 핀테크 영역으로 끌어들여 제공한다. 이 서비스는 외화를 송금할 때 은행이 개입하지 않고, 해외송금을 원하는 국가에서 각각 상대국으로 송금하려는 사람을 찾아 연결해 주는 일명 매칭 서비스다.

예를 들어 미국의 A가 한국의 B에게, 한국의 C가 미국의 D에게 돈을 보내려 하면 개인 간 거래인 P2P방식으로(미국A가 → 미국D에게, 한국C가 → 한국B에게) 각각 각국의 국내 통장으로 자국 화폐를 보내는 것으로 거래가 된다. 이 업체는 이런 방식으로 외화송금 서비스 수수료를 시중은행의 10분의 1수준으로 낮췄다. 이 서비스를 이용하면 은행 등의 금융기관을 통하지 않게 되고, 모든 서비스가 온라인 또는 모바일로 처리될 수 있어 혁신적인 비용절감이 가능해진다. 트랜스퍼와이즈는 유로, 파운드, 미국·호주달러 등 다양한 화폐의 송금 서비스를 제공하고 있으며 일평균 100만 달러 정도의 금액이 거래된다.

4년간 45억 달러가 거래됐고, 현재 26개국 화폐로 서비스한다. 그러나 이 트랜스퍼와이즈가 우리나라에서 이뤄질 경우 소위 '환치기'로 몰려 현행법상 불법이라는 문제가 있다. 외국환 거래법에 의하면 외국환 업무는 금융회사 등만 할 수 있도록 명문화돼 있다. 따라서 이 같은 서비스를 합법적으로 하려면 금

융회사 등으로 등록돼야 가능하기 때문에 스타트업 또는 중소기업 입장에서는
실제적으로 할 수 없는 사업이 된다.

나. VISA카드-미국본사

비자카드는 지난 3월 MWC에서 자동차 내 음성인식기술과 피자가게의 결제
시스템, 카드정보 등이 하나로 합쳐진 핀테크 기술을 선보였다. 운전자는 달리
는 차안에서 전화를 하며 주문을 하기 어려울 때 차내 음성인식기능을 켜고 집
근처 피자집에 주문을 넣고 원하는 피자 종류와 수량을 말하면 자동으로 카드
결제시스템과 연동돼 지불이 이뤄지고 적당한 시간에 맞춰 피자가게에 도착하
면 블루투스 기능으로 차량 도착신호가 가게 안에 전달되어 확인과정도 필요
없이 피자를 받을 수 있다.

다. 위어바오-중국

핀테크 분야 중 자산관리 분야로, 소액투자에 적합한 온라인 기반의 투자

서비스를 제공하고 있는 사례이다. 중국 시장에 알리페이와 텐홍자산관리 회사가 공동으로 출시한 인터넷 자산관리 상품으로 온라인 전용 머니 마켓 펀드이다. 중국은 개인이 돈을 맡겼을 때 받을 수 있는 예금이자보다 은행간 단기 금리가 더 높다.

이러한 중국의 왜곡된 금융시장의 구조에 착안하여 만들어진 위어바오는 알리바바가 자금을 모집해 자산운용사에 자금을 운용시켜 소비자에게 이자처럼 돌려주는 금융상품이다. 알리페이를 통해 확보된 이용자를 바탕으로 알리바바 전자지갑 계정에 맡긴 돈을 간단히 위어바오에 투자할 수 있도록 하여 이윤을 창출하며, 은행을 가지 않고도 인터넷상으로 간편하게 계좌의 현금을 하루 단위로 재테크할 수 있다.

입출금이 편리하고 최소금액의 제한이 없어 사용자의 진입장벽을 낮춘 점이 가장 큰 장점이다. 또한, 시중 은행 예금금리보다 2배 가까이 높은 금리를 제시해 주고 있다. 이러한 이유로 위어바오는 중국 내 은행예금을 대체할 만한 대안적인 금융상품의 등장으로 평가된다.

(3) RSS

＊ 아마존

아마존이 전자상거래 고객들을 위한 RSS서비스를 적용했다. RSS를 이용하면 콘텐츠를 쉽게 배포, 구독할 수 있다는 장점이 있다. 야후의 마이 야후 페이지처럼 검색엔진을 통해 얻은 결과나 뉴스정보를 개인화된 페이지로 모아 구독할 수 있는 형태로, 일종의 '개인별 뉴스/콘텐츠 구독서비스라고 볼 수 있다. 아마존의 한 관계자는 이 서비스가 "카테고리별 상위 10개 베스트셀러의 주요 제목을 보여주거나 검색결과를 보여주게 될 것"이라고 말했다. 카테고리는 책, 음악, DVD/비디오, 잡지 등으로 세분화돼 있으며 각 카테고리별로 콘텐츠를 제공하도록 프로그래밍 되었다고 부연 설명했다.

1. 김종현, 핀테크가 국내 금융업에 미치는 영향 및 시사점.
2. 신무경, [은행없는 은행이 온다] 트랜스퍼와이즈, 하루 거래 100만 달러… 아지모는 앱·페북 이용해 192개국 송금, 한국일보.
3. 임정욱, IT 전문가의 아이폰에 담긴 '핀테크의 진화', 싱싱한 뉴스 생생한 분석 시사 IN Live.
4. 금융산업에도 IT가 떴다 ; 핀테크(FinTech)페이나우, 페이팔, 알리페이.
5. 네이버 지식백과 RSS [Really Simple Syndication or Rich Site Summary].
6. 아마존, RSS서비스 대열에 합류.

Management
Information
System

기업경영과
정보시스템

Management
Information
System

CHAPTER 10

고객관계관리(CRM) 시스템

　관계라는 단어는 홀로 단독적으로 쓰일 때에는 다소 어색해 보이지만 이미 우리 사회에서 너무 흔하게 보편적으로 사용하고 있는 단어이다. 예를 들어, '가족관계', '남녀관계', '혈연관계', '인간관계' 등 무수히 많은 일상 속에서 우리는 관계라는 단어를 아주 흔하게 사용하고 있음을 알 수 있다. 이러한 관계들을 지속적으로 그리고 발전적으로 승화시키기 위해선 상대방이 가지고 있는 다양한 정보와 생각 그리고 그의 마음을 잘 알아야 한다. 기업이 고객을 상대할 때도 마찬가지이다. 고객에 대한 마음을 잘 알고 이해할 수 있어야 한다.

　따라서, 기업은 모든 고객을 '우리(We)'라는 관계(Relationship) 속으로 끌어들여야 한다. '우리'라는 관계는 기업과 고객을 한 가족이라고 묶어 감성을 자극하는 것이다. 기존의 기업형태는 그저 상품을 판매하고 서비스를 제공하는 것이 최선이라고 생각한다. 하지만 지금의 기업경영은 고객을 제대로 알고 '우리'

라는 관계 속으로 끌어들이기 위한 노력을 지속적으로 펼쳐야 한다.

'우리'라는 관계 속으로 끌어들이고 좋은 관계를 지속하기 위해서는, 고객의 더 많은 정보들을 알고 있어야 하며, 더 나아가서 고객이 무엇을 느끼는지 알아야 한다. 이런 면에서 고객의 감정을 관리할 필요가 생긴 것이다. 고객 감정 관리는, 고객의 일반적인 정보를 획득하고 저장하는 것이 아니라, 내면의 깊숙한 곳까지 이해하고, 동병상련의 심정으로 고객을 이해해야 한다. 예전에 '고객이 왕이다'라고 형식적으로 외쳤던 '남'이 아니라, 고객과의 관계를 진정한 '우리'라는 관계로 만들어가는 과정이라고 할 수 있겠다.

궁극적으로 서비스운영관리와 고객관계관리의 상호 연관성은 고객과의 좋은 '관계성'을 유지하면서 고객의 마음을 읽어내고 이러한 정보들을 바탕으로 한 적절한 서비스전달시스템을 개발하고 고객의 기대치를 상회하는 더 높은 서비스 가치를 제공하는 것에 있다고 할 수 있겠다.

10.1   CRM 등장배경

고객과 기업 간의 강력한 관계는, 고객만족에 대한 실패의 부정적 영향으로부터 기업을 보호하는 데 도움을 줄 수 있다. 실패 후라도 만족의 증가, 애호도의 증대, 부정적 구전 커뮤니케이션의 감소 등의 편익을 제공한다. 관계를 지속할 것으로 기대하는 고객은, 장기적 관점에서 공정성의 균형을 고려한다. 그래서 서비스 회복 기대가 낮은 경향이 있고, 실패에 대한 즉각적인 보상으로 덜 요구할 수도 있다고 한다.

그러므로 실패가 발생했을 때, 강력한 고객관계의 구축은 서비스기업에게 중요한 완충장치를 제공할 수 있다. 고객과 '우리'라는 감정적 관계를 맺기란 쉬운 것은 아니지만, 그만한 가치는 충분히 있다. 친분이 있는 사람의 가게에 발이 한 번 더 가기 마련이다. '우리'라는 감정적 관계를 맺게 된다면, 손님이 아니라 매일 가족을 만나게 되는 것이고, 가족과 거래를 하는 것이다.

그동안 기업들의 경영혁신 활동 또는 대규모 정보시스템의 투자 목적들이 내부(internal)의 효율성, 즉 품질(quality), 비용(cost), 시간(time), 서비스(service) 등에 초점을 두고 내부의 프로세스를 혁신시키고 이에 근거한 정보시스템의 도입이 대부분이었다. 그러나 이제 IMF와 글로벌 금융위기를 거쳐 오면서 기업은 실제로 고객을 통하여 수익을 창출해야 기업이 생존할 수 있다는 철저하고 냉철한 비즈니스 규칙(rules)에 대해서 배우기 시작하였다. 따라서 고객관계관리는 내부의 프로세스 및 정보 시스템의 효율성에 기반을 두고 철저하게 고객의 전 생애의 단계(life stage)에 근거하여 고객으로부터 실제적인 이익을 창출하는 데에 그 목적을 두고 있다.

기존의 한국기업들은 생산과 판매 그리고 이익 창출이 연결된 하나의 비즈니스라고 보기보다는 일단 금융기관 또는 정부로부터 자금조달을 통하여 제품을 생산하고 그 이후에 이익이 창출되건 손해를 보건 일단 만들고 보자는 식으로 기업을 운영해 온 것이 명백한 사실이었다. 결국 기업은 하나의 제품을 생산해서 얼마만큼의 이익을 내느냐에 목적을 두는 것이 아니라 누가 더 많이 생산하는지 또는 누가 더 규모의 경제를 통해서 제품을 생산하여 시장을 확보하는지에 대해서만 관심을 둔 것이 사실이다.

(1) CRM의 도입배경

① 시장의 변화

시장의 규제완화로 인하여 새로운 시장으로의 진입 기회가 늘어남에 따라 동일 업종에서의 경쟁사가 많아지기 시작했다. 시장의 성숙에 의해서 든 또는 전반적인 경제침체 때문이든, 시장의 수요가 별로 늘지 않는 상황에서 공급자들이 늘어나고 대체될 만한 상품이나 서비스가 많아지면서 그 시장은 실제 수요자가 중심이 되는 구매자 시장(buyer's market)으로 변화하였다.

한정된 시장을 놓고 판매업체 사이에는 경쟁이 심화되기 마련이다. 시장에서 실세를 갖고 있는 고개들은 각자의 선호와 욕구에 맞는 상품과 서비스를 찾기 때문에 기업들은 전과 같이 고객을 동질적 집단으로 간주하고 무차별적으로 공략하는 매스 마케팅 방식에 더 이상 의존할 수 없게 되었다. 이러한 시장 상황에서 고객에 대한 정보를 바탕으로 전략적인 고객세분화를 통하여 목표고객군, 더 나아가서 개별화된 목표고객을 설정하고, 그에 적절한 마케팅 믹스를 기획하고 실행하여 기존 고객과의 관계를 강화해야 할 필요성이 대두되었다.

② 소셜 네트워크의 등장

지금 우리가 살고 있는 이 시대는 거대한 정보망에 세계의 거의 모든 사람들과 연결되어 있다. 지금 인터넷에 접속을 하면 저 지구 반대편에 있는 나라의 뉴스도 볼 수 있고 날씨도 알 수 있는 시대이다. 인터넷을 이용하는 전 세계 사람들은 우리의 반대편에 살고 있는 사람들에 대한 궁금증이 생기게 되었고, 자연스럽게 그들에 대해 알고 싶어 졌다. 언제, 어디서든 인터넷만 접속하게 되면 자신과 같은 생각을 하는 사람들과 대화도 할 수 있게 되었다. 이런 욕구를 충족시켜 주기 위한 사이트(트위터, 페이스북 등)들이 개발되었다.

이런 사이트들은 전 세계의 인터넷 사용자들을 통합해 주었고 이를 통한 사람들의 네트워크가 형성되었다. 이 인터넷상에서의 네트워크를 소셜 네트워크라고 한다. 소셜 네트워크는 오프라인의 어떤 네트워크보다 거대하며 많은 사람들이 포함되어 있다. 따라서 이 소셜 네트워크의 파괴력은 엄청나다. 최근 이 소셜 네트워크를 이용해 이익을 창출해 내는 산업들이 발달하고 있다. 이렇듯 소셜 네트워크는 이 세상에 새롭게 등장한 거대한 시장이다.

③ 고객의 변화

최근 들어 어느 시장을 막론하고 고객들이 갖고 있는 기대와 요구가 다양화되고 있으며, 이러한 고객의 필요와 요구는 고객조차 모를 정도로 끊임없이 변화하여 고객만족은 더욱더 복잡해져 가고 있는 실정이다.

비록 상품 자체는 만족한다 할지라도 고객은 끊임없이 더 나은 서비스나 차별화된 대우를 요구하는데 이것이 바로 관계에 대한 가치이다. 이러한 현실에서 끊임없이 변화하는 고객의 기대와 요구에 부응하여 고객과의 관계를 유지하고 적절한 상품과 서비스의 차별화를 통해 장기적으로 기업의 경쟁적 우위를 고수하는 것이 현재 기업들의 당면과제이다. 이를 위해 많은 기업들은 고객중심적(customer-centric)인 경영방식인 CRM의 도입을 서두르고 있고, CRM은 기업의 필수적인 전략적 선택이라는 생각이 보편화되고 있는 것이다.

④ 마케팅 커뮤니케이션의 변화

기존 매스 마케팅 방식의 비효율성은 광고를 비롯한 마케팅 커뮤니케이션 방식에서도 나타난다. 고객의 이질성이 심해지고 이로 인해 시장이 점점 세분화 되어가고 있을 때, 뚜렷이 차별화되지 못한 획일적인 메시지를 불특정다수의 고객에게 반복하여 뿌리는 매스 미디어상의 브로드캐스팅 광고는 더 이상 효과적이지 못하다.

따라서 광고의 효율성을 높이기 위해서는 우선 구체적인 광고의 목표를 세우고 이를 달성하기 위한 목표고객을 찾아 낸 후에 그들의 필요나 욕구를 채워줄 수 있는 상품이나 서비스에 대한 차별화된 광고 메시지를 선별하는 것이 필요하다. 또한, 광고는 단순히 상품이나 서비스를 고객에게 알리는 목적뿐만 아니라 고객과의 장기적인 관계유지라는 관점에서 전체적인 커뮤니케이션으로 이해하고 그에 맞는 활동을 전개하는 것이 광고의 효율성을 높이기 위한 방안이다.

10.2   CRM의 개념

(1) CRM의 특징

최근에는 기업의 사업규모가 확대되고 제품과 서비스의 복잡성이 증가함에 따라 기존 CRM시스템에서의 문제점들도 속속 나타나고 있다. 고객수요에 대한 비탄력적, 비대면 판매와 비대면 서비스의 증가 및 채널의 다양화, 고객질의의 폭증 및 다양화, 전문 고객 서비스 인원의 인건비 증가, 시간과 장소의 제약 등 전통적인 CRM시스템이 처리하지 못하는 부분들이 늘어나고 있으며 B2B, B2C 전자상거래의 급성장에 따라 기업들은 고객 서비스 향상에 더 많은 관심이 필요하게 되었다. 몇 가지 주요한 CRM의 개념 및 정의는 다음과 같다.

① Pricewaterhouse Coopers

CRM은 '기업들이 고객행동을 통해 경영성과를 높이고자 전략, 프로세스, 조직, 기술 등을 변화시켜 나가는 과정으로서 이를 위해 고객에 대한 지식을 획득하고 이러한 지식을 다양한 경로를 통하여 이용하며, 이를 통하여 수익을 늘리고 운영상의 효율성을 도모하는 활동'이다. 이는 크게 고객에 대한 학습단계와 학습을 기반으로 한 고객에 대한 대응단계의 두 가지로 구분하여 이해할 수 있는데, 이렇게 고객행동을 이해하고 영향을 주게 되면 수익성이 확대되고 기존 고객을 유지하며 신규 고객을 획득하는 것이 가능해진다.

② 가트너 그룹

고객관계관리는 신규 고객 획득, 기존 고객 유지, 고객수익성 증대 등을 위하여 지속적인 커뮤니케이션을 통해 고객행동을 이해하고 영향력을 주기 위한 광범위한 접근으로써 고객에 대해 학습하고, 학습된 내용을 바탕으로 고객에 대응하는 계속적인 반복과정이라고 정의하고 있다.

③ Flanagan & Safdie

무엇보다 중요한 것은 CRM이 단순히 정보기술에 의해 이루어진 시스템이라기보다는 하나의 프로세스라고 주장한다.

(2) CRM의 특징

고객관계관리 과거 기업이나 학계에서 제시되었던 데이터 마케팅과 차별되는 점은 다음과 같이 크게 세 가지로 설명할 수 있다.

① 시장 점유율보다는 고객 점유율에 비중을 둔다.

기존고 객 및 잠재고객을 대상으로 고객유지 및 이탈방지, 타상품과의 연계판매(cross-sell) 및 수익성이 높은 상품을 판매하기 위한 성향판매(up-sell) 등 1:1 마케팅 전략을 통해 고객 점유율을 높이는 전략이 필요하다. 이를 위해서는 기업의 고객을 여러 가지 기준으로 분류하는 작업이 선행되어야 한다.

어느 고객이 우리 기업에게 가장 가치 있는 고객인가? 어떤 고객이 다른 회사로 이탈할 가능성이 높은 고객인가? 연계판매가 가능한 대상 고객은 누구인가? 등의 관점에서 기존 고객을 분류하고, 분류된 고객별로 차별적인 마케팅 전략을 집행하기 위해서 고객과의 다양한 접점(contact point)을 활용하며, 고객의 반응결과를 다시 피드백을 통해 보다 향상된 고객관계관리 전략 수립할 수 있게 된다.

② 고객 획득보다는 고객 유지에 중점을 둔다.

마케팅 활동의 초기에는 더 많은 고객을 획득하기 위해 노력해 왔다. 심지어는 정보를 제공해 주는 고객들에게는 다양한 상품 및 할인 정책을 제시하기도 하였다. 그러나 이제는 한 사람의 우수한 고객을 통해 기업의 수익성을 높이며, 이러한 우수한 고객을 유지하는 것에 중점을 두는 방향으로 바뀌어야 한다. 매스 마케팅(mass marketing)을 통해 검증되지 않은 고객들을 획득하기보다는 검증된 한 명의 우수한 고객이 기업에게는 훨씬 더 도움이 될 것이기 때문이다.

③ 제품판매보다는 고객관계에 중점을 둔다.

기존 마케팅 방향은 모든 소비자를 대상으로 대량 생산한 제품을 대량 유통시키고, 대량 촉진(promotion)을 해왔다. 이는 고객중심이라기보다는 기업의 입장에서 제품을 생산한 것이다. 반면 CRM은 이것을 고객의 입장에 맞추는 작업이며 고객과의 관계를 기반으로 고객의 입장에서 제품을 만드는 것이다. 즉, 고객이 원하는 상품을 만들고 고객의 입장에서 고객의 욕구를 파악하여 그 고객이 원하는 제품을 공급하는 것이다.

그림 10-1 │ **통합 고객관계관리 모형**

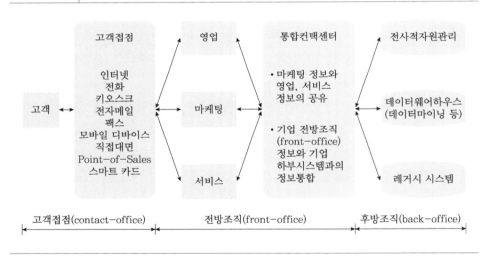

한편, 고객관계관리는 기업의 다양한 부서와 조직들 간의 원활한 정보의 흐름과 실시간 경영이 가능한 경우에 매우 효율적으로 그 특징을 잘 활용할 수 있다. 예를 들어 단순히 고객의 주문접수를 원활하게 처리하였다고 해서 끝나는 것이 아니라 주문된 접수건은 기업 내부의 생산능력과 재고수준 그리고 물류기능간의 정보교류 등 조직의 통합된 정보처리와 의사결정 프로세스상에서 원활하게 처리되어야 한다.

이를 위하여 고객관계관리에서는 기업은 고객에게 일관된 하나의 모습(on face to the customer)으로 고객대응시 서비스 및 정보를 제공하여야 한다. 이를 달성하기 위해서는 기업은 모든 고객 채널들이 정보를 전방조직 또는 후방조직 과 실시간으로 통합되어 있어야 한다.

▶ 기업 전방조직(front-office)

CRM은 영업, 마케팅, 고객 서비스에 초점을 맞춰 기업 전방조직의 기능을 강화한다. 영업은 일반적으로 영업사원이 현장에서 직접 고객과 만나서 이루어 지는 부분과 웹상에서 이루어지는 인터넷 세일즈 및 콜 센터의 상담원들의 텔 레세일즈 등이며 마케팅은 마케팅 계획을 수립하거나 캠페인을 수립하고 실행 하는 부분들이며 서비스는 고객의 불만사항이나 요구사항들을 처리해 주는 부 분들을 말하고 있다.

여기에는 전자메일, 채팅, 전화, 팩스 등 고객으로부터(inbound call)의 요구 사항들을 처리해 주며 기업 내부로부터 고객에게(outbound call) 행하여지는 텔 레세일즈, 텔레마케팅을 지원하는 콜 센터 애플리케이션이 하나의 중심을 이루 고 있다.

▶ 후방조직(back-office)

CRM은 기업 레거시 시스템(legacy system), 전사적자원관리(Enterprise Resouce Planning: ERP)시스템 그리고 데이터 웨어하우스(Data Warehouse) 등과도 통합되 어 운영되어야 한다.

▶ 고객접점(contact-office)

CRM의 마지막 구성요소로서는 분석을 통해 얻은 정보들을 다양한 고객채 널과 연계하여 시행하는 과정이 필요하다. 즉 기업과 고객의 모든 접점에서 고 객 데이터를 바탕으로 분석된 정보를 이용하여 고객의 감동을 이끌어 낼 수 있 는 실질적인 활동이 필요한 것이다.

종합적으로 고객의 입장에서는 고객이 모든 요구사항들을 시간이나 공간의 제약 없이 자신에게 필요한 정보를 획득할 수 있고, 제품을 구매하고 불만사항들에 대한 서비스를 받기 원하고 있다. 이러한 고객의 요구에 대한 대응방법 및 과정은 고객에게 있어 경험으로써 축적되며 다음번에 제품 구매계획에 있어 중요한 의사결정의 판단으로 작용되고 있다.

10.3 고객관계관리의 종류

(1) 전략 기반의 CRM

전략 기반의 CRM은 명확히 목적을 설정하고, 목표고객을 명확히 한 다음 실행될 때 비로소 효과를 발휘한다는 입장을 취한다. 또, CRM은 반드시 전사적 전략과 정합성을 지녀야 한다는 것을 강조한다. 즉, 먼저 기업의 핵심 역량이 무엇이며 핵심 역량을 중심으로 사업을 전개하는데 필요한 요소들은 무엇인지를 분명히 한 후, 그 속에서 CRM의 위상을 찾는다. 그 다음 CRM의 목적을 분명히 하고, 그 목적달성을 위한 실행 프로그램과 정보기술 시스템의 요건을 결정하는 순서로 진행된다. CRM전략은 나머지 세 가지 유형의 CRM을 도입하기 이전에 반드시 수립되어야 한다. 그리고 CRM전략은 CRM을 도입하는 기업이 직접 수립하거나, CRM시스템 공급업체와 관련 없는 컨설팅업체에 의뢰하여 수립해야 한다.

(2) 데이터베이스 기반의 CRM

데이터베이스 기반에 바탕을 둔 CRM이든, 고객접점 관리에 바탕을 둔 CRM이든 간에 고객을 이해하는데 바탕이 되는 데이터베이스가 반드시 필요하다는 입장에서 출발한다. 이러한 주장은 데이터 웨어하우스의 등장과 함께 그 강도가 높아졌다.

데이터 웨어하우스란 분석용 데이터를 모아 놓은 정보창고를 의미한다. 이는 기존의 운영계 데이터베이스가 현장의 업무처리를 편리하게 해주는 목적으로 구축되었기 때문에, 분석용 정보는 효과적으로 제공하지 못한다는 한계점을 극복하기 위해 등장하였다. CRM은 고객에 대한 지식을 바탕으로 하는 것이므로 데이터베이스는 필수조건이다. 그런데도 데이터베이스 중점의 CRM이라는 것을 CRM에 관한 하나의 유형으로 따로 상정하는 것은 이 유형이 데이터베이스의 범위와 역할에 관해서 다소 과도한 주장을 하고 있기 때문이다.

즉, 이 유형은 CRM을 위해서는 다양한 분석이 필요하며 그 분석의 형태는 미리 예측하기 어렵기 때문에 분석의 필요성이 조금이라도 있는 정보를 포괄적으로 데이터베이스에 적재하여 미래의 정보수요에 대응해야 한다고 주장한다. 물론 이런 막강한 데이터베이스를 갖추면 좋다. 문제는 시간과 돈이다. 방대한 데이터베이스를 구축해도 실제 분석에 쓰이는 것은 몇 가지 반복적인 분석들이 대부분이다.

따라서 많은 데이터들이 한번 제대로 분석도 되지 못한 채 시스템과 데이터가 진부화되는 경우가 많다. 필요한 데이터만으로 데이터베이스를 구축한다면, 훨씬 적은 비용으로 신속하게 구축할 수 있다. 또, 데이터 웨어하우스는 분석의 기반이 되는 가치중립적 수단일 뿐, 그 자체로는 아무런 해답도 제공하지 않는다. 따라서 명확한 목적과 분석기술 없이 데이터 웨어하우스를 구축한다면 현실적으로 아무런 의미가 없게 된다.

(3) 분석 기반의 CRM

분석 기반의 CRM의 주장은 고객정보를 잘 분석하면 피상적으로 보이는 내용이 아닌, 무엇인가 숨겨진 비밀을 발결할 수 있다는 것이다. 데이터베이스 중심 CRM이 데이터 수집과 저장에 초점을 두고 있다면, 분석중심 CRM은 수집된 데이터의 분석에 초점을 둔다. 마이닝이란 용어 자체가 의미하는 것과 같이, 데이터 마이닝이란 쌓여있는 데이터 속에서 유용한 정보를 꺼내는 것이다. 이 때 효과적으로 정보를 분석하기 위해 통계적인 기법이나 신경망(Neural Network)기법이 활용된다.

10.4   CRM의 핵심영역

CRM은 크게 세 가지 영역으로 가장 일반적인 구분방법인 마케팅, 서비스, 세일즈(영업)로 구분하여 고객관계관리를 설명하고자 한다. 그리고 콜 센터 부분은 마케팅, 서비스, 세일즈 모든 영역과 관련되면서 하나의 채널(channel)로서 인식할 수 있기 때문에 세 가지 영역 속으로 포함시키지 않고 추가적인 다른 영역으로 구분하여 설명하였다.

(1) CRM 마케팅

마케팅/캠페인을 기획하고, 상품별 캠페인 실행채널을 지정한다. 채널에 따라 캠페인을 실행하고 실행된 데이터가 비즈니스 정보 웨어하우스(Business Information Warehouse: BW)에 저장되며 이렇게 저장된 데이터는 다시 BW에서 분석되어 마케팅/캠페인 계획수립에 사용된다.

가. 마케팅 기획 및 캠페인 관리

마케팅 계획을 계층구조로 수립한다. 계층구조의 수에는 제한이 없으며, 마케팅이나 캠페인의 구조(structure)에 대해서는 브랜드나 지역과 같은 특성들에 따라서 정의한다. 수립된 마케팅 계획은 예를 들어 ERP PPS(Project System) 모듈의 WBS(Work Breakdown Structure)와 연계되어 비용을 관리할 수 있다.

나. 타겟 그룹 생성(Segment Builder)

고객데이터(Customer Data)를 통해 제품 특성별 프로파일을 생성, 수정할 수 있으며 프로파일의 각 속성들은 다양한 기준에 의해 자유롭게 정의하여 사용한다. 세그먼트 빌더툴을 이용하여 다양한 세그멘테이션을 분류하거나 조건에 맞는 샘플 비즈니스 파트너를 추출한다.

다. 캠페인 실행관리

고객의 구매행위를 유발하거나 고객의 충성도를 높이는 행위를 캠페인이라고 하는데 대부분 모든 고객에게 동일하게 행해지는 것이 아니고 고객을 여러 계층으로 분할하여 각 계층별 캠페인을 달리하는 방법으로 이루어지게 된다. 이러한 캠페인을 관리하는 도구는 메일, 콜 센터, 인터넷 등 다양한 고객 접점을 활용하여 캠페인을 실시하였을 경우에 캠페인에 대한 목적, 형태, 전략을 제시하여 대상 고객에 대한 캠페인을 실시한 이후 고객의 반응까지 확인할 수 있는 전 과정을 한눈에 볼 수 있는 프로세스로 제공하는 관리도구라고 할 수 있다.

분류된 고객 개개인에 대한 특성을 바탕으로 해당 고객에 대한 적절한 캠페인 전략을 지원, 관리하는 도구는 다양한 형식으로 관련 부서 및 사용자의 목적에 따라 이용될 수 있다.

또한 추출된 타겟 그룹을 대상으로 캠페인을 실행한다. 캠페인 실행은 전화, 웹, 모바일, 이메일, Fax, SMS 등을 통하여 처리될 수 있으며 그 중에 인터넷 마케팅을 위한 고객중심의 개인화된 메일 양식을 개인화된 이메일로 구성할 수 있다.

라. 리드 관리

리드 관리 CRM마케팅 내용 중에서 새로운 고객을 찾아 내고 향후 자사의 실제 고객화하기 위한 고객의 특성 및 마케팅 기획관리를 수행하는 부분이다.

리드 관리는 영업부서가 보다 가치 있는 기대고객(prospects)이나 기회(opportunities)에 역량을 집중할 수 있도록 초기 사전영업(pre－sales)단계를 자동화할 수 있으며, 일정 기간 동안 반복적으로 인터랙티브하게 리드를 평가한다.

마. 마케팅 분석

시장 및 경쟁사 분석은 새로운 기회와 잠재성을 평가하고, 새로운 전략수립을 지원한다. 또한 마케팅 계획 및 최적화는 기간별, 지역별, 유통 채널별 등 마케팅 효과에 대한 사전 계획 및 분석을 지원하며 시뮬레이션 결과 및 모니터링을 기반으로 캠페인 및 프로모션 계획을 효과적으로 수행할 수 있도록 한다.

(2) CRM 영업

가. 인터넷 세일즈

콜 센터의 기능을 활용하여 다양한 텔레 세일즈 활동을 수행할 수 있으며 인터넷 세일즈와의 통합적인 제품 카탈로그 관리 및 기능공유가 가능하다. 또한 실시간 재고 및 생산 가능성(real－time ATP)체크도 실행한다. 또한 cross/up/down－selling 기능을 지원하여 고객이 필요한 물품을 제시하고, 효과적인 매출 증대를 기대할 수 있도록 관리한다.

나. 영업계획 수립

생성된 영업계획에 따라 영업기회에 대한 계획(opportunity plan)을 수립하고 기회계획(opportunity plan)은 여러 가지 현재 상황을 참고로 작성할 수 있는데, 특히 경쟁사에 대한 정보, 주된 판매제품, 추진팀의 설정, 파트너 및 접촉 고객 등에 대한 전반적인 내역을 주된 내역으로 하여 계획을 수립할 수 있다. 계획을 공유하는 추진팀들은 변화되는 내역을 함께 공유할 수 있으며, 특별히 알아야 할 사항에 대해서는 관리자나 이슈를 관리하는 영업사원이 문서(파워포인트, 엑셀 등 모든 문서 가능)형태로 저장하여 공유시킬 수 있다.

다. 고객정보 관리

고객과의 계약 체결, 견적, 주문 등의 활동을 수행하기 위해서는 기본 전제가 되는 것이 고객과의 관계를 어떻게 유지할 수 있는가 하는 부분이다. 특히 CRM에서는 기본적으로 고객과 관련된 데이터를 온라인상에서 관리, 지시할 수 있도록 지원한다.

또한 모바일 세일즈나 인터넷 세일즈 기능을 이용하여 현장에서 바로 새로운 고객을 입력하고 데이터 전송을 통해 신규 고객으로 등록할 수도 있으며 모바일 세일즈를 사용하는 경우 영업사원들은 자신이 관리하고 있는 고객에 대한 정보를 자신의 노트북에 저장하여 관리한다.

라. 영업조직 자동화(SFA: Sales Force Automation)

영업조직 자동화는 영업력의 자동화를 위한 것으로서 영업사원들이 각자 관리하던 기존의 고객 및 잠재고객의 요청 사항, 구매정보, 취향 등의 고객에 관한 정보 및 고객 영업전략 등을 전사적으로 관리하는 기능이다.

영업사원들은 매일의 영업 내용, 일정, 고객과의 접촉 결과, 판매 실적 및 예상판매 계획 등의 자세한 영업정보를 입력하고 이들 영업사원의 관리자는 이들 정보를 종합해서 현재의 영업 상태를 파악할 수 있다. 또한 달력 기능을 사용하여 영업활동을 계획할 수 있다. 영업 매니저는 각 영업사원의 달력을 하나로 합쳐 부서원 전체의 활동계획을 한눈에 파악할 수 있다.

(3) CRM 서비스

가. 모바일 서비스

콜 센터 또는 인터넷을 통해 요청된 서비스 내역은 모바일 서비스 기능을 탑재한 노트북을 이용하여 현장 서비스 요원에게 할당되어 신속하게 처리가 가능하다. 특히 제품과 관련된 서비스 요청은 기존 고객이 구입한 상품에 대한 서비스 요청이므로 과거 주문내역을 확인하여 어떠한 고객에게 어떠한 상품이 어느 시기에 판매되었다는 정보를 조회하여 신속하게 처리가 가능하다.

현장 서비스 요원들은 워크 센터(work center)에 등록되어 제품별·지역별로 서비스를 수행할 수 있도록 구성할 수 있으며, 서비스와 관련된 내용은 모바일 서비스 클라이언트에 저장되어 서비스 요원이 서비스 처리 후 CRM온라인으로 그 내역을 전송할 수 있다.

나. 고객 셀프 서비스

고객은 인터넷에서 상품정보 또는 문제해결을 위해서 CRM이 제공하는 콘텐츠 관리 기능과 검색 기능을 사용하여 원하는 정보를 얻을 수 있다. 인터넷 셀프 서비스 기능은 고객이 원하는 때에 언제든지 사용할 수 있으며 인터넷에서 원하는 답을 찾지 못했을 경우에는 VOIP, 이메일, 채팅, 콜 백 기능을 사용하여 상담원과 접촉할 수 있다.

또한 고객과 연결된 후 공동-브라우징(co-browsing) 기능을 사용하여 고객의 이해를 쉽게 하며 문제를 해결할 수 있다. 고객의 불만사항은 서비스 센터로 직접 전화를 한 경우와 인터넷을 통한 인터넷 고객 셀프 서비스(Internet Customer Self Service: ICSS)를 통해 접수될 수 있으며, 마스터에 등록된 제품 및 서비스 항목에 대하여 모두 처리가 가능하다. 접수된 불만사항은 무상 반품, 제품교환, 환불 등 고객이 원하는 프로세스를 정의하여 처리가 가능하고, 불만사항에 대한 내용을 저장하고 분석하여 향후 불만사항에 대한 예측 및 관리를 가능하게 한다.

(4) CRM 콜 센터

CRM의 고객응대 센터는 이메일을 통한 고객과의 커뮤니케이션 기능을 지원한다. 고객응대 센터에서 처리하는 이메일은 홈페이지를 통하여 접수된 요청

사항도 포함한다. 이메일을 통한 질의에 대한 해결방안을 고객응대 센터에서 제시하기 어려운 경우, 이메일 문제해결확대(escalation) 기능을 통하여 담당자에게 해당사항을 전달할 수 있다.

가. CRM 콜 센터의 특징

마케팅, 영업 서비스에 대한 실시간 데이터의 고객정보 및 비즈니스 데이터와 연동으로 인하여 컨택 센터(contact center)의 효율성을 증대하며 차별화된 고객의 상세한 요구에 따라 설계된 시스템으로써 에이전트 교육에 대한 요구사항이 줄어든다. 인터랙션 센터의 에이전트들의 높은 직무만족으로 인한 이직률의 감소로 관리비용을 절감한다. 또한 고객/비즈니스 정보의 허브인 고객 인터랙션 센터의 이용으로 고객에 대한 일관된 서비스 대응체계의 수립 및 매출을 증대한다.

나. 콜 센터와 CTI의 구성

CTI(Computer Telephony Integration)라 불리우는 기술 덕분에 수백 회선의 전화를 한꺼번에 받거나 자동으로 고객에게 전화를 하는 것이 가능해졌다. 이와 같은 정보기술의 발전으로 콜 센터는 더욱 고객에게 밀착된 응대와 마케팅을 제공할 수 있게 되었다.

콜 센터의 기능 중에서 가장 중요한 것은 고객 이력의 제공이다. 수많은 고객을 상대하면서 그들 각각에 대한 사례를 기억하는 것은 불가능하므로, 고객 이력을 단일한 자료로 만들어 관리하는 것이 필요하게 된다. 그리고 고객의 문의에 신속하고 정확하게 응대하기 위하여 필요한 정보를 데이터베이스로 보관하였다가 신속하게 응답할 수 있는 장치 역시 중요한 필요 기능 중 하나이다. 콜 센터의 최종 목적은 아웃바운드 콜(outbound call)을 통한 상담원의 1대1 통화나 다이렉트 메일(direct mail) 그리고 이메일을 이용하여 마케팅과 동시에 판매를 이루어 내는데 있다.

그림 10-2 | 콜 센터의 구성도

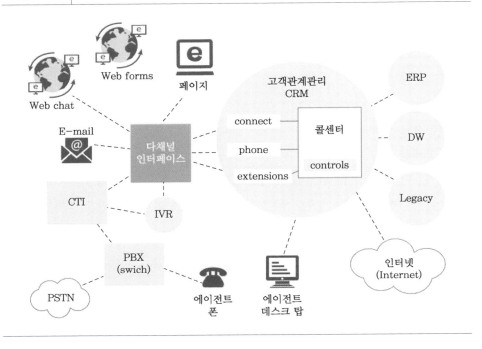

예를 들어 고객으로부터 전화가 걸려오면, 스위치가 다음 처리를 나누어 준다. 콜 센터 상담원은 직접 상대를 확인하고, 필요한 정보를 ERP로부터 불러온다. 또한 자동 인식의 순서로서는 IVR에 의해 미리 고객의 용건을 나누는 경우와 직접 전화번호에서 고객을 나누는 경우를 생각할 수 있다. 미리 고객을 특정한 상태에서 ERP에 그 정보를 보내고, 상담원이 전화를 받음과 동시에 화면상에 고객의 데이터를 표시하고, 서비스 처리를 촉구한다. 결국 ERP의 축적된 고객 데이터를 그대로 콜 센터에서 사용할 수 있으므로 데이터 관리의 수고를 덜 수 있으며 정확한 타이밍에 고객이 원하는 서비스를 만족시켜 줄 수 있는 것이다.

다. 다양한 채널을 통한 고객 응대

CRM의 CIC는 기존 CTI와의 용이한 통합성을 지원하며, Call 통계 기능 및 인바운드와 아웃바운드 콜(inbound & outbound call)관리 기능을 지원한다. 특히 이메일을 통한 고객과의 커뮤니케이션 기능을 지원한다.

10.5 CRM의 성공적 접근방안

현 기업 및 조직환경은 기업들이 기존의 기업중심의 가치관을 뛰어넘어 고객중심이라는 새로운 가치관을 가지고 기업 활동에 나설 것을 요구하고 있다. 이제 기업의 가치는 그들이 생산하는 물품이나 서비스가 아니라 그것들을 사는 고객들에 의해 평가받게 되었다. 이제 고객은 자신의 욕구에 적합하지 않은 제품이나 서비스는 수용하지 않으며 그들은 시장에서 접하는 다양한 제품 및 서비스들을 비교, 평가하여 자신이 필요로 하는 대안을 선택할 수 있는 환경에 놓여 있다.

CRM을 이제 시작하는 기업들은 어느 한 시점에 동시에 전체 CRM을 추진하는 것보다는 사전에 구축 전략을 충분히 협의하고 회사 실정에 맞게 단계별 진행을 함으로써 위험요소를 배제하고 추가적으로 필요한 부분에 대한 확충을 통해 기업이 목표로 하는 CRM에 보다 쉽게 접근하여야 한다.

과연 구축한 CRM이 이러한 기업의 요구에 부응을 했는가에 대한 평가에 대해 국내외에서 많은 연구가 진행되었는데, 이것은 CRM시스템이 하나의 IT 유행처럼 대부분의 기업들이 하고자 하지만 정말로 필요에 의해서 하는 것인지, 정확한 목표를 가지고 추진하는 것인지에 대해 명확하지 않은 상태에서 추진하는 사례가 많다는 하나의 예이거나, 잘못될 확률이 크다는 주의일 수도 있다. 따라서 기업은 목표에 맞는 CRM구축을 위해서는 다음과 같은 대응전략을 검토할 필요가 있다.

그림 10-3 | 고객관계관리의 추진절차

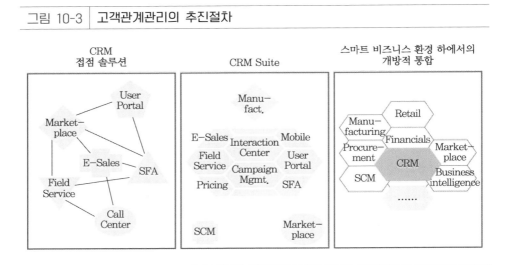

(1) CRM 접점 솔루션(point solution)

시간 및 비용 측면에서 가장 효율적이라고 판단할 수 있다. 하지만 추가적인 CRM의 도입시 기존 시스템과의 연동 가능성이 낮아지며, 반복적이며 추가적인 노력이 소요된다고 할 수 있다. CRM은 앞서 언급을 했듯이 마케팅에서부터 세일즈와 서비스까지 가치사슬의 상당부분을 커버하는 개념으로 솔루션의 도입만으로 해결할 수 있는 대상은 아니다.

따라서 기업이 CRM도입을 고려할 때 가장 우선시해야 하는 부분은 철저한 전략수립이다. CRM의 영역이 그만큼 넓고, 솔루션의 종류도 상당히 많기 때문에 후속 과정에서의 시행착오를 최소화시키기 위해서는 신중한 전략수립이 요구된다. 특히, 신기술의 추세를 고려하여 고객 충성도 및 친밀도 관리, 고객가치 관리, 1:1 마케팅, 고객을 위한 조직체계 등에 대한 전략을 수립해야 한다.

(2) CRM 스위트(Suite)

CRM과 관련된 솔루션을 동시에 도입하는 전략이다. 이 경우 동일한 CRM솔루션을 도입하기 때문에 연동 및 통합의 문제점은 거의 존재하지 않는다. 다만 기존 기업의 레거시 시스템과 다른 솔루션과의 통합이 문제점으로 지적된다. 따라서 ERP 등과의 후방조직 통합이 필요 없을 경우 활용되는 장점을 가지고 있다.

(3) 스마트 비즈니스 환경하에서 개방적 통합

CRM은 나 홀로 존재하는 정보시스템 내지는 경영전략, 마케팅 전략의 주체는 아니다. CRM은 스마트 비즈니스 환경하에서 자연스럽게 운영되고 활용되는 존재가 되어야 한다. 그렇지만 기업 환경 및 필요에 따라서 CRM접점 솔루션을 고려할 수도 있고 또는 CRM 기능이 패키지화되어 있는 CRM 스위트를 고려할 수도 있겠다. 하지만 성공적인 CRM 도입을 위해서는 스마트 비즈니스 환경을 먼저 생각하고 기획하여야 한다. 예로 홈쇼핑 또는 쇼핑몰에서는 CRM을 사용하는 담당자는 그의 시스템 안에서 단지 CRM 시스템만을 사용하는 것이 아니다. 필요에 따라서는 주문받은 제품 또는 캠페인 중의 제품에 대해서 실시간적으로 제품의 재고와 납기일 정도는 고객에게 즉각적으로 정보를 제공해야 하는 경우가 많다. 이럴 경우에 담당자는 그의 스마트폰에 내장되어 있는 공급망 관리(SCM) 또는 스마트 결재 시스템과도 연동되어 업무를 수행해야만 한다.

따라서 CRM 사용자는 현재 자신이 사용하고 있는 시스템이 CRM인지 아닌지 알 필요가 전혀 없다. 결국 담당자 또는 사용자에게 필요한 것은 단지 자신이 스마트 서비스 환경의 시스템 내에서 CRM 시스템을 사용하고 있다는 정도만 알면 충분하다.

1. 모든 매장에 고객 데이터 관리 'CRM 시스템'

삼성디지털프라자는 삼성전자를 비롯해 다양한 브랜드 제품을 판매하는 매장이다. 현재 국내에 520개 매장이 있다. 전자 경영정보시스템(DPS) 등 최첨단 유통기술과 소비자 서비스를 통해 높은 서비스품질지수를 획득했다.

디지털프라자는 삼성전자 제품 외에 쿠쿠, 리홈, 필립스 등 다양한 브랜드를 취급한다. 소비자가 '원스톱 쇼핑'을 할 수 있게 하기 위해서다. 또 방문하는 소비자는 부담없이 제품을 직접 체험해볼 수 있다. 2010년부터 '판매를 위한 진열'보다는 소비자가 직접 제품의 성능을 확인할 수 있는 공간을 늘리고 있다.

배송은 삼성물류센터를 통해 직접 관리한다. 구입부터 설치까지 모두 책임진다. 디지털프라자는 매장마다 소비자 데이터를 관리하기 위한 '고객관계관리(CRM)' 시스템을 갖추고 있다.

대표적 소비자 관리 프로그램인 '멤버십321'은 제품 구매 뒤 소비자에게 감사 전화와 제품 이상 여부를 확인하고, 무상서비스 만료 1개월 전에는 전화로 만료 기간을 알려준다. 디지털프라자는 TV·냉장고·세탁기·에어컨 등 4개 품목에 대해서는 3년 무상보증 서비스를 제공하고 있다.

2012년부터는 '멤버십 블루' 프로그램도 운영하고 있다. 회원들은 구매금액에 따라 추가 혜택을 받을 수 있다. 신제품을 구매하면 집에 있는 다른 제품들은 무상으로 점검해주는 식이다. 제품을 설치할 동안에는 영화를 볼 수 있도록 지정 영화 티켓을 제공하기도 한다. 멤버십 회원은 파파존스 등 일부 매장에서 할인받을 수도 있다.

'리턴페이' 프로그램도 디지털프라자만의 특징이다. 소비자에게 최장 36개월 할부 서비스를 제공하고, 재구매시 추가 포인트를 적립해주는 디지털프라자만의 프로그램이다.

전국 150개 매장에서 컨설턴트 200여 명이 스마트폰과 관련한 상시 서비스를 제공하는 것도 이 회사만의 강점이다. 스마트폰 사용에 어려움을 겪는 중장년층을 배려한 것이다.

남윤선, 모든 매장에 고객 데이터 관리 'CRM 시스템', 한국경제, 2015.07.15.
http://www.hankyung.com/news/app/newsview.php?aid=2015071439131

2. 소프트자이온. 아파트 종합생활 서비스 '아파트링크' 출시

아파트 중심 근거리 종합생활 모바일 서비스 플랫폼 개발

고객관계관리 서비스(CRM 시스템) 전문회사 소프트자이온(대표 이준호)은 아파트 중심의 종합생활 정보 서비스인 '아파트링크'(http://aptlink.szmall. co.kr:8080)를 개발했다고 27일 발표했다.

'아파트링크'는 아파트를 중심으로 한 근거리 지역의 아파트 관리비 및 각종 생활편의 정보를 제공하는 지역 기반 생활포털 서비스다.

'아파트링크'는 지역별 독립 형태의 생활 포털 서비스를 위해 SaaS(Software as a Service) 방식으로 개발됐다.

아파트 주변의 생활편의 정보와 함께 아파트 주변 상가 광고와 직거래 장터 수익 등을 통해 지역 발전 및 세대별 관리비 정보를 매 월 제공한다. 가구별 전기·가스·수도 등의 사용량을 점검할 수 있어 관리비 절감에 용이하다.

주요 기능으로는 지역 상점에서 실시하는 입주민 대상 이벤트, 프로모션 등을 온라인과 모바일 서비스로 제공하고, 아파트링크를 통한 주문시 포인트를 적립해준다.

또한 지역주민 간 중고물품 거래 및 지역특산물들을 거래할 수 있는 장터 기능을 탑재한 것이 이색적이다. 여기에 관리사무소를 통해 설문 및 투표 기능을 통해 지역주민의 의사가 반영된 주민 자치활동을 시스템화했다.

이준호 소프트자이온 대표는 "'아파트링크'는 당사의 고객관계관리 서비스인 ssCRM과의 시너지를 통해 아파트 입주민에게 유용한 정보를 제공하고 아파트 주변 상가들의 동네 상점들에게도 수익을 창출하는 서비스가 될 것"이라고 밝혔다.

한편 아파트링크는 안드로이드용과 아이폰용 애플리케이션을 제공하며, 플레이스토어와 앱스토어에서 다운받아 사용할 수 있다.

정호성, 소프트자이온, 아파트 종합생활 서비스 '아파트링크' 출시, 아이뉴스 24뉴스, 2015.08.27.
http://news.inews24.com/php/news_view.php?g_serial=916160&g_menu=020310&rrf=nv

3. 정통 체인 옵티마, '상담'으로 차별화 … '고객관계관리'

[인터뷰] 2세 경영 나선 옵티마케어 김상민 이사

학술을 기반으로 한 정통 체인 옵티마케어가 상담을 통해 타 약국체인과의 차별화를 모색하고 있다.

옵티마는 여기에 시스템을 안정화해 더 단단한 내실을 갖춘다는 계획이다.

옵티마가 시스템적인 성장을 할 수 있었던 것은 2세 경영을 본격화하면서부터인데, 김재현 대표이사와 장현숙 원장의 아들이기도 한 김상민 이사는 IT 전문가로의 경력을 살려 약국에 IT를 접목시키려는 과감한 도전도 서슴지 않고 있다.

"잘할 수 있는 분야였기 때문에 더 열심히 … '옵티팜' 프로그램 등 개발

김 이사가 이사직을 맡은 것은 올해로 3년차다.

99년 공대를 졸업하고 11년간 프로그래머로 지냈던 그는 옵티마케어 전산팀으로 이직을 해 2년간 관련 업무를 수행해 왔다.

그러다 3년 전 이사로 임명돼 본격적인 2세 경영에 나선 것이다.

"옵티마케어 직원들 가운데 전산팀만 10여 명이 돼요. 일반 IT전문회사도 아니고 체인업체에서 전산팀을 이 정도 규모로 운영한다는 것은 흔치 않은 거죠. 다행인 점은 프로그램에 대한 이해가 빠르다 보니 이를 대표이사나 원장에게 보고하고 수정하거나 새롭게 구축하는 게 용이하다는 점이에요."

실제 옵티마케어는 3년에 걸쳐 약 10억 원을 투자해 프로그램을 개발·보

수했으며 '옵티팜'이라고 하는 프로그램을 개발했으며 교육사이트도 정비했다.

또 외부적으로는 'TYPE45' 사이트를 구축했다.

"재고관리는 못해도 고객관리는 하자"

옵티팜은 크게 청구와 뷰어, CRM 세 가지 기능으로 나뉜다.

"청구 기능은 타 체인 프로그램에서도 흔히 쓰는 기능이죠. 뷰어기능은 약국 밖이나 혹은 약국 안에서 건강과 관련한, 또는 제품과 관련한 영상들을 트는 기능이고요, 가장 자랑할 만한 건 바로 CRM기능이예요."

CRM 기능은 'Customer Relationship Management'의 줄임말로 우리말로는 '고객관계관리'로 해석된다.

즉 고객의 상담일지를 일일이 기록하고 약사가 추천한 제품, 구입 여부, 이후 환자의 피드백 등을 일목요연하게 정리하는 기능이다.

"2만 개 약국들 가운데 POS 기능을 제대로 활용하는 약국들은 5% 정도도 채 되지 않는다는 얘기를 들었어요. 약국의 경우 수익 모델에 한계가 있는 상황에서 재고관리조차 전혀 되지 않는 경우가 많다는 거예요. 제 생각에 약국들은 재고관리와 고객관리를 제대로 해야 기반이 튼튼한 약국이 될 수 있는데 말이죠."

그는 일부 약국들 가운데는 건기식을 입고 한 뒤 이를 창고 제일 밑 바닥에 쌓아놔 판매도 하지 않고 2~3년 뒤에 반품을 신청하는 약국들도 있다고 지적했다.

"그래서 제가 생각해 낸 것은 재고관리는 차치하고라도 고객관리는 필수라는 거예요. 그냥 팔고 나면 끝이 아니라 이 제품이 소비자에게 어떤 효과가 있었으며 다음에 비슷한 경우에는 어떤 약을 권하는게 좋을지까지도 함께 고민이 돼야 된다는 거죠."

따라서 회원약국에서 환자에게 A라는 건기식을 판매했다고 프로그램에 입력을 하며 본사는 TM을 통해 회원들로부터의 약효나 불만 등을 듣고 이를 다시 약국에 전달해 주는 역할도 대행해주고 있다.

처방조제를 받은 환자에게는 '약 복용을 잊어버리고 있지는 않는지', '도움이 되는 생활요법은 무엇인지', '다음 병의원·약국 방문일은 언제인지' 등을 문자로 발송하고, 건기식을 구입해 간 환자들에게도 '약을 먹고 차도는 있는지', '새롭게 일어난 몸에 반응은 없는지' 등을 체크하고 있다.

"나홀로약국들에서 약사님들이 이걸 다 하기는 쉽지 않거든요. 저희는 TM를 통해 이런 역할을 일부 대행해 주고 하기 때문에 소비자들의 만족도도 높다고 하더라고요. 특히 건기식의 경우 2~3가지를 구입하면 환자도 적지 않은 돈이 소요되거든요. 그런데 약효가 없었을 때 약국에 대한 신뢰도 떨어진다고 생각해요. 환자가 부작용을 보인다면 저희는 다른 제품으로 교환을 하거나 환불을 해주기도 해요. 단기적으로는 손해일 수 있지만 고객들의 신뢰를 쌓는 일은 매우 중요한 일이거든요."

약사들 반응 역시 긍정적이다.

실제 일부 약국에서는 단체카톡방 등을 통해 단골환자들과 약사가 건강에 대한 상담을 주저없이 하는 경우도 있으며 신뢰를 바탕으로 하는 관계이기 때문에 객단가 역시 높아지며 재방률 역시 높아지고 있다는 분석이다.

고객들로 하여금 애프터서비스까지 자처하는 옵티마는 앞으로도 '상담약국'을 컨셉으로 체인을 발전시켜 나갈 계획이라고 강조했다.

"건강과 관련된 모든 것을 약국서 취급하라"

건강과 관련된 모든 것을 취급하는 것은 김상민 이사만의 꿈은 아니다.

옵티마케어가 추구하는 약국이기도 하다.

옵티마에서는 화장품과 옵티마워터, 스텝 등 신기한 제품들도 만나볼 수 있다.

현재도 기능성을 강조한 다양한 화장품라인을 개발 중에 있으며 베개나 그 외에 약국에서 취급할 수 있는 제품들을 타진하고 있다고 설명했다.

"옵티마워터는 웰빙요법의 기초가 되는 건강기능수로 저희의 자랑이죠. 전해환원수를 통해 알칼리수와 산성수를 약국에서 공급하죠. 약국을 찾는 이들한테 물을 받아가라고도 해요. 물은 인체에 있어 매우 중요하기 때문이죠. 척추질환자들의 자세를 교정하고 디스크 등 관련 질환 예방에 도움이 되는 스텝 역시 소비자들에게 인기가 좋아요."

김 이사는 약국은 소비자들의 기대에 부응하는 서비스를 제공할 의무가 있으며 변화하는 시대흐름을 반영해 '건강과 관련된 모든 것'을 취급할 필요가 있다고 강조했다.

옵티마케어는 또한 개발과 개점, 슈퍼바이징으로 이어지는 프렌차이즈의 기본에 충실한 체인이기도 하다.

즉 상권을 분석하고 인테리어와 제품 구색 등을 정하며 나아가 예상매출까지 세워 회원을 컨트롤하는 역할도 보다 체계화해 시스템화해갈 방침이다.

"끊임없이 배우고 이해하려고 노력하자"

공대생이던 그는 2세 경영을 다짐하며 여러 공부들도 병행했다.
실제 맥서스컨설팅 교육과정을 이수하기도 했으며 프렌차이즈 CEO클럽에도 참여해 트렌드와 경영을 읽고 있다.

"실제 세븐일레븐이나 CU, GS 등의 경우 매출 예측이 70~80%가량까지도

가능하대요. 약국도 이런 경영과 컨설팅을 접목시켜야 한다고 생각하고, 동네에서 가장 안 변하는 3대 업종인 금은방, 철물점, 약국들에도 변화의 바람이 불고 있다고 봅니다."

그는 또 성균관약대 대학원에 진학 중이기도 하다.

"대학원 진학을 한 이유는 보다 회원들인 약사들을 잘 이해하고 그들의 입장이 돼보고 싶었던 거였어요. 지금 제가 PEET를 치고 국시를 봐서 약사가 되긴 어려우니까요. 많은 도움이 됐고 또 많은 아이디어를 얻었어요. 앞으로도 끊임없이 관련된 분야에 대한 공부를 해보고 싶어요."

"개수만 늘리기보다는 내실을 갖추고파"

김상민 이사는 또 개수만 늘리는 체인보다는 내실을 갖춘 체인이 되고 싶다고 말했다.

"한때는 저희 체인약국 수가 1,200개까지 됐었어요. 하지만 많이 정리를 했고 현재는 700여 개 정도예요. 앞으로도 학술을 중심으로 뜻이 잘 맞는 분들을 회원으로 모실 계획이고 또 노하우를 나눠서 서포트할 수 있는 부분들은 적극 지원할 방침입니다. 앞으로 조금씩 변해가는 저희 옵티마를 응원해 주시고 지켜봐 주세요."

강혜경, 정통 체인 옵티마, '상담'으로 차별화…'고객관계관리', 약사공론, 2015.08.01.
http://www.kpanews.co.kr/article/show.asp?idx=165555&table=article&category=B

1. 김승욱, 강기두. 「고객관계관리(CRM)원론」, 법문사, 2012년.

2. 안광호·김상용·김주영. 「인터넷 마케팅 원론」. 법문사, 2006.

3. 이동길·안병문 외. 「e−비즈니스와 확장형 ERP. MIT 경영과 정보기술」. 2000.

4. David D. Lewis and Marc Ringuette. "A Comparison of Two Learning Algorithms for Text Categorization", In Proceeding of the 3rd Annual Symposium on Document Analysis and Information Retrieval, pp. 81−93, 1994.

5. Devlin, B. "Data Warehouse from Architecture to Implementation", pp. 20−21, Addison−Wesley, 1997.

6. Fayyad, Usama and Uthursamy, Ramasamy. "Data mining and Knowledge discovery in data bases : Introduction to the Special iscsue", Communications of ACM. 39(11), November 1999.

7. Flanagan, T. and Safdie, E. Building a Successful CRM Environment. Technology Guide, 1998.

8. Gartner Group "Customer Relationship Management : Perspective", Gartner Group TechRepuglic, 1999.

9. Grant Norris 외. 「e−비즈니스와 ERP」. 물레, pp. 141−151, 2000.

10. I. Moulinier. "Is Learning Bias and Issues on the Text Categorization Problem?", In Technical Report, LAFORIA−LLP6. Universite Paries 4, 1997.

11. Imhoff, C., & Gentry, J. CRM Building an Environment for the Future. Technolgy Guide, 2000.

12. Kelly, S. Data Warehouse the route to mass customization. John willy & Sons, 1996.

13. Knowledge Consulting Group. "금융권 CRM 분석 보고서, 채널통합과 마케팅 효율화를 중심으로", 분석보고서, 2001.

14. M. J. Blossevile, G. Hebrail, M. G. Monteil, and N. Penot. "Automatic Document Classification: Natural Language Proceesing Statistical Analysis, and Exper System Technique Used Together", In Procceding of the 15th Annual International ACM—SIGIR Conference on Research and Development in Information Retrieval, pp. 51—58, 1992.

15. Meta Group. "The Customer Relationship Management Ecosystem", CRM Analysis Report, 2000.9.

16. Moon, B., and K., Lee, J., K. and Lee, K., J. "A Next Gerneration Multimedia Call Center for Internet Commerce : IMC", Journal of organizational computing and electronic commerce. Vol.10, No.4, pp. 231—232, 2000.

17. Oscar, Frykholm. "Customer support communication and relationship on the telephone and e—mail", The CRM—Forum, 2000.

18. Plame, Jacob. Electrocnic Mail. Artech House Inc. Norwood MA., 1995.

19. Reinheld, Frederick F. and W. Earl Sasser, Jr. "Zero Defections: Quality Comes to Services." Harvard Business Review. September—October, 105—111.(1990).

20. Rogers, E. M. Diffusion of Innovations. 3rd Ed., The Free Press, New York. 1983.

21. Ryan, J. "Achieving Business Success Through Customer Relationship Management", Technology Guide, 1999.

22. Steinfiel, C. W., & Fulk, J. "Toward the massification of interpersonal communication: Computer—mediated Communication system as mass media", Paper present to the annual conference of International Association of Mass Communication Research, 1998.

23. Trepper, C. "CRM: Customer Care Goes End—To—End", Information Week. May 2000. 25. Web business, "CRM 구축, 성공으로 가는 길", 2001. 10.

CHAPTER 11

공급사슬관리(SCM) 시스템

공급사슬의 정의 및 개념

공급사슬관리(Supply Chain Management)란 기업 내 또는 기업 간의 다양한 사업활동의 프로세스를 부문 간·부서 간에 존재하는 벽을 넘어서 통합적으로 관리하는 것을 의미한다. 즉, 수주에서부터 고객 납품에 이르기까지 조달, 생산, 유통 등의 공급의 흐름을 효율적으로 잘 관리하는 것이라 할 수 있다.

구체적으로 이제까지 부문마다 최적화, 기업마다의 최적화에 머물렀던 정보, 물류, 현금에 관련된 업무의 흐름을 공급사슬 전체의 관점에서 재검토하여 정보의 공유화와 비즈니스 프로세스의 근본적인 변혁을 꾀하여 공급사슬 전체의 효율성을 향상시키려고 하는 경영 기법이다. 공급사슬관리는 기업의 확장된 시각에서 보는 것으로 서로 연관된 제조업자, 공급업자, 유통업자, 고객 등 모두가 고객이 원하는 제품과 서비스를 경제적·시간적 차원에서 효율적으로 공급하기 위하여 공유된 자원의 활용을 최적화하는 것으로, "수주에서 대금 지불에 이르기까지 설비, 부품, 완제품의 흐름을 관리하는 전 프로세스와 관련하여 공급업체(하위 업체 포함), 제조, 판매, 분배, 고객과 관련 있는 모든 활동"을 의미한다고 정의한다.

종합적으로 공급사슬관리는 "공급사슬상에 존재하는 기업 내외부의 유형, 무형의 자원을 총괄하여 공급사슬 전체의 효율성을 최대화할 수 있도록 통합적으로 관리하는 혁신적인 관리기법을 지속적으로 개발하는 것"이라고 정의할 수 있다.

11.2 공급사슬의 범위

공급사슬관리의 개념이 일반화되기 이전, 기업 물류(Logistics)의 초점은 이미 생산된 재화의 유통(distribution)을 합리화하는 것에 맞추어져 있었으나 기업 내부, 공급업자 네트워크, 소비자를 포괄하여 제품과 정보의 흐름을 관리하는 공급사슬 관리로 발달하여 왔다. 최초의 물적 유통시스템의 관리는 완제품을 소비자에게 효율적으로 유통하는 것에 초점을 맞추었다. 그 이유는 기업의 재고에 대한 투자 중 40%를 차지하는 완제품의 관리가 중요했기 때문이다. 이 단계에서는 고객의 만족도와 기업의 투자비용 간의 균형을 유지하는 것이 경영자의 관심이 된다.

2단계에서 기업은 보다 진보적인 기업 물류관리를 실현하게 되며 기업 내부의 구매, 생산, 분배활동의 통합적 관리에 초점을 맞추게 된다. 각 활동의 내용이 바뀌는 것이 아니라 이들 활동들 간의 연결 및 조정 메커니즘이 추가되는 것이라고 할 수 있다. 이 단계에서는 재고관리를 재고수준의 관리라기보다는 재고흐름의 관리라는 측면에서 접근하게 된다.

3단계에 이르면 기업은 기업의 내부와 외부를 통합적으로 연결함으로써 진정한 의미의 공급사슬관리를 실현할 수 있게 된다. 이는 기업의 공급사슬상 하류에 있는 모든 조직, 곧 기업이 의사소통해야 하는 모든 공급업자와 고객을 포괄하여 관리하는 것을 의미한다. 이러한 통합은 이전 단계에서의 기업 내부 부서 간의 의사소통 이상의 것을 필요로 하는 것이며, 추가적인 기업 역량을 필요로 하는 것이다. 공급업자의 관리, 추가적인 불확실성의 관리, 수요예측과 생산계획 간의 연동, 기업 외 내부의 물류 시스템과 정보 시스템의 통합 등은 공급사슬관리의 주요한 의사결정들이다.

| 그림 11-1 | 공급사슬관리의 개념도 |

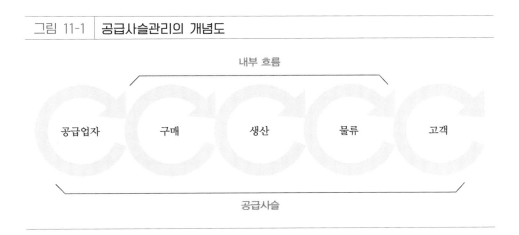

11.3   공급사슬의 필요성

제조업체들은 종래에 라인, 공장, 또는 기업 내의 생산성 향상, 리드타임 단축, 원가 절감, 품질 제고를 위하여 다양한 합리화 방안(리엔지니어링, 기업 통합 및 정보화, 자동화 및 컴퓨터 통합생산)을 수행하였다. 그러나 최근에는 제조단계 외부의 가치사슬 또는 공급사슬관리를 더 중요하게 인식하게 되는 경향이 있다. 그 이유는 다음과 같다.

첫째, 부가가치의 60~70%가 제조과정 외부의 공급사슬상에서 발생한다. 미국의 경우 제조업의 물류비용은 업종에 따라 10~15%에 이른다. 일반적으로 고객이 주문 후 납품까지의 주문 사이클타임 중에서 순수 제조에 소요되는 시간보다 유통을 위하여 공급사슬상에서 소요되는 시간이 훨씬 길다. 제조업체들이 공장자동화나 CIM 구축을 위해 막대한 투자를 하고 있으나 고객서비스 수준을 높이는 데는 주문처리, 물류관리, 구매조달 등에서의 개선이 더욱 큰 효과를 거둘 수도 있으며, 이 같은 노력은 적은 규모의 투자로 개선이 가능하다.

둘째, 부품 및 기자재 공급의 납기 및 품질의 불확실성과 수요 및 주문의 확실성을 제조업체 내에서 수동적으로 흡수하며, 생산계획을 세우고 재고를 관리함으로써 리드타임을 단축하고 재고 및 재공품 재고를 감축하는 데에는 한계가 있다. 따라서, 최근에는 이러한 외부로부터의 변동을 저 코스트의 정보를 활용하여 감소시키는 적극적인 방안을 강구하게 되었다.

셋째, 생산, 부품조달 및 구매, 보관 및 물류, 운송, 판매 및 유통 등의 기업활동이 글로벌화 됨에 따라 공급사슬상의 리드타임이 길어지고 불확실해졌다. 또한, 부품조달 비용, 인건비, 금융비용, 생산성, 운송 및 물류비용 등의 국가별 지역별 편차, 관세 및 환율과 수출입 관련 법규의 국가별 차이, 지역별 제품 사양의 차이 등을 감안해야 하고 물류가 복잡하게 되었다. 어떤 주문을 언제 어디서 어떻게 얼마나 만들고 어떻게 유통, 운송하고 부품조달을 어떻게 할 것인가에 대한 계획 및 의사결정, 실행 및 추적의 문제가 부각되고 있다.

넷째, 종래의 표준화된 제품을 대량 생산하여 고객에게 밀어내던 방식에서 탈피하여 고객의 다양한 요구에 맞추어 제조, 납품해야 하는 Mass Customization이 보편화되고 있다. 이러한 Mass Customization에 따라 유통 대상 품목이 많아지고 재고 및 물류관리가 복잡해지며 주문관리, 생산계획, 정보관리 및 추적관리가 복잡해진다. 동시에 리드타임이 길어지고 불확실해지며 재고가 증가하고 주문 충족도가 악화되는 등 공급사슬의 효율이 급속히 저하되게 되었다. 이에 따라 공급사슬관리의 중요성이 더욱 부각되게 되었다.

다섯째, 기업 간의 경쟁이 치열해짐에 따라 코스트 및 납기의 개선이 시급하게 되었다. 특히, 고객지향, 고객만족, 시장 요구에 대한 적응을 위해 공급사슬의 혁신 요구가 증대되고 있다.

끝으로, 최근 ERP(Enterprise Resource Planning) 등에 의해 기업 내 프로세스가 정보화·통합화되고 EDI(Electronic Data Interchange), Internet 및 WEB, 전자상거래 등의 기술이 급속히 발전되고 있다. 이에 따라, 공급사슬 간의 정보 공유 및 전달과정을 혁신하고 공급사슬 간의 프로세스를 적극적으로 통합할 수 있게 됨에 따라 관련 개념 및 기법의 보급이 확산되고 있다. 공급사슬관리를 위해서는 공급사슬 관련 프로세스 및 제품설계를 혁신하는 공급사슬 리엔지니어링, 공급사슬상의 업체 간의 전략적 제휴, 공급사슬관리를 위한 조직의 개선, 공급사슬 간의 정보 공유 및 프로세스의 통합, 공급사슬 네트워크의 전략적 설계, 공급사슬 계획 및 관리 시스템 구축 등의 중요성이 증대되고 있다. 이들 각 방안들은 대개 공급사슬상의 부서 및 업체 간에 정확한 정보를 신속하게 전달, 공유하고, 구매조달, 운송 및 보관, 유통 및 판매 등의 업무 프로세스를 네트워크 및 정보기술에 의해 통합하는 작업을 수반한다.

11.4 공급사슬의 기본 요소

(1) 공급사슬계획(Supply Chain Planning)

SCP(Supply Chain Planning)는 정보의 흐름을 관리하는 모듈로 주문이행, 생산계획, 수요계획, 배송계획, 운송계획이라는 5개의 하부 모듈로 이루어져 있으며, 수요예측의 정확도 향상, 생산계획의 최적화, 재고비용 감소, 주문 사이클의 감소, 고객 서비스의 증가 등이 목표이다. 또한 SCP는 일정 기간 동안 얼마나 많은 제품을 생산해야 하고 원재료와 재공품 재고는 어느 정도 보유하고 있어야 하는지, 재고는 어디다 보관해야 하며 상품의 배송을 위해 어떤 운송수단을 이용해야 하는지를 결정하는데 도움을 준다.

공급사슬계획 기능은 여러 가지 모듈로 나누어져 있다. 첫째 수요계획(Demand Planning) 모듈로 시장 동향과 경기, 과거 실적 등을 토대로 미래의 수요를 예측하며 대비할 수 있게 해주는 모듈이다. 둘째는 생산계획(Manufacturing Planning) 모듈이다. 이 모듈은 주문 현황, 수요예측, 현재의 재고 상황, 원부자재 수급 상황을 토대로 생산계획을 수립할 수 있게 해주는 모듈이다. 셋째로는 주문 약속(Order Commitment) 모듈로, 생산계획 모듈을 통해 가능한 배달 일자를 예고해 주고 주문을 처리하는 시스템이다. 넷째로, 분배계획(Distribution Planning) 모듈에서는 주문처리를 위한 자원관리계획을 수립한다. 마지막으로 배송계획(Transportation Planning) 모듈은 정시에 적소에 제품을 배달할 수 있게 운송일정계획을 수립해준다.

(2) 공급사슬실행(Supply Chain Execution)

SCE(Supply Chain Execution)는 주문처리나 물류관리에 따른 SCM을 실행하기 위한 소프트웨어들로 구성되는데 과거에는 모두 독자적인 시장을 형성하고 있었던 것들이다. 그러나 통합적 의사결정을 강조하는 SCM이 등장함에 따라 함께 구축되어야 시너지 효과가 높아진다는 것을 인식하게 되어 점점 통합된 하나의 패키지로 제공되고 있다. 구체적인 솔루션으로는 기업 간 물류흐름을 보다 빠르고 정확하게 구현시킬 수 있는 ASN이나 Cross Docking System을 지원하는 주문처리 시스템, 창고관리 시스템, 차량관리 시스템 등이다.

SCP는 구매와 제조 프로세스의 효율화를 통해 비용을 절감할 수 있지만 고객을 직접 만족시키지는 못한다. 고객을 만족시키기 위해서는 고객과의 약속을 이행해야 한다. SCE는 시간, 효율성, 가격이라는 측면에서 고객의 특별한 요구를 수행하는 프로세스로서 경쟁 환경에서 중요한 차별화 전략이 될 수 있다. 그런 면에서 SCM의 시행 프로세스인 SCM(Supply Chain Execution)에서의 핵심 성공 요인은 창고관리 및 배송 시스템이 계획 프로세스인 SCP와 얼마나 잘 연동되는가 하는 것이다.

11.5 국내외 공급사슬 관련 이슈

(1) RFID 기술

가. RFID의 정의

RFID는 'radio frequency identification'의 약자로, '라디오 주파수 인증'을 의미한다. 자세히 설명하자면 '칩과 무선(주파수), 안테나를 통해 식품·동물·사물 등 다양한 개체의 정보를 관리할 수 있는 인식기술'로 정의된다. 원리는 극소형 칩에 상품정보를 저장하고, 안테나를 설치하여 무선으로 송신한 데이터를 컴퓨터로 관리하는 방식이다. 예를 들면, 대중교통을 이용할 때 사용되는 교통카드나 하이패스기술이 이에 해당한다.

나. RFID의 목적

RFID기술 등장 이전에는 기업들이 물자와 정보의 흐름을 파악하기 위해서 물품에 부착하는 바코드(barcode)를 활용하였다. 물품정보 파악방식인 바코드는 정보의 저장용량이 제한적이고, 인식거리가 짧다는 단점을 가지고 있었다. 이 문제점의 대안으로 개발된 것이 RFID기술이다.

RFID는 바코드의 문제점들을 해결할 수 있을 뿐만 아니라 실시간 정보파악에 용이하다. 이는 기업에 있어서 SCM 측면에 미치는 기대효과가 크다. 물품에 대한 실시간 정보파악이 용이해서 추적성, 정확한 수요의 예측성이 향상 된다. 이를 통해 재고의 관리성이 한층 전문적이게 되고, 생산라인의 효율성을 극대화 시킬 수 있다. 이로 인해 기업은 불필요한 비용을 절감하는 효과를 얻게 된다.

(2) SCM에 RFID의 접목 사례

가. 월마트(Wall Mart)

미국의 월마트는 1962년 등장이래로 현재는 세계 최고의 거대유통 할인점으로 평가받는다. 2014년에 4,856억 달러의 매출(2015년. 미국 패션 주간지 WWD의 '미국을 이끄는 패션업계 25개 기업'-출처)을 올리며 독보적인 세계 유통업체 1위를 고수하고 있다.

월마트가 지금의 위치에 있는 것은 기업의 신념인 '고객은 항상 옳다(Customer is always right)'가 지켜졌기 때문이다. 고객의 만족을 우선 고려한다는 이 신념은 SC간의 긴밀하고 효율적인 협력체제, 저가격의 품질우위 전략을 바탕으로 고객의 만족을 극대화하는데 성공했다. 나아가 SCM을 통해 총체적인 관리체제 구축을 성공하여 기업의 공급에서 고객의 구매단계까지의 효율과 이익 극대화를 성공하였다. 이 신념을 이루게 해준 것은 바로 RFID의 접목 때문이다.

RFID기술 시스템 도입에 따른 효과 연구결과(2002년~2003년 월마트 자체 연구), 월마트는 총 83억 달러의 인건비와 분실 방지, 재고 쌓임 방지의 효과를 예상하였다. RFID에 따른 효과적인 SCM 구축의 가능성을 확인함에 따라, 2005년부터 본격적으로 제품 박스에 RFID 태그(tag)를 부착하였다.

나. DHL

1969년 미국에서 설립된 세계적인 물류기업인 DHL은 우편, 국외배송을 SCM을 통해서 서비스를 제공한다. 일정이나 시간에 맞는 고객 맞춤형 서비스를 제공하는 것이 특징으로, 해상운송과 항공운송을 기본으로 하는 복합운송서비스이다.

DHL은 SCM을 통해 모든 운송과정들을 간소화시켰다. 이는 고객이 한 곳에서 모든 서비스를 이용하는 방식인, 원스톱 서비스(One stop service)를 구축하는 기반이 되었다. 이 기반에 RFID기술이 구축된 시스템을 통해서 운송에서 중요한 추적성을 향상 시켰다. 즉, 고객과 기업은 운송 중 제품의 상황, 상태를 모니터링(monitoring)이 가능하다. 결국 고객은 향상된 배송정보를 얻어 기업에 대한 신뢰를 얻고, 기업은 계속적인 재고와 보안상태 파악을 통해 신뢰성을 제공한다.

다. ZARA(자라)

스페인의 패션 SPA브랜드 ZARA는 2016년까지 RFID기술을 전 매장에 도입할 계획이다. RFID기술을 적용한 태그(Tag)를 통해 도난방지, 재고파악에 유용하게 이용하고 있다. 계산 이후에 제품의 태그를 회수하고, 다시 사용하는 방식으로 효율성과 비용절약을 동시에 이루고 있다.

특히, RFID기술로 매장별 재고파악을 통해 패션 트렌드 파악을 한다. 종업원은 매장의 재고관리 혹은 다른 매장의 제품 보를 파악하여, 제품별 인기 현황 및 예측을 통해 제품진열로 효율적인 매장관리가 가능하다. 이는 곧 시점, 계절별 다양한 고객의 수요에 효율적인 맞춤식 대응을 가능하게 한다.

결과적으로 ZARA는 SCM에 RFID 접목을 통한 다품종 소량생산 전략을 중심으로 소비자에게 고급스럽고 유니크한 상품들을 제공한다.

라. 한미약품

제약회사 한미약품은 1973년 대한민국에서 설립되어 현재는 처방약 부문에서 선두 위치에 있는 기업이다. 유비스트의 '우리나라 주요 30개 제약회사 처방액' 조사결과, 한미약품은 2014년에 3,605억 1,900만 원의 처방액을 기록하며 처방약관련 제약회사 1위를 차지했다.

한미약품은 세계 최초로 2009년에 RFID를 의약품 관리에 도입하였고, 2014년에는 6,000개의 의약품을 RFID를 통해 관리하고 있다. 영업사원들은 약국을 방문하여 휴대용 리더기를 통해 약품들의 유통기한, 재고파악과 동시에 자동주문, 반품 및 철저한 마약류(향정신의약품) 관리를 한다. 동시에 정보를 전송받은 기업은 이 정보분석을 바탕으로 비정상적인 유통관리와 지역, 시대별 예측을 통해 새로운 전략을 세운다.

한미약품은 RFID 기술을 도입이래로 기업과 약국 사이의 유통과정과 의약품 제조과정에서 불필요한 비용을 감소시키고, 무분별한 마약류 복용사고 예방에 기여했다. 이러한 SCM과 RFID기술의 접목은 약사들에게 신뢰성·편리성을 제공하여 한미약품에 대한 충성도 상승에 기여했다.

마. 이마트(e-mart)

이마트는 1993년, 국내 최초의 거대 유통할인점으로 등장하였다. 현재 148개의 국내 점포를 운영하고 있으며 2023년까지 국내점포를 200개 이상으로 확대할 계획이고, 해외에서는 중국 점포를 운영하고 있다. 나아가 베트남, 몽골 등 해외로 점차 확장해 나갈 예정인 대규모화의 유통할인점이다.

이마트는 국내 SCM의 대표사례 중 하나이다. 국내 최초의 할인점으로서 국가적인 물류표준화 사업에 선도적으로 참여해야 할 필요성의 대안으로 크로스도킹(Cross-docking)을 핵심전략으로 활용하였다. 크로스도킹이란, 창고에 물건을 재고로 보관하지 않고 곧바로 매장으로 배달하여 유통비를 절감시키는 방식이다. 이 방식으로 유통과정의 효율적 관리를 위해서 독자적으로 개발한 표준물류바코드(EAN-14)를 도입하였고, 이는 곧 생산과정에 있어서 재고관리, 인력감축, 생산라인의 효율성 측면에 커다란 효과를 가져왔다.

이마트의 이러한 노력은 국내 SCM사업 추진 기반을 마련하여 국가물류표준화 보급에 기여하였으며 연간 비용으로 2억 6,000만 원을 절약할 수 있었다. 동시에 물량 처리능력을 시간당 2,000박스에서 4,000박스로 증가하는 효과를 얻을 수 있었다.

바. HP(Hewlett-packard)

HP는 1939년 william Hewlett와 David Packard에 의해 설립되었으며, 현재 전 세계에 120여 개의 국가에 연구소와 생산공장을 가지고 있는 거대 기업이다. 이 기업은 PC와 노트북, 프린터를 비롯해 서버와 스토리지(storage), 네트워크 장비, 기업용 소프트웨어와 컨설팅 사업을 제공하고 있는 대표적인 IT 분야 제조업체이다.

HP의 SCM도입은 제조 및 운송 등에서 30억 달러 이상의 재고가 증가, 서비스에 대한 고객들의 불만의 목소리가 높아지면서 시작되었다. SCM을 통해 생산능력의 확대와 제품개발, 생산 및 유통전략을 함께 고려하고 조정해야 할 필요성이 생겨났다.

기업 존속의 위기 속에서 대안으로 유통센터는 고객의 수요변동에 신속 대응을 통한 비용절감, 지역화의 개념방식을 도입하였다. 지역이나 나라별 수출제품에 차별화를 두어 모든 유통센터에서 주문생산방식을 실시하였다. 이는 주로 고객과 인접한 창고에서 제품을 제작하도록 하였다.

SCM도입 이후, HP는 총 매출 중의 반을 SCM 분야에 투자하고 있다. 그 만큼 SCM의 중요성을 인식하고 기업의 핵심역량을 강화하기 위해 SCM 분야에 대한 지속적인 혁신의 노력을 하고 있다.

사. 스타벅스(starbucks)

스타벅스는 세계적인 커피 프렌차이즈(franchisee)이다. 한국에서는 1999년 이화여대점 오픈을 시작으로, 현재는 전국적으로 확산해 그 인기를 실감하고 있다. 국내에 새로운 커피문화를 소개하는 비전(Vision)으로 등장하였다. 2004년 100호점, 2007년 200호점, 2009년 300호점, 2011년에는 400호점 오픈을 돌파하며 하루 평균 20만여 명의 고객들이 매장을 찾는다.

스타벅스는 SC의 가치를 극대화하기 위해 커피 원료조달, 커피 제조, 포장, 자사 소유의 소매점으로의 유통까지 모두 통제·통합을 하고 있으며 유통의 효율화를 위해서 자동화된 생산 시스템을 갖추고 있다. 다양한 유통 채널에서 제품의 정확한 재고조사, 할당 능력, 안정된 재고유지를 위해서 지점마다의 판매정보와 재고정보를 시애틀 본사로 전송해야 한다.

스타벅스의 SCM 목표는 자산 수익성, 또는 최소 비용으로 최대 이익을 창출하는 것이다. 이를 통해 스타벅스는 품질, 비용절감, 생산의 효율성 확대라는 커다란 이익을 얻을 수 있었다.

아. 벼농사에 드론까지… 농가 소득도 '쑥쑥'

무인항공기, 드론이라고 불리는 이 드론이 벼농사를 짓는데도 활용된다. 드론뿐 아니라 통신과 자동화 기술을 활용하면 노동력도 줄이고 생산력이 높아져 농가 소득에도 큰 보탬이 된다. 곧 모내기를 할 논 위에 카메라가 달린 무인항공기를 띄우고 비료로 사용되는 작물이 자라고 있는데 땅을 갈아엎기 전에 생육 상태를 살펴보는 것이다. 그러면 비료를 어디에 더 주고, 덜 줘야 할지 한눈에 알 수 있다.

자. 테슬라가 배터리 제조사 노리는 이유

테슬라모터스가 일반 가정이나 전력 회사를 위한 대형 배터리 판매에 나선다. 테슬라모터스 산하 솔라시티는 태양광 마이크로 그리드 시스템 판매도 시작하는 등 에너지 사업 진출을 본격화하고 있다. CEO 엘론 머스크는 이미 지난해 2월 투자 관련 보고에서 신사업에 대한 가능성을 언급한 바 있다.

전력 회사는 이런 대형 배터리를 풍력이나 태양광 등 공급이 불안정한 신재생에너지 보완에 이용한다. 미국 내에선 법률 의무화 등 신재생에너지 수요가 높아지고 있는 만큼 이에 따른 불안정성을 보완하기 위한 대형 배터리 수요도 늘어나고 있기 때문이다.

이런 점에서 보면 테슬라모터스의 전력 관련 시장 진출은 놀라운 게 아니다. 이미 몇 개 업체가 참여해 대형 배터리 시스템을 전력 회사에 공급하고 있지만 테슬라모터스 참여로 이 시장의 중요성을 뒷받침하게 었다.

테슬라모터스는 지난해 기가팩토리(Gigafactory)라고 불리는 93만㎡ 면적에 달하는 전지 제조 공장 건설 계획을 발표한 바 있다. 자동차나 가정 전력용 배터리 뿐 아니라 노트북이나 스마트폰 등 전자 기기에 들어가는 전지 제조도 가능한 규모다. 이런 이유로 소형 배터리를 애플에 공급할 것이라는 소문이 나오기도 했다. 테슬라모터스는 파나소닉이 생산한 배터리 셀을 구입한 다음 자사 공장에서 이를 용도에 따라 배터리팩과 모듈로 조립한다.

기가팩토리를 건설한 목적 가운데 하나는 배터리 셀 구입 확대에 따라 전지 비용을 절감하는 한편 이를 통해 전기자동차의 가격 경쟁력을 높이려는 것. 파나소닉 배터리 셀을 가장 많이 구입하는 고객이라는 점에서 테슬라모터스는 타사보다 제품을 저렴하게 구입할 수 있게 된다. 그 뿐 아니라 성장이 기대되는 전력 회사를 대상으로 한 시장에 진입하는 것 역시 합리적 선택이라는 분석이다.

또 우버 같은 서비스가 등장하고 자율주행 자동차도 미래에는 자가 자동차 보유보다는 셰어 쪽에 초점을 맞출 가능성이 언급된다. 미국인의 경우 1인당 평균 주행거리는 계속 감소 추세에 있기도 하다. 세계적으로 자동차 대수가 줄어드는 추세라는 점을 감안하면 테슬라모터스가 새로운 사업 부문을 필요로 하는 건 자연스럽다. 대형 배터리 시장에 진입하는 동시에 다른 자동차 회사에 공급하는 것이다.

11.6 공급사슬관리 전략

(1) 한국타이어의 공급사슬관리 구축

한국타이어는 현지 시장잠재력에 의해 중국에 진출하게 되었으며 이에 따라 생산법인, 판매법인 등을 순차적으로 설립하게 되었다. 중국만을 특정적으로 바라보고 SCM을 구축한 것이 아니라 글로벌 공급체인 관리(GSCM)의 일환으로 중국SCM 네트워크를 구축하게 되었다.

한국타이어는 SCM을 통해 고객요구를 정확히 읽어낼 수 있고 고객만족도를 높일 수 있으며 효율적인 재고관리로 물류비용을 대폭 줄일 수 있을 것으로 기대하였다. SCM구축을 통하여 재고비용, 발주비용, 보관비용, 품절손실비용, 수배송비용 등 비용최소화를 추구하고 생산의 안정화와 수·배송의 안정화, 작업인력운영의 안정화 등 조업수준의 안정화를 실현하며 SCM의 효과적인 관리를 통해 물량배분의 합리화를 실현하려 하였다.

변화가 큰 수요에 적절하게 대처하는 것이 기업의 성과를 높이는 가장 빠른 길이기 때문에 주된 목적은 비용절감보다는 스피드강화를 통한 리드타임 감축과 서비스 수준강화에 있다. 또한 예측의 정확성을 높이는 작업이 필요하다. 일례로 1,100만 개 단위의 재고가 쌓여 공장가동률을 70%로 조정하였으나 이후 급격한 수요 증가로 인해 물량 부족으로 수익의 기회를 놓친 바 있다. 한국타이어의 중국 현지법인의 기존 공급체인 프로세스를 보면 중국 현지에서 생산을 한 후 완제품을 제품창고를 거쳐 제3국과 한국 수출을 진행하고 중국 현지 맞춤형 타이어는 중국 내수시장에서 판매를 실시한다. 중국 내수시장의 판매과정에서 한국타이어는 중국 현지 물류현황 및 운송정보의 미흡으로 제품출고, 창고보관 등 많은 면에서 어려움을 겪게 되었다.

이런 어려움을 극복하고 더욱 원활한 관리를 위해 2008년 5월 중국의 국영 물류기업인 Sinotrans와 상해에서 협약을 체결하고 Sinotrans가 2008년 7월부터 2011년 6월까지 중국에서의 한국타이어의 물류를 전문적으로 관리하였다. 한국타이어가 1996년 중국 진출 이래 처음으로 중국에서 제3자 물류를 이용하게 되었다. 원래 14개 도시에서 설립되었던 14개의 물류센터가 5개로 재편성되어 재고와 배송이 통일적으로 관리되었다. 따라서 물류센터의 평균보관능력은 50여만 개의 타이어를 보관할 수 있었다. 물류관리 부문에서 한국타이어는 전문화와 현대화를 실현하게 되었다. 매개 물류센터는 전문적인 창고관리 시스템을 운용하고 더욱 빠르고 정확하게 고객한테 예정된 시간 내에 물품을 운송하게 되었다. 제3자 물류를 통하여 중국 현지 내 물류관리를 진행함으로써 한국타이어는 더욱 많은 자원을 생산, 영업 및 신제품개발에 집중하였다. 따라서 생산능력 증가에도 불구하고 재고수준은 오히려 감소하고 있다.

한국타이어는 2008년 글로벌 SCM 기반 조성의 일환으로 글로벌 화물추적, 선적서류 자동화, 매입 서류 자동화시스템을 구축하였다. 글로벌 화물추적 시스템으로 선적부터 입고까지의 실시간 물류정보 조회가 가능해져서 고객이 직접 화물의 위치를 조회하고, 도착 예정정보를 메일로 받아볼 수 있게 되었다. 이로써 이동 재고 확인 작업이 줄어들어 시간과 인적·물적 자원을 절약할 수 있게 되었다. 그리고 선적서류 자동화시스템의 구축으로 현지 수입 통관과 서류전달 리드타임을 단축시키고, 물류비용 절감과 업무 효율성도 향상되었다. 뿐만 아니라 매입 서류 자동화시스템을 구축하여 당일 수출네고(수출대금 입금)가 가능해졌으며, 매입 시간을 대폭 단축하고 대금을 조기에 회수할 수 있게 되었다. 서류 출력과 번거로운 은행 방문을 없애어 당사와 은행의 업무효율성도 높아졌다. 이러한 글로벌 물류 자동화는 온라인 및 실시간 물류모니터링 체계 확보를 가능하게 하였고 다양한 기업 간 통합이 가능한 ebXML기반 EDI시스템 확보를 통해 업무 변화와 IT 환경 변화의 대응으로 유리한 국제 개방형 표준을 수용할 수 있게 되었다.

글로벌 물류 자동화시스템인 글로벌 화물추적, 선적서류 자동화, 매입 서류 자동화시스템의 구축은 물류업무의 리드 타임을 단축시키고, 서류 없는 사무 환경을 구현하여 고객만족을 극대화하는데 기여하였다. 한국타이어는 조직의 핵심역량 강화를 위한 기반조성, 조직의 구조적 변화 및 책임 경영체제 기반 구축, 글로벌 BPR와 IT통합이라는 세 가지 목표를 가지고 2000년 7월부터 ERP 구축 프로젝트를 추진하기 시작하여 2003년 중국에 연계하여 구축하였다. 한국타이어는 글로벌 ERP 시스템을 시작하여 2004년까지 본사와 해외법인의 ERP 체계를 기반으로 하여 관리를 진행하고 있다.

따라서 한국타이어는 ERP 시스템을 구축하면서 생산 부문의 계획업무를 APS으로 변환하고자 생산계획전문 솔루션 업체인 i2사의 FP를 함께 도입하였다. FP의 구축범위는 현재 계획업무의 핵심 부문인 성형공정과 가류공정을 대상으로 주간 생산계획과 일간 생산계획 시스템을 구축하였다. 주간 생산계획을 규격별 12주 생산량에 대하여 FP를 이용하여 성형 및 가류공정의 제약 조건을 반영한 12주 통합생산계획을 수립하였다. 제품치 지수 가중치에 따른 수요예측 정확도가 향상되었다.

ERP 시스템을 통해 정기발주와 정량발주를 실시하였으며 물량배분 시스템을 활용하여 센터별, 지점별, 대리점별 균등한 물량배분을 실시하고 APT의 철저한 관리와 결품 오더의 관리를 실시하여 물류배분에 대하여 합리적인 물량배분 로직에 의한 불균등을 최소화하였다. 또한 수·배송 시스템은 1일 2회 출하계획의 수립으로 24시간 내 전국 배송하고 출하계획의 자동수립으로 약속된 기일에 납기지연 오류 발생을 최소화하였다. 창고관리의 경우 적재방법의 최적화를 실현하기 위하여 WMS 시스템을 사용하여 WMS 시스템을 통한 적재효율의 최대화를 실시하고 창고별 적재순위결정을 통한 현장 작업성을 향상시켰다. 이러한 시스템의 지원을 통해 생산계획 부문은 월 결산에 소요되는 시간을 3일로 단축되었으며 납기적중률도 95% 수준으로 향상되었다. 계획의 정확성을 나타내는 생산계획실행률도 95%로 향상되었다. 계획정확도가 높아짐으로 인해 재고수준이 감축되어 재고회전율 20% 향상되는 효과를 가져왔으며 해외주문은 7일, 그리고 내수는 실시간 납기응답(APT)을 할 수 있는 체제를 구축하였다. ERP로 인하여 재고 정확도가 99%로 향상되는 효과를 가져왔으며 수요예측의 정확도가 90%의 예측 정확도를 가져왔다. ERP를 통해 기준정보의 통합관리로 인하여 정확도가 향상되었으며 계획수립기간이 단축되는 효과를 가져왔다.

(2) 월마트

월마트(Wal-Mart)는 1962년 아칸소에 1호 점을 개점한 후 명확한 비전과 철학으로 무장하여 소신 있고 당당한 경영을 하여 오늘날 미국 제일의 소매점 기업이 되었다. 월마트는 "5년 이내에 아칸소주에서 수익성이 가장 높은 회사가 된다"(1965), "4년 이내에 10억 달러짜리 회사가 된다"(1977), "2000년까지 점포 수를 2배로 늘리고 제곱 피트당 매출액을 60% 증대시킨다"(1990)와 같은 구체적인 비전을 통해 구성원들의 열정을 이끌어 내어 유통업계의 초일류기업으로 성장하였다.

월마트는 연 매출이 1천억 달러를 넘는 세계 최대의 소매기업이다. 80년대 이전까지만 하더라도 지방의 할인점체인에 불과하던 월마트는 90년 들어 미국 소매업 매출액 1위를 기록하며 엄청난 성장을 거듭하고 있다. 이처럼 중남부지역의 소규모 기업이던 무명의 월마트가 소매업계 최고 자리를 차지할 수 있었던 것은 탁월한 기업경영 전략 때문으로 평가된다. '항시 저가판매(Every Day Low Price: EDLP)'라는 슬로건 아래 물류비용의 절감과 농촌 및 도심외곽지역 중심의 출점을 도모하였다.

1945년 조그만 잡화점을 개점하면서 시작된 월마트는 62년에 현재의 월마트 스토어를 개장하면서 급속히 성장하였다. 이후 83년에는 회원제 창고형 클럽인 샘즈 클럽을 개점하였으며, 87년에는 유럽의 하이퍼마켓을 모방한 하이퍼마트 USA를, 88년에는 월마트 수퍼센터를 출점하는 등 지속적인 변혁을 통해 성장을 거듭해왔다. 97년 말 월마트는 1,920여 개의 디스카운트스토어, 443개의 샘즈 클럽, 441개의 수퍼센터를 운영하고 있으며, 전체 매출 규모가 약 1천 2백억 달러에 이르고 있다.

월마트 성공의 핵심은 무엇보다도 혁신적인 상품공급시스템의 구축이다. 이러한 상품공급시스템의 지원이 없었다면 오늘날의 월마트의 성공은 불가능했을 것이다. 저비용 운영의 핵심은 타사에 비해 낮은 물류비이며, 이것은 월마트의 혁신적인 상품공급시스템에 기인한다. 월마트의 상품공급시스템은 유통센터를 중심으로 구축되며, 유통센터는 월마트 출점전략의 기본이 되고 있다. 선거점확보, 후진출로 대변되는 출점전략은 주요 출점예정 상권에 유통센터를 먼저 설립하여 물류 기반을 구축하고, 그 다음 반경 300Km(배송편도 4시간 거리) 내에 점포를 집중 출점한다는 것이다. 또한 월마트는 정보시스템을 활용하여 전세계에 흩어져 있는 자사점포를 유기적으로 연결함으로써 값싸고 질 좋은 상품을 적기에 조달·공급할 수 있는 글로벌 소싱 능력을 갖추고 있다. 월마트는 공급업체와의 관계 강화를 매우 중요시 여긴다. 공급업체와의 유기적인 관계는 상품공급선의 안정적인 확보는 물론 납품가를 낮출 수 있기 때문이다. 이는 궁극적으로 월마트가 항시 저가판매전략을 효과적으로 수행할 수 있게 한 토대가 되었다.

월마트는 공급업체(Vendor)를 동일 고객의 만족을 위해 봉사하는 동반자로 인식하고 동맹에 의한 관계 강화를 추진하고 있다. 이를 통해서 공급업체와 월마트간 상품보충 사이클을 대폭 단축시키는 한편 비용절감 효과를 거두게 되었다. 또한 월마트는 정보 네트워크를 통해 회사전략, 경영자 의지 등을 전 사원과 공유하는 한편 쌍방간 커뮤니케이션의 활성화로 지속적인 혁신을 도모하고 있다.

가. Wal-mart의 사업전략

Wal-mart의 사업전략은 '소비자는 보다 싼 가격의 제품을 원하고 있으며, Wal-mart는 이에 부응하여 항상 싼 가격으로 제품을 공급한다(Every Day Low Price: EDLP)'이다.

소비자의 상점선택에 있어서 핵심 의사결정요인은 가격임에 틀림없다. 보다 싼 가격에 제품을 공급하는 것이 매우 경쟁우위적인 요소임에는 경쟁사인 Sears나 Kmart도 잘 알고 있다. 그러나 Wal-mart는 이들을 따돌리고 세계 제1의 소매기업이 되었다.

Wal-mart의 성공요인은 '저가격 전략'보다는 '저비용 전략'으로 설명하는 것이 더욱 타당할 것이다. Wal-mart의 성공은 싼 가격에 제품을 공급할 수 있는 원가구조가 뛰어났기 때문이다. 이는 판매관리비가 상대적으로 적기 때문인데 이는 Wal-mart의 창업자인 Sam Walton의 경영철학과 탁월한 물류시스템으로 가능하였다.

나. Wal-mart의 물류시스템

① Cross-docking system

Wal-mart가 고객의 요구를 만족시킬 수 있었던 것은 탁월한 물류시스템에 기인한다. 즉 cross-docking이라고 하는 시스템을 이용하여 재고를 최소한으로 유지하면서 계속적으로 물건을 재보충하는 것이다.

물건이 운반되어 창고에 공급되면 창고에 도착한 상품들은 분류되어 재포장되고 재고로 보관되지 않고 점포로 바로 배송된다. 상품이 창고에 머무르는 시간이 극히 짧아 상품을 한 적하장에서 다른 적하장으로 옮기는데 최대 48시간 이상은 소요되지 않는다. 또한 각각의 상품들은 세 가지 형태로 분류하여 다음과 같이 시간관리를 하고 있다.

ㄱ fast moving item: 즉시배송
ㄴ distributed item: 24시간 내 공급
ㄷ staple item: 48시간 내 공급

이러한 시스템을 이용해 대량 구매하는 경우 통상 발생하는 재고 및 취급 비용을 절감할 수 있다. Wal-mart는 취급상품의 85%가량을 그들의 배송센터를 거쳐 유통시키는 방법을 통해 업계 평균보다 2-3% 낮은 원가를 유지할 수 있었고 이것이 EDLP 정책을 가능하게 한 근본이다. 나아가 Wal-mart는 이러한 정책을 실행함으로써 고객을 대상으로 하는 판촉활동을 빈번하게 하지 않아도 되어 이에 따른 비용을 절감할 수 있었다.

Cross-docking 시스템을 원활히 수행하기 위하여 Wal-mart는 전통적인 투자수익률 기준으로는 도저히 정상이라고 여길 수 없을 정도의 막대한 전략적 투자를 다양한 상호연결 지원체제에 집중했다. 예를 들어 Cross-docking 시스템하에서 주문이 들어와 운송되고 분류되는 과정을 빠르게 수행하려면 모든 점포의 각 판매대와 물류센터, 그리고 공급자들 간의 지속적인 실시간 접촉이 이루어져야 한다.

판매현장에서 수집되는 자료를 당일에 직접 4천여 공급자에게 전송하기 위해 Wal-mart는 회사 전용의 위성통신체제를 운영하기 시작했다. 2개의 위성통신을 통하여 1,900여 개의 할인점, 440여 개의 Sam's club, 430여 개의 Supercenter 등의 체인망과 41개의 배송센터 및 본사를 연결했다. 뿐만 아니라 통신위성을 통해 상품을 수송하는 1만 8천 대의 트레일러의 움직임을 추적, 몇 시 몇 분에 점포에 도착할 것인지를 정확하게 파악한다. 이러한 Wal-mart의 성공은 Cross-docking 시스템을 바탕으로 한 효율적인 물류시스템을 이용한 저비용 원가구조라 할 수 있다.

② 전용 운송시스템 구축
Wal-mart의 물류 하부구조의 또 다른 특징은 신속한 수송체계를 들 수

있다. 이 회사의 물류센터는 41개 소에 퍼져 있는데 이 곳에 들어온 물품은 2천여 대에 달하는 회사 직영 트럭을 이용해 48시간 내에 Wal-mart의 일선 매장에 운송되고 있다. 이를 통해 Wal-mart는 상품을 1주 2회씩 보충할 수 있다.

Wal-mart의 이러한 배송시스템 운영에 있어 무엇보다 특기할 점은 직접 운송비율이 높다는 점이다. 창고에서 자사의 트럭으로 직접 배송되는 상품의 양을 비율로 따져보면, Wal-mart는 85% 정도인데 비해 다른 경쟁업체들은 50-65%에 불과하다. 이러한 직접배송은 초기 자본투자가 많고 트럭 운송업자 간의 파업 등 집단행동이 있을 경우 많은 손실을 볼 수 있다는 단점이 있으나, Wal-mart는 직접배송을 통해 보다 높은 효율과 유연성을 추구했다.

③ POS 시스템 구축

Wal-mart는 POS와 위성통신망에도 많은 투자를 했다. 1983년 Huge사와 공동으로 위성을 쏘아올리고 1987년까지 위성통신망을 구축했다. 그리고 1988년 말에는 모든 점포에 POS 시스템의 도입을 완료했다. Wal-mart는 이러한 기반 시스템을 구축하는데 7억 달러 이상을 투자한 것으로 알려지고 있다.

Wal-mart는 POS 시스템을 위해 바코드와 슬롯 스캐너를 도입했다. 이를 도입함에 있어 우선 고려했던 것은 고객의 대기시간 단축이었다. 상점의 물건이 팔리는 시점에서 모든 정보가 처리될 수 있도록 한 POS 시스템의 기본취지를 이행하기 위해서는 제품의 많은 정보가 스캐너에 의해 처리되어야 한다. 즉 제품이 팔리는 시기, 제품의 특성 등이 스캐너에 의해 처리된 후에 데이터를 가지고 주문과정이 자동적으로 이루어지면 제품의 진열 등이 효과적으로 이루어질 수 있는 것이다.

Wal-mart가 처음 바코드를 도입할 당시 경쟁사들은 주로 금전등록기를 사용하고 있었고 선진기업이라 할 수 있는 Sears의 경우는 OCRA폰트 가격표를 사용하고 있었다. Wal-mart는 POS 시스템의 구축시에 고객의 대기시간을 줄이기 위해 정보처리량은 많으나 업무처리속도가 느린 OCRA폰트 가격표 대신 정보의 처리량이 적으나 처리시간이 빠른 바코드 방식을 선택하였다. 그 후 Wal-mart가 운이 좋았던지 기술의 발전으로 인해 정보처리량이 늘어나자 제품취급에 있어 표준으로 바코드가 사용되기 시작했고 공급업체들은 박스에 바코드를 부착하게 되었다.

이 시스템을 통해 Wal-mart는 물건선택 후 가격계산에 소요되는 시간을 30% 가량 줄일 수 있었다고 한다. 또한 POS 데이터를 잘 활용하기 위해 노력한 결과 주요 취급품목인 3,200여 가지의 제품에 대한 각 점포 판매실적을 본사 컴퓨터로 1시간마다 취합할 수 있게 되었다. 이 데이터는 제조업체에도 바로 전송되어 각 배송센터에서 필요한 공급량을 미리 예측할 수 있게 해주어 즉각 납입이 가능하게 되었다.

④ 탄력적인 공급시스템인 QR 시스템 구축

고객이 원하는 제품을 원하는 시점에서 즉시 구입할 수 있도록 하기 위해서는 QR(quick response) 시스템의 구축이 기본이 되나 QR 시스템을 구축하기란 말처럼 쉬운 일이 아니다.

일반적으로 판매자는 제품이 어느 정도 팔릴 것인가를 예측하여 제품을 진열하고 나머지는 창고에 쌓아두게 된다. 그러나 예측이 정확하게 이루어지기란 거의 불가능하다. 따라서 어떤 제품은 품귀현상이 어떤 제품은 팔리지 않아 재고부담을 주게 된다. 이를 개선하기 위한 방법이 QR 시스템의 기본 목적이라고 할 수 있다.

QR 시스템을 구축하기 위해서는 그 기반구조가 튼튼해야 한다. 소비자의 구매상황을 실시간으로 점검해야 함은 물론이거니와 생산자에게 주문을 내는 활동 등도 실시간으로 연결되어 있어야 한다. 정보의 실시간 연결

이외에도 제품들이 상점에서 배달되는 유통시스템까지 정비하지 않으면 안되는 것이다. 위성통신망의 활용과 POS 시스템의 구축을 통해 Wal-mart는 보다 신속한 물류시스템을 구축할 수 있었다.

QR 시스템의 구축은 특히 계절상품의 취급에 있어서 획기적인 개선을 가져왔다. Push방식에 의한 생산/공급 방식에서는 계절상품의 경우 판매 개시 훨씬 전에 이루어지는 초기 발주에 의해 모든 것이 행해진다. 따라서 실제수요에 의한 재발주는 행해지지 않는 것이 통례가 되어 있다. 그러나 QR 시스템의 구축은 발주에서 제품이 조달되는 기간을 단축시키므로 기존 초기발주에 의해 전적으로 이루어지던 생산공급방식이 계절수요에 탄력적으로 대처할 수 있는 시스템으로 전환할 수 있게 되었다.

Wal-mart는 초기발주량은 총수요량의 50-80% 정도로 하향조정하고 실제 수요가 이루어질 때 추가발주가 이루어지도록 하고 있다. 이렇게 하면 수요예측을 잘못해서 발생하는 재고량을 대폭 줄일 수 있다. QR시스템의 구축으로 초기발주시점 또한 늦출 수 있는 장점이 있다. 기존에는 보통 초기발주가 시즌의 4-6개월 전에 이루어졌으나 Wal-mart는 QR시스템을 구축하여 시즌 20일 전으로 획기적인 개선을 이루고 있다. 초기발주가 나중에 이루어질수록 수요변화에 대한 예측이 보다 정확해진다는 장점을 가질 수 있다.

⑤ 공급자와의 파트너십 형성

Wal-mart와 P&G의 전략적 파트너십 구축은 유통경로상의 리더십이 기존의 제조업체에서 유통업체로 이전되었음을 보여주는 사례로 인용된다. 초기에 두 기업은 상호 적대적인 관계가 지속되고 있었다. P&G사는 스스로 마켓리더라고 생각하여 Wal-mart와 같은 대형 유통업체의 요구에 쉽게 응하지 않았고 Wal-mart는 유통과정의 비효율성에 대해 줄곧 불만을 토로하고 있었다.

Wal-mart는 이런 식의 신경전이 상호의 효율개선에 도움이 되지 않는다는 판단하에 P&G사와 파트너십을 구축하여 상호 EDI와 거래 컴퓨터 프로그램을 이용하여 정보를 공유함으로써 고객동향을 쉽게 파악하여 물류를 개선하고자 하였다. 이러한 제안을 P&G가 전격적으로 수용함으로써 P&G는 Wal-mart의 POS 데이터를 EDI에 의해 신속하게 파악하고 QR에 의해 신속한 발주업무를 수행하게 되었다. 이러한 방법으로 온라인이나 리얼타임으로 수주상품을 자동공급의 형태로 Wal-mart의 배송센터에 일괄해서 직접 발송할 수 있게 된 것이다. P&G공장에서 지역 배송센터로의 수송은 Wal-mart의 배송차가 각 점포로 제품을 공급하고 난 후 배송센터로 돌아가는 길에 P&G에 들러 제품을 가져오는 방식을 채택하고 있다. 이는 수송의 적재율을 향상시키고자 하는데 목적이 있다. 지역 배송센터에서는 인수 즉시 점포별로 자동분류하여 각 점포로 배송한다. 장식용 종이박스에 바코드를 부착해 자동 분류는 물론 입·출하시 제품검사를 자동으로 실행할 수 있다.

이러한 전략적 동맹관계를 통해 Wal-mart는 배송센터를 재고담당 물류센터에서 일종의 수송기지로 변모시켰고 이것은 연간 재고회전수가 두 배 이상 증가하는 효과를 얻을 수 있었다. 또한 P&G도 이를 통해 세일즈맨의 영업활동을 줄일 수 있었고 프로모션비용(진열지원금 등을 통칭)을 악용하는 수퍼마켓체인의 보수제도를 중지시킬 수 있었으며 모든 매장에서 같은 가격에 P&G제품을 판매함으로써 소비자의 브랜드 충성도를 높일 수 있었다.

1. 규모화·프로세스 개선으로 물류시장 개척

2014 제주경제대상 탐방 부문상 9.㈜제이비엘

2014 제주경제대상 부문상(제주은행장 표창)을 받은 ㈜제이비엘(대표이사 이순섭)은 대기업의 진출에 맞서 도내 물류시장을 개척하고 있는 제주 토종 유통기업이다.

제이비엘은 영세성과 비효율성, 마케팅 부재 등 도내 물류산업의 경쟁력이 취약한 상황에서 2012년 창업, 제주항과 가장 가까운 화북동에 대규모 물류센터를 갖추고 협업적 공급사슬관리(SCM)를 도입하는 등 프로세스를 개선해 전국 화주와 소비자들의 만족도를 높이고 있다.

특히 도내 '허브 앤 스포크'(축과 바퀴살) 물류시스템을 통한 효율적 배송과 함께 트럭채 운송하는 트럭페리시스템, 전 차량 냉장·냉동트럭 도입, 온도별로 구분된 물류센터 운영 등 파손율을 최소화하는 동시에 저온물류에 강점을 보이고 있다.

이를 통해 창업 첫해에 비해 현재 7배의 매출 성장과 9배의 고용 증대 효과를 거뒀다. 여기에 전 직원을 정규직으로 채용, 안정적인 생활을 보장하고 있으며, 각종 세미나·강연·포럼 등에서 지역 물류산업 육성의 중요성도 알려 나가고 있다.

이순섭 대표이사는 "지금까지 이전기업 유치 등 첨단산업 육성만 이야기해 왔지만 1차적으로 뿌리산업인 '지역 물류'를 키우지 않고서는 기대하기 어렵다"며 "'아시아 대표 지식물류기업'을 목표로 지역경제에 보탬이 되도록 노력하겠다"고 말했다.

자료: 김봉철, 규모화·프로세스 개선으로 물류시장 개척, 제민일보, 2014.12.10.

2. 엠로. 클라우드 서비스 'PSMsolution' 출시

최소 월 40만원 … 경제적 비용으로 신속한 구매관리 서비스
3개 금융사, PSMsolution 출시와 동시에 사용 개시

구매 공급사슬관리(SCM) 솔루션 전문기업 엠로는 클라우드 서비스인 'PSMsolution: Purchasing & Supply Management solution(www.psmsolution. com)'을 출시한다고 17일 밝혔다.

이번에 출시된 PSMsolution은 엠로의 구매 SCM 솔루션과 LG CNS의 고성능 서버 인프라가 결합된 구매관리 클라우드 서비스로 웹상에서 필요한 기능만을 선택해 사용하고 월 사용료를 지불하는 방식이다.

엠로는 삼성그룹, 현대차그룹, LG그룹, SK그룹, 포스코그룹, 두산그룹, KT, 대우조선해양, 아모레퍼시픽 등 다수의 글로벌 선도기업들에 제공한 구매 및 공급망 관리 솔루션의 핵심과 노하우를 클라우드에 담아 서비스한다.

PSMsolution으로 기업이 자체 구매시스템 구축 대비 비용과 기간을 90%가량 절감할 수 있다는 설명이다. 엠로 관계자는 "별도의 인프라와 IT 관리 인력이 필요 없어 정보화 사업에 투자하기 힘든 기업에 적합하다"며 "특히 표준 서비스로 채택할 때 최소 3일 이내에 클라우드 서비스를 사용 가능하기 때문에 구매관리 시스템의 신속한 도입이 필요한 기업에 매우 유용하다"고 설명했다. 실시간 성능 모니터링, 유지보수 및 업그레이드 등 운영관리의 전반을 운영사인 엠로가 맡기 때문에 기업은 지속적이고 안정적인 구매관리의 서비스를 받을 수 있다.

엠로는 PSMsolution 출시와 동시에 미래에셋 증권, 미래에셋 생명, 미래에셋 자산운용 등 3개 금융사를 고객으로 확보하였으며, 올해 제조·의료·건설·서비스 등 전 산업 분야에 걸쳐 약 30개 사의 고객을 유치한다는 계획이다.

자료 : 원요환, 엠로, 클라우드 서비스 'PSMsolution' 출시, MK뉴스, 2013.07.17.

3. "제조업계, SCM 방식 바꿔야 … SNS·클라우드 활용"

제조업계가 공급망관리(SCM) 시스템에 소셜네트워크·클라우드 등 첨단 기술을 도입해야 한다는 지적이 나왔다. 특히 IT 및 자동차 업계에선 기존 SCM으로는 한계가 있다는 주장이다.

일본 혼다는 최근 10만여 대가 넘는 자동차를 추가로 리콜한다고 발표했다. 도요타, 마쯔다, BMW, 닛산 등 다른 대형 자동차 업체도 마찬가지다. 원인은 일본 자동차 부품 업체 타카타(Takata)가 만든 에어백시스템이다. 타카타가 지난 2000~2011년까지 제작한 이 에어백시스템은 지나치게 크게 터져 탑승객을 다치게 할 가능성이 있었다.

이처럼 최근 공급사슬에서 문제가 발생하는 경우가 늘고 있지만 이들을 관리하는 SCM 시스템이 바뀌지 않고 있다고 리코드가 9일 보도했다. 현재 제조업계 SCM 시스템은 대개 회사 개별 소프트웨어나 기업자원관리(ERP) 프로그램으로 관리된다.

공급업체들은 현재 겪고 있는 복잡한 문제를 고객사와 제때 논의해 조정하길 원한다. 기존 SCM 시스템은 단일 기업에선 유용하게 쓰이지만 세계 시장에 퍼진 공급망(Supply－chain) 전체를 관리하는 데는 한계가 있고 이메일처럼 일대일 소통 체계도 무용지물이라는 해석이다.

소비자들은 기기 선택의 핵심 요소로 품질·안전성을 꼽는다. 이들 업계는 기기에 다양한 기능이 도입되면서 SCM이 기존보다 방대해졌다. 여러 공급사를 두고 있기 때문에 이 중 한 곳에서 문제가 발생해도 기존 CSM방식으로는 조정하는 데 한계가 있다. KPMG 조사에 따르면 세계 제조업계 임원 중 49%가 1차 협력사 이외 공급망 사슬 현황에 대해 제때 알지 못한다고 답했다.

공급사에서 문제가 발생하면 제품 출시가 미뤄지는 등 컨슈머 시장에 즉각적인 영향을 끼칠 가능성도 커졌다. 애플은 공급망 문제로 신규 애플워치 초기 물량을 한달 300만 개에서 250만 개로, 250만 개에서 125만 개로 조정했다.

여기에 최근 시장에서 제조업체 도덕성을 문제 삼는 경우가 늘었다. 전자상거래·소셜미디어 발달로 기기 결함이나 연관된 비윤리적 문제는 이전보다 신속하게 화두에 오르고, 이는 시장 수요에 즉각 반영된다. 공급사를 이전처럼 시장의 외부 참여자가 아니라 제조업체 명성과 직결된 핵심 참여자로 여겨야 하는 이유다.

결국 SCM 시스템을 클라우드와 소셜 네트워크를 활용해 연결과 협업을 중심으로 바꿔야 한다고 리코드는 주장했다. 이를 통해 전체 SCM을 망라하는 단일 커뮤니케이션 네트워크를 구축해야 한다는 지적이다.

자료 : 김주연, "제조업계, SCM 방식 바꿔야… SNS·클라우드 활용", etnews, 2015.04.09.

1. 김성준, 「ZARA, RFID 기술 도입…온라인 패션시장 적극 공략」, 『Tin News』, 기사 일자: 2014/09/28, www.tinnews.co.kr/sub_read.html?uid=8586

2. 김정영외 1명, 「SCM 차원에서 RFID 기술 도입에 따른 ROI분석 모형에 관한 연구」, 『한국항만경제학회』, 2015.

3. 김창봉, 「SCM 도입에 의한 글로벌 기업의 생산성 강화 사례연구」, 『한국생산성학회』, 2002.

4. 박주영, 「글로벌 시대의 유통물류산업의 RFID 및 SCM 혁신전략」, 『한국물류협회』, 2006.

5. 성현희, 「[창조비타민프로젝트]한미약품, 세계 최초 RFID 의약품 유통관리」, 『ETN News』, 기사 일자: 2014/02/05, www.etnews.com/201402050273

6. 이수열. (2015). 글로벌 공급망의 지속가능 공급사슬 관리와 성과. 대한경영학회 : 대한경영학회지 제 28권 2호.

7. 이은경, 「패스트 패션(Fast Fashion)의 프로세스 혁신에 관한 연구」, 『한국디자인문화학회』, 2011.

8. 장활식외 2명, 「조직 간 파워 유형과 SCM 사용자만족, 2015.

9. 한미약품 홈페이지, 『www.hanmi.co.kr』

10. 이마트 홈페이지, 『store.emart.com』

12. 스타벅스 홈페이지, 『www.istarbucks.co.kr/About_us/starbucks_story.asp』

13. 레비 칼라코타, 「e비즈니스 성공과 전략」, 『정보문화사』, 2001.

네이버 지식백과
http://terms.naver.com/entry.nhn?docId=1995871&cid=43168&categoryId=43168

롯데칠성몰 http://www.lottechilsung.co.kr/

벼농사에 드론까지… 농가 소득도 '쑥쑥'

　　　http://news.kbs.co.kr/news/NewsView.do?SEARCH_NEWS_CODE=3071757&ref=A

위키백과 http://ko.wikipedia.org/wiki

테슬라가 배터리 제조사 노리는 이유 http://www.etnews.com/20150427000153

한국 코카-콜라 http://company.cocacola.co.kr/AboutCompany/business.html

코카-콜라 음료(주) http://www.ccbk.co.kr/company/facYeo.jsp

CHAPTER 12

전사적 자원관리(ERP)

12.1 ERP란

ERP는 생산, 판매, 자재, 인사, 회계 등 기업의 전반적인 업무 프로세스를 하나의 체계로 통합/재구축하여 정보를 공유하고 신속한 업무처리를 도와주는 전사적 자원관리 패키지 시스템이다. 기업활동을 위해 사용되는 기업 내의 모든 인적·물적 자원을 효율적으로 관리하여 궁극적으로 기업의 경쟁력을 강화하는 역할을 하는 통합적인 정보시스템이다.

일반적으로 기업은 경영을 위해서 생산, 판매, 인사, 회계, 재무, 원가, 고정자산의 운용 등 운용시스템을 갖추고 이를 통해서 이익을 창출한다. ERP는 이러한 경영활동에 필요한 전 부문에 걸쳐서 경영자원을 하나의 시스템으로 관리할 수 있도록 재설계함으로써 기업의 생산성을 극대화시키려는 대표적인 기업 리엔지니어링 방법이다.

ERP가 보편화 되기 이전에 기업들은 경영지원을 위해서 각 부문의 업무를 각각 처리하고 정보를 가공하여 의사결정권자에게 제공되었기 때문에 정보가 타부문에 동시에 연결되지 않아서 정보제공자와 수령자 모두 불편함을 호소하고 많은 시간과 비용이 낭비되었다.

ERP는 이러한 문제점을 해결하기 위해서 어느 한 부문에서 데이터를 입력

그림 12-1 │ ERP 시스템 중 하나인 SAP R/3의 다양한 모듈들

자료: SAP Online Tutorials, SAP Modules List Overview

하면 회사의 전 부문의 데이터에 영향을 미치며 각 부문이 별개로 작동하는 것이 아니라 통합되도록 하여 정보의 질과 효율성, 안정성을 높이고자 고안되었다.

ERP를 구축하기 위해서는 소프트웨어 설치방법이 사용되고 이를 주로 ERP 패키지라고 하는데 데이터를 어느 한 시스템에 입력하면 자동으로 전 부문에 영향을 미치며 별도로 인터페이스를 통해 처리할 필요가 없는 시스템을 뜻한다.

ERP 패키지는 소프트웨어이기 때문에 주기적으로 새로운 버전을 업데이트해서 새로운 기능이나 문제점을 해결하기 쉽고 기술의 변화를 받아들이는 것이 빠르고 배포가 쉽다. 또한, 기업자원의 효율적인 운영을 통해서 생산성을 향상하고, ERP를 활용하는 기업이 많아지면 많아질수록 상호 기업 간의 신뢰 및 안정성을 확보하여 자유로운 전략적 제휴를 가능케 하며, 데이터를 일관되고 통합적으로 유지하고, 업무절차를 단순화, 표준화, 실시간 처리하여 의사결정에 제공되는 정보의 질과 양을 개선하는 많은 장점이 있다.

12.2   ERP 관련기업

(1) SAP

독일에 본사를 둔 SAP는 시스템 분석과 프로그램 개발을 뜻하는 "Systems, Applications, and Products in data processing"의 약자이다. 1972년 독일 지사의 급여관리와 회계프로그램 개발을 시작으로 1973년 기업용 소프트웨어 SAP R/98을 개발하였으며 이후 세계 각지로 사업무대를 확장하여 1992년 SAP R/3 시스템을 발표하여 코카콜라, 벤츠 등 주요 대기업에 판매하였다. SAP R/3가 성공을 거두면서 세계에서 가장 큰 소프트웨어 공급업체로 성장하였고, 기업 인수활동을 통해 더욱 성장하였으며 "기업운영을 심플하게 하라"가 기업의 슬로건이다.

(2) 오라클

오라클(Oracle Corporation)은 캘리포니아에 본사를 둔 매출 규모 세계 2위의 소프트웨어 회사이다. 대표적인 제품은 데이터베이스 관리시스템인 오라클 DBMS(DataBase Management System)로 현재 유닉스 체제에서 가장 많이 사용된다. DBMS는 데이터를 효과적으로 이용할 수 있도록 정리하고 보관하기 위한 기본 소프트웨어이다. 그리고 전사적 자원관리 시스템인 ERP, 공급망관리 시스템인 SCM, 고객관계관리 시스템인 CRM 소프트웨어도 개발한다. RDBMS 제품을 필두로 전 세계 DBMS 시장점유율 1위를 기록하고 있으며 소프트웨어, 서버, 네트워크, 스토리지 등의 부문에서 뛰어난 기술력을 보유하고 있다.

1987년 오라클은 매출 1억 달러를 기록하며 전 세계에서 가장 큰 데이터베이스 관리회사로 발돋움했다. 1989년 현재의 본사가 있는 레드우드로 이전했으며, 2000년 자회사인 오라클 모바일이 설립되어 휴대전화 사업에도 진출했다.

2009년 세계 4대 컴퓨터 서버업체인 미국의 선마이크로시스템스를 74억 달러에 인수해 하드웨어 분야에서도 선두주자로 나설 수 있는 발판을 마련했다. 2013년 기존 오라클 DBMS에 인메모리 기능을 옵션으로 넣은 '오라클 DB 12c 인메모리 옵션'을 발표했고, 2014년 6가지 새로운 오라클 클라우드 플랫폼 서비스를 출시했다. 2014년 매출액 382억 7천만 달러, 영업이익 147억 5천만 달러를 달성했다.

(3) AWS

AWS는 아마존의 자회사다. 주력 제품은 클라우드 서비스이다. AWS에서 말하는 클라우드는 '네이버 클라우드'나 '구글 드라이브'와는 좀 다른 개념이다. 네이버 클라우드나 구글 드라이브는 일반 소비자를 대상으로 서비스를 제공한다. 사용자는 이러한 클라우드 서비스로 저장공간에 접근하거나 문서작성 프로그램을 웹브라우저에서 곧바로 이용할 수 있다.

AWS의 주요 고객은 개발자 엔지니어 등 IT 관계자이며, AWS가 제공하는 서비스는 '인프라'다. 웹사이트를 구축한다고 가정하면, 개발자는 웹사이트에 들어갈 이미지와 글을 저장해야 한다. 사용자에게 웹사이트 내용을 보여주도록 명령하고 제어하는 시스템도 필요하다. 이러한 과정을 위해선 스토리지나 서버 등을 설치해야 한다. 개발자는 이러한 하드웨어를 설치할 공간을 사무실 한켠에 마련하고 각종 환경설정 및 네트워크 환경을 구축하기 위해 며칠씩 시간을 소비한다. 만약 3일만 웹사이트를 운영하고 싶다면 어떨까? 3일 동안 사용하기 위해 서버와 스토리지를 구매하기엔 비용이 너무 많이 들어간다. 게다가 사용자가 늘어나거나 웹사이트 내부에 저장할 데이터가 많아지면 서버나 스토리지를 더 구매해야 한다. 그런데 3일 뒤 사용자가 썰물처럼 빠져나가면 이미 구매한 서버나 스토리지는 개점 휴업 상태가 된다. 비용 측면에서 꽤나 비효율적이다.

이러한 상황을 개선한 게 클라우드다. AWS는 대량의 서버, 스토리지, 네트워크 장비를 구매해놓고 사용자에게 인프라를 대여해준다. AWS의 장점은 사용자는 각 장비를 사용한 만큼만 비용을 지불하면 된다. 즉 저렴하다. 그래서 AWS 서비스를 '인프라로서의 서비스'(Infrasture as a Service: Iaas)라고 부른다.

아마존닷컴에서 개발한 클라우드 컴퓨팅 플랫폼이다. 현재 클라우드 분야에서 세계 1위의 점유율을 차지하고 있다. 아마존의 모든 기능을 원하는대로 자동화할 수 있어 가능한 얼마든지 비용을 줄이는 방향으로 최적화할 수 있다. 서버를 쓴 만큼만 아마존에 비용을 지불하면 되기 때문에 스타트업들이 사업 시작할 때 가장 많이 쓰는 서비스가 되었다.

애플의 iCloud도 Microsoft Azure와 AWS 위에서 동작하는 것으로 유명하며 해외의 유명 대학에서는 연구를 위해 IT인프라를 자체 확보하지 않고 AWS나 Microsoft Azure, Google Cloud Platform을 쓰는 경우도 점차 늘고 있다.

많은 정보를 취급해야 할 경우 매우 효율적이다. 넷플릭스와 배틀그라운드 게임서버, 스트리밍사이트인 트위치 역시 아마존닷컴에게 인수된 뒤로는 AWS 서버를 사용하고 있다.

(4) 더존

ERP 시스템을 취급하는 IT기업이다. 1997년 더존디지털웨어로 출발하여 대한민국 일부 지역에서 기업들의 ERP 소프트웨어를 만드는 역할을 하다가 2004년 더존SNS라는 이름으로 법인으로 세워지면서 전국의 더존디지털웨어가 하나로 통합되었다.

더존비즈온의 ERP 시스템은 대한민국과 중화인민공화국의 중소기업/벤처기업 위주로 1만여 개 기업에서 사용하고 있다. 기업시장(B2B)을 주요 고객군으로 하며 MIS(경영 정보 시스템), ERP(전사적 자원관리)와 같은 주력 솔루션 외에도 컴퓨터 포렌식을 비롯한 각종 보안서비스와 공인전자문서센터, 샵메일서비스, 전자세금계산서, 간편결재시스템, 그룹웨어, 인터넷 팩스 시스템, e러닝 등, ICT 전반에 대한 서비스를 제공한다.

12.3   SAP ERP란?

SAP ERP는 하나의 통합된 패키지이지만 이를 적용할 기업의 특성에 맞도록 반드시 스터마이징이 필요하다. SAP ERP는 기본적으로 Non－customizing 제품이므로 SAP에서 제공하는 스탠다드 이외의 프로그램들은 각 기업에서 맞춤화 해줘야 합니다. 이를 CBO(Customer Bolt On) 프로그램이라고 하고 CBO로 스탠다드를 수정/확장하거나 스탠다드에 없는 신규 프로그램을 개발할 수 있다.

SAP의 솔루션 코어는 시스템을 사용하는 기업 규모에 따라 네 가지로 구분하고 있다.

- SAP Business Suite
- SAP Business All－in－One(A1)
- SAP Business ByDesign
- SAP Business One(B1)

여기서 위로 갈수록 기업 규모가 큰 기업에, 아래로 갈수록 규모가 작은 기업에 적합하도록 설계한 제품이다. 일반적으로 국내 대기업 ERP 구축 프로젝트에서는 아마도 비즈니스 슈트나 A1을 사용할 것이고 B1은 중소기업을 위한 제품군으로 중견, 중소기업에서 많이 사용할 것으로 예상된다.

그리고 코어 위에 여러 가지 IT기술을 접목하여 기업의 상황에 맞게 개발할 기회를 제공하고 있다. SAP는 현재 SAP S4HANA 버전을 제일 최신 버전으로 보유중이며 아직까지는 S4HANA 보다는 그전 버전인 R/3버전을 사용하고 있다. R/3는 재무, 인사, 제조, 영업, 물류/유통, 설비 및 공사관리 기능뿐만 아니라 문서들이 자동적으로 사용자들에게 전달되는 워크플로우 기능을 제공한다. 또한 기술적으로 클라이언트/서버 모델을 채용하였으며, 윈도우 NT부터 IBM 메인 프레임에 이르는 대부분의 운영체계 플랫폼을 지원한다.

기존의 ERP는 데이터가 많이 쌓일수록 대략의 데이터를 처리해야 하고 분석하는데 있어 성능의 문제가 존재한다. 그리고 빠르고 직관적인 분석을 위해 운영된 별도의 분석시스템(OLAP)으로 인해 실시간 분석의 한계가 있다. 이러한 문제 개선을 위하여 SAP는 HANA라는 인메모리 플랫폼 기반의 ERP를 만들었는데 그것이 SAP의 새로운 디지털 코어인 SAP S/4 HANA이다.

그로 인해 인메모리 플랫폼 HANA를 기반으로 대량 데이터의 빠른 처리 및 분석이 가능해졌다.

구현방법 역시 기존의 온프레미스 방식 뿐 아니라, 클라우드를 이용한 구현은 물론 온프레미스와 클라우드를 결합한 하이브리드 방식 모두 구현이 가능하다. 특히, SAP S/4HANA 클라우드 버전은 IoT 등 차세대 기술의 상용화는 물론 비즈니스 네트워크를 더욱 견고하게 통합한다.

고로 SAP의 장점은 총 네 가지로 볼 수 있습니다.
1. 전 세계를 cover 하는 통합운영 시스템
2. 전 세계의 모든 데이터를 실시간 분석 가능
3. 전 세계의 모든 재무와 생산, 영업, 유통, 인사관리, 임금 지급, 예산관리 가능
4. 전 세계의 운영 상황을 SAP를 통해 실시간으로 점검, 관리 가능

◆ SAP 모듈
회계 관련 모듈

    FI (Financial Accounting) - 재무회계

    CO(Controlling) - 관리회계(원가관리, 수익성분석, 사업계획, 예산관리)

    TR(Treasury) - 자금관리

물류 관련 모듈

    SD(Sales and DIstribution) - 판매 및 영업관리(주문관리, 가격관리)

    MM(Materials Management) - 구매 및 자재관리

    PP(Production Planning) - 생산관리

    QM(Quality Managment) - 품질관리

    PM(Plant Mainatenance) - 설비관리

    LE(Logistics Execution) - 출하 및 배송업무, 창고관리

인사 관련 모듈

    HR(Human Resources) - 인사관리, 교육 및 평가, 수수료

공통모듈

> PS(Project System) − 프로젝트 관리
>
> WF(Work Flow) − 사무자동화
>
> IS(Industry Solutions) − 업종별 솔루션

[영업/유통(SD) 모듈 특징]

- FI모듈과 연계하여 회계부문에서 관리되는 여신관리정보를 바탕으로 부실 채권 리스크관리 → 신뢰성 있는 여신관리 가능
- FI모듈의 기능과 완벽히 통합되어 거래처별 매출채권을 보조원장으로 실시간으로 관리하여 이어지는 입금 프로세스를 지원하고 실시간으로 총계정 원장에 반영

○ SD모듈의 장점

1. 영업지원 관리 향상
2. 신속하고 효율적인 주문처리
3. 유연한 가격결정 기능
4. 시장추세에 대한 의사결정 자원: SAP ERP=판매정보시스템
5. 회계모듈과 유기적 통합
6. 생산/물류 모듈과의 유기적 통합
7. 적시 배송을 위한 출하/배송관리 지원

[자재관리(MM) 모듈 특징]

- 입고 및 검수부분에서는 품질관리(QM) 모듈과 연계되어 입고시 제품·자재의 품질검사, 물류관리 기능과 실시간 통합성을 제공합니다.

○ MM모듈의 장점

1. 타 모듈(SD, PP, PM, CO/FI)과 밀접한 통합
2. 다양한 정책에 대한 구매계획 수립 지원
3. 전략적 공급정책에 비용과 시간투자 절감

4. 공급사슬의 효율적인 관리를 위한 대응력 확보

공급사슬관리(SCM)는 상품, 정보, 자금의 흐름까지 공유하여 협업의 효율성 추구

[생산관리(PP) 모듈 특징]

- SD의 판매, MM의 재고관리, CO의 원가계산과 통합적으로 연계되어 고객의 수요를 파악하고, 고객의 수요가 생기는 지점에 제품을 공급하도록 하는 기능을 한다.

  ○ PP모듈의 장점
  1. 산업별 다양한 기준정보의 관리
  2. 기준 정보를 통합적으로 활용
  3. 제품 특성에 맞는 생산계획 수립 가능
  4. 다른 모듈에서 관리하는 자료의 활용
  5. 시뮬레이션을 통한 분석(LTP)
  6. 공급사슬관리 모듈과 인터페이스 지원
  7. 제품 특성에 맞는 생산방식의 지원

[재무회계(FI) 모듈 특징]

- 비즈니스 거래발생시 실시간으로 데이터를 자동 갱신하므로 계정명세서, 잔액확인서, 재무제표 등 각종 보고서를 신속하게 작성
- 재무정보시스템을 통해 고객과 구매처에 대하여 미 결제된 채권/채무분석 및 조회를 실시간으로 지원

  ○ FI모듈의 장점
  1. 국제적 요구조건의 충족
  2. 타 모듈과의 실시간 통합
  3. 유연한 계정과 목표(COA): 사용 기업의 요구에 맞게 다양하게 관리할 수

있음

4. 보조원장의 실시간 관리: 보조원장은 항상 총계정원장과 함께 조정

5. 채권관리

6. 채무관리

7. 고정자산관리 지원

8. 연결재무제표 연동: 재무회계 및 고정자산시스템과의 통합 → 개발 재무 제표로부터 데이터가 직접 이동

12.4 SAP의 성공요인

(1) 고객 맞춤형 서비스

SAP이 약 30년 만에 세계적 기업이 된 가장 중요한 이유는 고객중심의 맞춤형 서비스를 제공한다는 것이다. SAP은 고객의 문제 상황이나 아이디어를 파악한 뒤, 이를 해결할 수 있고 실현 가능한 솔루션 소프트웨어를 맞춤 제작한다. 고객중심의 서비스로 어느 한 분야에 국한되지 않고, 다양한 영역의 기업들이 믿고 신뢰하는 기업으로 성장했다. SAP의 다양한 분야 진출은 비단 기업의 성격뿐만 아니라, 공정 효율화 같은 문제를 위한 해결방안을 제시하고 더 나아가 설계까지 해주는 컨설팅 업무까지 확장하고 있다. 이러한 고객중심 서비스는 회사의 신조 '당신의 성공을 위해 무엇을 해드리면 될까요?'에서도 엿볼 수 있다.

(2) 대규모 연구개발 투자

SAP은 연간 4조 6,000억 원에 달하는 연구개발비를 투자하고 있다. 매출 대비 연구개발비 투자 비율은 약 15% 수준으로 매우 높은 비율을 연구개발비로

투자하고 있다. 연구개발비는 성과가 나기 전까지는 매몰 비용이나 다름없는 비용이기 때문에 15%의 비율은 SAP이 연구개발을 얼마나 중요하게 생각하는지 알 수 있는 부분이다. 특성적으로 하드웨어보다 빠르게 변화하는 소프트웨어 시장에서 고객의 아이디어를 실현할 수 있는 솔루션을 제공하기 위해서는 연구·개발을 멈출 수 없다는 게 SAP의 입장이다. 연구개발이 이루어지는 연구소의 연구원들은 정해진 근무시간 없이 유연한 출퇴근을 한다. 근무시간의 제약을 없애고 대신에 기한 내에 성과를 내는 방식을 사용하는 것이다. 다른 업무와 달리 창의적 생각이 중요한 연구개발 부문에는 정해진 근무시간이 주는 지루함과 평범함보다 자유로운 방식의 근무태도를 중요하게 생각을 한다는 것을 알 수 있다.

(3) 클라우드 기술의 도입

SAP이 승승장구만 해온 것은 아니다. 2008년부터 약 5년간 지속된 서브프라임 모기지론 발 세계금융위기로 인해서 SAP의 고객사들이 위기를 맞았고 이 때문에 주문량이 큰 폭으로 감소하여 SAP 역시 위기상황을 맞이했다. 당시 SAP은 서비스 전 영역을 클라우드 서비스로 전환하는 것을 목표로 대규모 연구개발을 진행하던 중이기 때문에 매출감소는 더욱 치명적이었다. 하지만, 클라우드의 시대가 올 것을 확신한 SAP의 경영진들은 어려운 상황임에도 불구하고 기술개발을 멈추지 않았고, 금융위기를 버텨낸 후 압도적인 기술력으로 시대의 요구에 답할 수 있었다. SAP의 미국지부 회장인 모건 제니퍼는 '클라우드 서비스 도입 이후 고객사와 자사 모두 비용 절감효과를 얻는 시너지 효과를 얻을 수 있었다' 말하며 클라우드 기반 소프트웨어 시장이 앞으로 더욱 빠르게 변화할 시장환경에 유연하게 대처하게 할 것이며, 이로 인해서 고객 만족도도 증가할 것으로 내다보았다.

12.5 SAP의 비즈니스 솔루션 제품

(1) S/4 HANA

HANA는 2000년 차상균 서울대학교 전기 컴퓨터공학부 교수가 제자들과 함께 설립한 TIM(Transact in Memory. Inc.)에서 개발한 인메모리 기술을 2005년에 SAP에서 사들여 SAP R/3 ERP에 적용하여 완성한 제품이다. 차세대 애플리케이션 및 분석을 위한 플랫폼으로, 디지털화된 현재의 세대에 맞추어 경제적이며 간소화된 운영을 할 수 있도록 설계된 차세대 비즈니스 ERP 제품으로, SAP Fiori를 통해 맞춤형 사용자 환경을 제공한다.

| 그림 12-2 | HANA의 변화과정 |

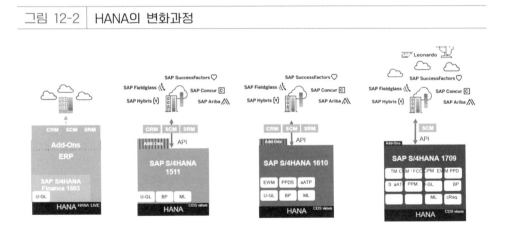

자료: SAP KOREA 영업팀, 더 똑똑해진 ERP, SAP S/4HANA 1709를 만나다, 2017.11.22

(2) SAP S/4 HANA의 특징

1) 인메모리 데이터베이스

HANA에 추가된 강력한 기술, 인메모리 기술은 디스크가 아닌 램(RAM)에 데이터를 저장하는 기술로 기존 디스크 저장방식보다 처리속도는 최대 1만 배가량 빠르다. 인메모리 기술을 쉽게 묘사하여 설명하면 다음과 같다. 책장을 디스크, 책을 데이터, 책상을 메모리, 사람의 머리를 CPU라고 가정하면, 전통적인 데이터베이스는 책장에서 필요한 책을 책상에 올려놓고 머리고 공부를 하는 구조다. 즉, 디스크에서 필요한 데이터를 찾아서 램에 상주시키고 CPU가 활동하는 구조다. 인메모리 구조에서는 필요한 모든 도서를 다 올려놓고도 남을 정도로 큰 책상을 만드는 것이다. 이렇게 된다면, 책을 다시 책장에 둘 필요 없이 책상에서 바로 볼 수 있는 상태가 된다. 즉, 데이터를 모두 램에 저장하여 디스크에서 데이터를 탐색하고 다운로드에 시간을 낭비할 필요 없이 필요할 때 즉각적으로 꺼내 쓸 수 있도록 하는 것이다. 인메모리 기술 도입으로 기존 플랫폼 대비 약 수천 배 이상의 성능 개선수준 제공이 가능하다. 트랜잭션, 분석, 계획, 예측 및 감정 데이터 처리를 인메모리 데이터베이스를 통해 스트리밍하여 기업이 매우 복잡한 문제들에 대해서 해결방법을 찾는 시간을 크게 단축한다.

또한, 기존 시스템과 똑같이 스토리지를 가지고 있으며, 이 스토리지에 특정 시점마다 데이터가 저장되고, 백업과 복구도 가능하다. 따라서 RAM에 상주하는 데이터라서 전원공급이 차단됨과 동시에 데이터가 삭제될 우려는 없다.

2) 어플라이언스 제품

어플라이언스는 하드웨어와 소프트웨어가 결합한 일체형 제품을 뜻한다. 기존에는 소프트웨어와 하드웨어를 따로 구매할 수 있었는데 SAP HANA는 인증된 업체(HITACHI, HP, IBM, DELL 등)의 하드웨어에 소프트웨어가 설치된 어플라이언스 형태로만 구매할 수 있다, 따라서 장비가 전달된 후 전원만 공급하면 바로 사용이 가능한 장점이 있다.

3) 데이터 압축률 및 대량의 데이터 처리

데이터 압축률은 데이터의 반복도와 같은 데이터 성격에 따라 다르지만, 대체로 1/4~1/7 수준의 크기 압축률을 보여준다. 또한, 데이터 계층 단순화와 최적화로 대량의 데이터를 놀랍도록 빠른 속도로 처리하여 기업의 모든 자원 소스에서 오는 대량의 스트리밍 자료를 수집, 처리, 분석할 수 있다. 결과적으로 기업은 성능을 개선하고 여러 데이터센터 및 분석시스템을 운용하기 위해 설치하는 추가적인 하드웨어 설치나 유지보수 비용을 절감할 수 있다.

4) 실시간 분석기능

온라인 트랜잭션 처리(OLTP)와 온라인 분석처리(OLAP)를 하나로 통합하여 기업이 실시간 분석을 수행하고 내부 및 외부 데이터 소스로부터 통찰력을 얻을 수 있도록 한다. HANA는 다양한 데이터 유형을 지원하므로 기업은 고속 이벤트 경향을 분석하고 정적 데이터와 스트리밍 데이터를 결합하여 복잡한 분석 모델을 구축할 수 있다.

5) 빅데이터 분석

R 모델링을 포함한 다양한 애플리케이션 개발 인터페이스와 스파크 또는 하둡 환경과의 통합을 지원하는 데이터 액세스를 위한 핵심적인 구성요소를 포함하고 있다. 대량의 스트리밍 데이터를 위한 고속처리 능력을 제공하므로 빅데이터 환경을 구현하기에 매우 적합한 플랫폼이다.

이외에 인터페이스 특징으로 Fiori 2.0으로 진화하여 Me-area 및 알림을 홈 화면에서 바로 확인할 수 있고, 최초의 기업용 디지털 비서 CoPilot 탑재로 업무수행에 도움을 받을 수 있으며, X-ray 기능을 통해서 업무 화면에 도움말 호출 후, 설명을 보면서 업무수행이 가능하다.

12.6 SAP Leonardo

SAP 레오나르도는 SAP의 IoT 솔루션 제품군 브랜드로, 'SAP 클라우드 플랫폼(SCP)'상에서 기계학습, IoT, 빅데이터, 블록체인 등의 기술과 디자인씽킹 서비스를 통해 고객의 비즈니스 문제를 정확히 파악하고 해결할 수 있도록 지원하는 디지털 혁신시스템이다.

즉, SAP이 지난 45년 동안 26개의 산업 분야에 걸쳐서 쌓아온 비즈니스 프로세싱 노하우와 빅데이터 및 솔루션 분야의 전문성, 다양한 IoT, 빅데이터 애플리케이션과의 연결성을 모두 통합해 모듈방식으로 구성한 SW 솔루션 포트폴리오라고 할 수 있다.

SAP 레오나르도는 클라우드 기반의 서비스이자 혁신적인 방법론을 제시하고 애플리케이션 구동의 템플릿 임무를 수행하는 요소로 구성되어 있다. 또한, SAP 레오나르도는 SAP Cloud 플랫폼상에서 운영되며, SAP Cloud 플랫폼은 SAP 자체 데이터센터뿐 아니라, 구글 클라우드 플랫폼, 마이크로소프트, 아마존 클라우드 위에서도 서비스 사용이 가능하다.

레오나르도는 궁극적으로 사물과 사람과 비즈니스 프로세스 이 세 가지를 연결하여 성과로 이어지게 하는 데 목적을 두고 있다. 따라서, 사물로부터의 실시간 분석, 예측정비와 같은 고급분석, 비즈니스 프로세스 영역으로 연계하고 기존 프로세스를 최적화하여 새로운 비즈니스 모델을 개발하고 적용하는 것이 가능하다.

머신 러닝	사람의 전문성과 컴퓨터의 통찰을 통합하는 인공지능(AI) 및 머신 러닝(ML) 기능
사물인터넷(IoT)	디지털로 연결된 비즈니스를 운영. 센서 및 스마트 장치에서 IoT 자료를 수집, 분석하여 비즈니스 모델과 프로세스, 운영을 혁신
분석	데이터 시각화, 계획, 예측분석, 빅데이터 분석을 위한 강력한 도구로 조직 전반에서 신속하고 정확한 통찰을 확보
블록체인	블록체인과 분산원장 기술을 활용하여 복잡한 다중 당사자 프로세스를 간소화, 최적화하고 중개인에 대한 의존도를 낮춤
데이터 인텔리전스	데이터 인텔리전스 서비스를 활용하여 데이터로부터 수익을 창출하고 새로운 수익원을 개발하며 진정한 데이터 기반 비즈니스
빅데이터	인 메모리 데이터베이스와 빅데이터 관리의 최신 도구를 활용하여 신뢰할 수 있는 환경에서 모든 데이터를 통합함으로써 고급 애플리케이션과 분석

SAP 레오나르도는 사람과 사물 등 연결대상을 크게 6개 범주로 분류하여 각 영역에 적합한 애플리케이션을 개발하고 있다.

제품	생명주기가 2~5년도인 고부가가치제품, 제품의 상태, 사용현황, 제품의 서비스 가능성에 대응에 초점
자산	생명주기가 30년 이상, 고부가가치제품, 제조 및 유지보수 측면에서 자산의 가동시간을 늘리고 운영 및 수리 비용 절감에 초점
물류	움직이는 모든 것, 이동하는 모든 자산에 대한 추적, 모니터링, 분석, 유지관리에 초점
기반시설	건물, 파이프라인, 데이터네트워크, 데이터센터 등, 서비스 개선과 효율적인 운영과 리스크 완화를 위한 새로운 디지털 운영 인텔리전트에 초점
시장	공간에 관한 것. 물리적 공간과 관련된 모든 활동을 위한 솔루션으로, 에너지 사용, 배출량 및 혼잡도 등을 줄여 삶의 질을 향상하는 데 초점
사람	사람과 연관된 것. 사람과 커뮤니티를 연결하여 업무, 삶과 건강을 개선하고 나은 라이프 스타일을 제공할 수 있도록 지원

결론적으로, SAP 레오나르도는 기존 애플리케이션과 새로운 연계형 애플리케이션을 활용하여 기업이 E2E(인터넷 가상 설계시스템을 통해 실시간으로 정보를 교환하면서 공동작업할 수 있는 새로운 개념) 비즈니스 프로세스를 통합, 연결하여 새로운 사업수익 창출을 위한 솔루션의 집합이다.

12.7 사례 연구

클라우드 시큐리티 얼라이언스(Cloud Security Alliance)의 설문조사 결과에 따르면 70%에 가까운 기업들이 ERP를 클라우드 환경으로 이미 이관 중이거나 이관에 대한 구체적인 계획을 가지고 있다고 대답했다. 많은 기업들이 사용하고 있는 SAP ERP도 아마존웹서비스(AWS) 클라우드 인프라로 전환하고 있으며, ERP/하드웨어 교체 시기가 되거나 새로 ERP를 구축하는 클라우드 환경이 일반화 되고 있다. 국내에서도 LS글로벌 등 40개 이상의 기업이 이미 SAP on AWS로 이관 운영 중이다. 하지만 ERP는 기업의 핵심에서 서비스에 이르는 다양한 시스템과 연결되어 있어 클라우드로의 이전이 만만찮다. 회사의 재무적 물적 자산과 흐름을 관리하는 중요한 비즈니스 애플리케이션을 대상으로 한 상세한 클라우드 전략을 수립해야 한다.

2019년 연례 최대 IT 콘퍼런스인 '사파이어 나우'에서 SAP은 MS, Azure, 아마존웹서비스(AWS), 구글 클라우드 등과 함께 '임브레이스' 프로젝트를 진행한다고 발표했다.

임브레이스 프로젝트의 핵심은 클라우드 환경의 SAP S/4 HANA로 전환하고자 하는 고객에게 적합한 플랫폼, 소프트웨어, 인프라를 산업별로 추천하는 것이다. 고객은 SAP뿐만 아니라 선호하는 업체나 서비스 파트너를 정할 수 있게 된다.

또한, 국내기업 중 현대기아차는 2019년 원래 사용하던 오라클 DB에서 SAP S/4 HANA 클라우드로 전환함을 밝혔고, 이에 투자되는 비용은 4,000억 원에 육박한다. 글로벌 자동차 브랜드 중 사내 핵심 데이터베이스를 '인메모리 기반 클라우드' 방식으로 전환한 기업은 현대기아차가 최초다.

SK하이닉스는 2018년부터 SAP S/4 HANA를 도입했다. 반도체 업계는 물론 국내 대기업 중 최초의 사례다. SK하이닉스의 S/4 HANA 도입은 SK하이닉스의 장기적인 디지털 전환 로드맵의 일환이었다. S/4 HANA 도입 후 1년 동안 SK하이닉스는 눈에 띄는 변화를 보였다. SK하이닉스의 주요 ERP 업무들의 성과가 평균 54% 증진되었고, 자산정보 보고는 120배, 판매 현황파악은 85배, 거래요청별 처리 77배, 업무지시 조회 73배 등 업무처리 속도가 획기적으로 개선되었다. 동시에 DB가 인메모리 도입으로 단순화되어 유지 및 보수비용도 줄어들었다. 특히, 도입을 위해서 필요한 ERP 다운 타임(중단시간)이 평균 60시간에서 10시간으로 1/6 수준으로 단축하여 도입하는 성공적인 도입사례를 보이며 '2019 사파이어 나우'에서 성공적인 도입사례의 예로 발표하기도 했다.

SAP은 포춘 선정 세계 500대 기업 중 85%가 사용하는 독점적인 시장점유율을 확보한 기업이다. 또한, 독일 내 기업 중 시가총액 1위 기업이기도 하다. 위에 언급한 대로 현대기아차, SK하이닉스, 삼성전자 등 손꼽히는 대기업은 물론, 구글, 아마존 MS 등 세계적인 기업들로부터 끊임없이 구애를 받고 있다.

SAP의 이러한 성과는 창립 이후 45년 동안 꾸준히 이룩한 기술혁신 때문일 것이다. SAP의 기술개발중심 경영은 현재의 기술에서 멈춰있는 것이 아니라, 꾸준한 혁신을 통해 더욱 효율적인 소프트웨어를 개발했다. 과거 SAP은 서브프라임 모기지 사태로 기업에 상당한 타격을 입었음에도, 연구개발에 투자를 포기하지 않았다. 훗날 포기하지 않았던 투자는 S/4 HANA와 레오나르도 개발로 이어졌다. SAP의 이러한 연구개발중심의 기술혁신은 지금까지와 마찬가지로 앞으로도 유지될 것이다.

SAP 자료

- SAP 공식 홈페이지
- Simplified and Connected 기반의 Transformation을 위한 Journey — SAP S/4HANA, SAP Korea
- 2018 IT 트렌드와 — 디지털 혁신을 위한 SAP 레오나르도, SAP Korea, 2018. 2. 21.
- 복잡한 운영을 심플하게! 인텔리전트 클라우드 ERP — SAP S/4HANA Public Cloud & SAP Business ByDesign, SAP Korea, 2018. 3.
- 더 똑똑해진 ERP, SAP S/4HANA 1709를 만나다 — Digital Applications, SAP, 2017. 11. 22
- SAP Modules Overview, SAP Training tutorials
- S/4HANA 평가: SAP 고객을 위한 고려사항, Rimini Street. 2018
- Gartner IT Key Metrics Data, 2014 IT Enterprise Summary Report, Gartner
- 비즈와치뉴스. 2019.03.27. 현대·기아차, SAP 클라우드 도입⋯사내업무 업그레이드
- 머니투데이. 2019.05.09. SK하이닉스의 성공적인 'SAP ERP' 도입 비결은?
- 디지털타임스. 2019.05.12. SW의 힘!... IT공룡 구애 한몸에 받는 SAP
- 물류신문. 2019.05.14. SAP, 마이크로소프트 – AWS – 구글 등과 손잡아

https://terms.naver.com/entry.nhn?docId = 2274731&cid = 42171&categoryId = 51120
     #TABLE_OF_CONTENT2

https://m.post.naver.com/viewer/postView.nhn?volumeNo = 18650562&memberNo =

963&vType＝VERTICAL

https://namu.wiki/w/Amazon%20Web%20Services

https://namu.wiki/w/%EB%8D%94%EC%A1%B4%EB%B9%84%EC%A6%88%EC%98%
A8

https://ko.wikipedia.org/wiki/%EC%98%A4%EB%9D%BC%ED%81%B4_(%EA%B8%B
0%EC%97%85)

https://ondemand.tistory.com/7

http://www.thinkzon.com/share_biz/69429

https://terms.naver.com/entry.nhn?docId＝3580218&cid＝59088&categoryId＝59096

https://terms.naver.com/entry.nhn?docId＝5550853&cid＝42114&categoryId＝42114

https://blog.naver.com/hmin825/221182675210

https://www.sap.com/korea/products/leonardo/blockchain.html

https://terms.naver.com/entry.nhn?docId＝3575873&cid＝59088&categoryId＝59096

https://m.blog.naver.com/PostView.nhn?blogId＝sap_krblog&logNo＝221251532272
&proxyReferer＝https%3A%2F%2Fm.blog.naver.com%2Fsap_krblog%2F22128060
6647

Management
Information
System

경영정보시스템
전략과 활용

Management
Information
System

CHAPTER 13

사물인터넷과 정보기술 전략과 활용

사물인터넷의 개념과 정의

사물인터넷의 기본 개념은 말 그대로 사물을 인터넷에 연결시켜 그 기능과 활용성을 확장하는 것이다. 즉, 사물인터넷이란 인터넷을 기반으로 모든 사물을 연결하여 사람과 사물, 사물과 사물 간의 정보를 상호 소통하는 지능형 기술 및 서비스를 말한다. 스마트폰 시장은 이미 시장이 성숙되어 있는 상황에서 기업과 정부는 ICT(Information & Communication Technology)에 대한 새로운 환경 변화를 모색해야 했다. 이에 스마트 Device를 통한 새로운 성장 동력이 필요한 이 시점에 등장한 것이 바로 사물 인터넷(Internet of Thing: IoT)인 것이다. 1999년 MIT Auto-ID Center의 캐빈 어쉬턴(Kevin Ashton)이 처음으로 Internet of things(IoT)라는 용어를 사용하였고, 초기에는 RFID 태그를 통한 시스템의 발전을 시작으로 개념이 조금씩 변화되면서, 현재 유비쿼터스 컴퓨팅환경과 향후 2020년이 되면 Physical World Web을 통한 서비스를 포괄하는 의미로 진화할 것으로 예상하고 있다.

IEEE, ITU, 3GPP, IETF와 같은 여러 표준화 단체에서 다양한 정의를 하고 있지만, 큰 의미에서 사물인터넷은 '사물이나 디바이스가 인터넷에 연결되면서 추가적인 가치를 사용자에게 제공할 수 있는 기술'로 정의하고 있다.

Daniel Giusto는 'The Internet of Things'라는 책에서, 우리 주변에 존재하는 다양한 객체나 물건들(RFID 태그, 센서, 휴대폰, 기계적 구동장치 등)이 서로 유기적으로 소통하여 하나의 목적을 달성할 수 있게 해주는 개념이라고 정의하기도 한다. 사물이 인터넷에 연결되면 사용자에게 다양한 가치를 제공할 뿐 아니라, 데이터 수집, 온라인을 통한 관찰 또는 원격제어, 나의 정보를 지속적으로 관리하여 데이터를 기반으로 한 사용자 맞춤과 학습을 통한 서비스 제공 등 다양한 서비스가 만들어질 수 있다.

기존에 단독으로 사용되던 전자제품들에 인터넷 기능들이 부여됨으로써 다양한 서비스가 많아지고 있다. 예시로써, 유럽의 농업국가 네덜란드는 사물인터넷을 적극 활용하기 시작하였으며, 젖소의 귀에 센서를 부착하여 건강을 체크하고, 이를 실시간으로 PC나 스마트폰을 통해 전달받는 시스템을 구축하여 5,000마리가 넘는 젖소를 효율적으로 관리하고 있다고 한다. 환경오염 측정, 산불 예방, 교통량 측정, 실내 위치측정 등과 같이 농업에서부터 첨단 산업까지 다양한 분야에 적용하여 부가가치를 창출할 수 있다.

표 13-1 IoT의 경제적 부가가치 전망   (단위: trillion $, %)

구 분	2014	2015	2016	2017	2018	2019	2020
경제적 부가가치	0.4	0.5	0.6	0.8	1.0	1.4	1.9
성장률	25	26	27	29	31	34	39

자료: Gartner(2013)

시장조사 기관 가트너는 IOT 기기가 2020년 260억 달러 대로 늘고 경제적 부가가치가 1조 9,000억 달러(약 2,000조 원)에 달할 것이라고 추산한다. 한국방송통신전파진흥원은 한국 시장이 2011년 4,147억 원에서 2015년 1조 3,474억 원으로 급성장할 것으로 보고 있으며, 2020년 한국에서만 6조 원 시장이 형성될 것으로 전망했다. 사물인터넷은 생활 속 사물들을 유무선 네트워크로 연결해 정보를 공유하는 환경이라고 할 수 있다.

M2M(Machine to Machine)은 사물 지능 통신으로 인터넷에 연결된 사물들이 인간의 개입 없이 능동적으로 정보를 주고받을 수 있는 기술이다. 이 기술은 우리 생활 곳곳에 활용되는 가전제품, 전자기기뿐만 아니라 헬스케어, 원격검침, 스마트홈, 스마트카 등 다양한 분야에서 활용된다.

13.2 사물인터넷 해외사례

(1) 미국 벤처기업 코벤티스의 '심장박동 모니터링 기계 PiiX'

PiiX는 1회용 밴드처럼 환자의 심장에 붙이기만 하면 된다. 환자의 심장 인근에 밴드 모양의 PiiX를 부착하면 평소 부정맥이 걱정되는 환자가 기기를 작동시켜 심전도검사(ECG)결과를 기록해 코벤티스의 중앙관제센터로 검사결과를 자동으로 보낸다.

만약 이 밴드를 붙이고 있는 상태에서 부정맥이 감지되면 따로 기기를 조작하지 않더라도 자동으로 기기가 작동해 결과가 관제센터로 보내진다. 그러면 중앙관제센터에서는 ECG 결과를 분석할 수 있는 전문가가 ECG 데이터와 환자

가 보고한 증상을 토대로 임상보고서를 작성하고 곧바로 이 임상보고서를 바탕으로 환자에게 가장 적합한 의료진을 선별해 연결해준다. PiiX는 15cm의 길이로 작아서 눈에 잘 띄지 않으며 방수기능도 포함되어 있다.

(2) 온라인 서점 아마존의 '무인헬기 택배 서비스 Amazon Prime Air'

Amazon Prime Air는 무인 소형 헬기를 이용해서 근거리를 공중으로 통해서 배송을 하는 무인 택배 헬기이다. 소비자가 아마존 온라인 쇼핑몰에서 구매를 하게 되면, 쿼트콥터라고 하는 무인 헬기가 작은 소포를 들고 30분 안에 하늘을 날아서 소비자에게 도착을 하는 시스템이다.

비행 거리는 16km 정도로 작은 도시 하나 정도는 물류센터 하나로 가능하지만, 서울 같이 큰 도시는 여러 물류센터를 통해 배송할 수 있을 듯하다. 배송할 수 있는 최대 무게는 2.2kg으로 한정되어 있다고 한다.

Amazon Prime Air는 모든 것이 자동화시스템으로 이루어지기 때문에 사람이 일일이 조종할 필요가 없다고 한다. 우선적으로는 아마존 우수고객(Prime Members)들만을 대상으로 하는 서비스가 될 것이라고 한다.

(3) 신발

가장 활발하게 인터넷에 연결되고 있는 의류제품 가운데 하나가 신발이다. 회사로는 나이키가 가장 잘 알려져 있다. 그러나 이 밖에도 구글과 패션 회사인 WeSC 등이 소셜 미디어에 연결되거나, 장시간 가만히 서있었기 때문에 운동이 필요하다는 등의 대화를 할 수 있는 신발들을 개발했다.

(4) 전동칫솔

생활용품 회사 프록터앤갬블의 오랄비 전동 칫솔은 입 안에 넣으면 어느 부분에서 칫솔질을 더 세게, 혹은 약하게 해야 하는지, 또 몇 분이나 칫솔질을 더 해야 하는지를 스마트폰이 알려준다. 치과의사가 개인의 치아 상태에 따라 양치 방법을 진단해 미리 스마트폰에 기본 설정을 해놓았기 때문이다.

전동칫솔은 블루투스로 스마트폰과 연동해, 사용자가 양치를 시작하면 스마트폰 앱에서도 자동으로 타이머가 돌아간다. 솔이 마모되어 교체시기가 오면 스마트폰으로 메시지를 보내 알려준다.

P&G는 칫솔이나 치약처럼 생활용품을 만드는 기업이지만, 블루투스 연동이 되는 칫솔을 만들면서 아이폰 앱, 그리고 안드로이드 앱도 개발했다. 이 앱을 통해 칫솔 사용자의 양치질 습관을 데이터화해 분석·수집하고 치과의사들과 이런 정보를 공유하기도 한다.

(5) 네스트 온도조절기

네스트 서모스탯사의 제품은 인공지능이 탑재되어 있어 사람이 거주하기에 가장 알맞은 온도를 찾아서 조절한다. 우선 네스트 서모스탯사의 제품은 무선인터넷이 지원돼서 스마트폰으로 온도조절이 가능하고, 제품시스템이 개발되면 자체적으로 업데이트가 가능하다. 또 최초 설치 후 1주일 동안 사용자가 설정한 온도조절 습관을 계산해서 그 이후부터는 건드리지 않아도 알아서 온도를 조정한다. 심지어 귀가시간이나 외출시간을 설정해놓으면 사람이 들어오는 시간에 맞추어서 온도를 올리거나 내린다. 더 놀라운 점은 집 구조와 성능정보를 입력해

태양열, 습도 등에 맞추어 최적의 온도 상태를 제공한다는 점이다.

(6) 공동시설

　　미국의 한 대학교에서 진행중인, 공통적으로 사용하는 공용화장실, 샤워실, 화장실 등의 사용 가능 여부, 세탁물의 시간은 얼마나 남았는지 알려주며 건조기의 사용 가능 여부를 알려준다.

(7) 하이얼 사물인터넷 냉장고, 샤오텐어 사물인터넷 세탁기

　　중국의 전자제품 전문기업인 하이얼은 2010년 1월, 세계 최초로 사물인터넷 냉장고를 출시하였다. 하이얼은 상하이 엑스포 기간에 화상통화, 정보검색, 동영상 등 다양한 기능을 탑재한 사물인터넷 냉장고를 선보였다. 냉장고 안의 음식물 상태 자동점검 및 자동온도조절, 식품의 유통기한, 특성 및 기타 정보를 저장할 뿐 아니라 슈퍼마켓과 연결하여 집에서 상품정보를 알 수 있다. 게다가 사용자가 주로 먹는 음식과 그 패턴을 바탕으로 사용자에게 필요한 건강, 영양, 식단 정보 등을 제공한다. 중국의 샤오텐어는 2009년에 세계 최초로 지능형 세탁기를 선보였다.

(8) 스마트 화분

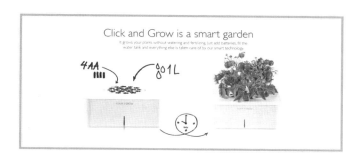

이 제품은 식물의 종 등을 검색하여 사용자가 원하는 식물을 누구나 키울 수 있도록 서비스를 제공하고 있다. 심을 씨앗을 검색 후 식물에게 필요한 습도, 조도 등의 정보를 찾아 식물에게 필요한 시간에 맞춰 수분 공급과 빛을 공급하여 식물의 성장을 돕는다.

(9) 고령자용 슬리퍼

24에이트가 고령자를 염두에 둔 인터넷 연결 슬리퍼이다. 스마트폰의 기울기를 인식하는 기술과 유사한 기술을 채택한 이 슬리퍼는 고령자를 위한 슬리퍼로서 고령자가 착용한 후 발의 각도 혹은 걸음걸이에 따라 이상이 있을시 위험을 감

지하여 보호자, 담당의사에게 정보를 전송하는 서비스를 제공한다.

(10) 스마트 약병

미국 바이탈리티사가 개발한 인터넷이 결합한 서비스이다. 바이탈리티사가 개발한 지능형 약 뚜껑은 불빛, 오디오, 전화, SMS 메시지 등을 통해 정기적으로 약을 복용하고 있는 환자에게 정확한 시간에 약을 복용할 수 있

도록 도와주는 서비스로, 글로우캡을 사용 한 경우 복약 이행률이 98% 이상으
로 나타났다.

(11) 스마트 기저귀

이 제품은 하기스의 트윗피이다. 트윗
피는 아기 기저귀에 부착된 센서를 통해
아기가 소변을 안내해주는 서비스이다.
기저귀에 부착된 작은 파랑새 모양의 센
서 장치로 기저귀의 수분함량을 체크하
여 일정 수준 이상이 되면 보호자의 트

위터를 통해 알려줌으로써, 기저귀의 효율적·효과적인 관리를 통해 육아부담
을 줄여줄 수 있다.

13.3 국내 사물인터넷의 사례

(1) SK텔레콤

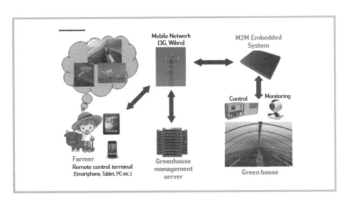

SK텔레콤은 제주도 서귀포와 경북 성주지역에 비닐하우스 내부의 온도와 습도, 급수와 배수, 사료공급 등까지 원격 제어 지능형 비닐하우스 관리 시스템인 스마트 팜 서비스를 제공하고 있다. SK텔레콤이 개발한 지능형 비닐하우스 관리 시스템인 스마트 팜을 이용해 온 도와 습도 등을 체크하고 있다. 스마트 팜에서는 스마트폰을 이용해 비닐하우스 내부의 온도와 습도, 급수와 배수, 사료공급 등까지 원격 제어할 수 있다.

(2) KT

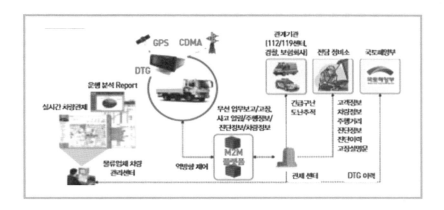

KT는 스마트폰을 활용한 집안 방범, 전력제어, 검침 등의 다양한 사물인터넷 서비스를 제공하고 있다. 원격지에서 거주자가 스마트폰으로 KT의 사물인터넷 플랫폼을 통해 실시간으로 집안 환경을 모니터링할 수 있으며, 간단한 스마트폰 작동을 통해 전등, 출입문 등을 제어할 수 있다. 또한, 실시간 침입 및 화재 경보를 수신할 수 있으므로 스마트 원격 관제 서비스가 가능하다.

(3) LG U+

LG U+는 DTG와 사물인터넷 플랫폼과의 연동을 통하여 실시간 차량 관제 서비스를 화물차량, 버스, 택시 등을 대상으로 제공하고 있다. 또한, 2012 여수 세계박람회 기간 동안 LTE 기반의 사물인터넷 솔루션을 적용한 차량관제 시스템을 운영하여 승무원, 승객관리, 운행상태와 속도, 이동거리 등의 차량정보를 실시간으로 교통관제 센터에 전송하는 서비스를 제공하였다. 누리텔레콤은 근거리 무선통신망을 이용하여 스웨덴 예테보리시에 26만 5천 가구를 대상으로 스마트 시티를 구축하였으며, 원격검침 서비스를 제공하고 있다.

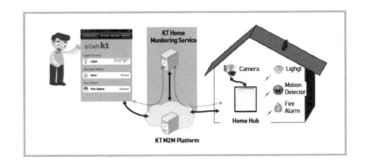

(4) 스마트 지갑

현재 대부분의 많은 사람들은 무분별한 소비로 돈을 쓸데없이 낭비하기 때문에 벌어들이는 비용보다는 나가는 비용이 대부분 더많다. 그래서 미래에는 지갑에 사물인터넷을 접목시켜서 지갑이 사용자의 소비습관, 시간 등을 관리해서 사용자가 가계부를 따로 쓰는 대신 지갑이 가계부를 따로 관리해서 사용자의 돈을 절약하게 돕는 기술이 나왔으면 한다. 또 이 지갑은 평소보다 사용자의 과다한 지출이 있을 때 사용자에게 알림으로써 사용자의 구매를 다시 한 번 생각하게 만드는 기능도 포함되었으면 한다. 또 지갑이 은행과 연결이 되어있어서 은행업무를 보다 쉽게 이용할 수 있게 해주는 기능도 추가되길 바란다.

(5) 침대

사물인터넷과 침대를 연계시켜서 병원에 보급시켜서 침대가 매시간 환자의 상태를 체크해서 담당의사에게 전송하는 사물인터넷 침대가 만들어졌으면 한다. 이 침대는 환자들의 호흡, 맥박, 체온, 위생상태 등을 체크하며 하루 종일 환자의 곁에서 머물지 못하는 보호자들에게 환자의 상태를 전송시켜서 환자의 곁에 없어도 불안하지 않게 만드는 것이다. 또 침대가 환자의 상태에 따라 자동적으로 환자의 편안함을 위해 움직이는 것이다.

(6) 티켓

각 표의 성격에 따라 뮤지컬, 영화관등 실내에서 관람하는 공연 표와 스포츠 경기 표 등으로 나눌 수 있다. 먼저 영화, 뮤지컬을 예로 들면 공연을 예매할 때 확인을 위해 발행해 주는 표 안에 공연의 이해도를 높이기 위한 정보 또는 출연진들의 짧은 인사말 등을 남겨 고객에게 한층 더 높은 차원의 서비스를 제공할 수 있게 될 것이다. 또한 스포츠 경기는 사람들이 너무 많아 자신의 자리를 찾는 것이 어렵다 그러므로 표 안에 자신의 자리를 안내해 주는 정보를 입력해 놓으면 쉽고 편리하게 자리를 찾을 수 있게 된다.

(7) 헬스 장갑

현대인들의 운동에 대한 관심의 증대로 헬스장을 찾는 사람들의 수가 증가하고 있다. 하지만 현실적인 문제로 개개인마다 트레이너를 고용할 수 없기 때문에 증가하는 수에 비해서 제공할 수 있는 서비스가 부족하다. 그래서 스마트 장갑을 개발해서 헬스장에 다니는 사람들에게 제공을 하는 것이다. 이 장갑은 사용자의 기본정보(근육량, 신장, 몸무게, 지방, 혈압, 심폐지구력 등)가 입력되어있어 사용자에게 맞춤형 운동법을 제시해준다. 그리고 헬스장을 찾는 대부분의 고객들은 헬스기구가 너무 많아서 어떤 것을 이용해야 하는지 제대로 파악하지못하고 있기 때문에 장갑이 어떤 기구를 이용하면 좋은지 알려주는 것이다.

(8) 피팅(Fitting) 거울

이 제품은 현재 백화점 매장 등에서 시범적으로 운용되고 있는 거울을 발전시키는 것이다. 현재의 기술로는 소비자가 구매하려는 상품을 선택하고 거울

앞에서면 거울 속에 옷이 등장하여 옷의 맵시 정도만 볼 수 있다 하지만 미래에는 거울이 각 매장의 제품정보와 현재 유행하는 스타일 등을 인터넷으로 스스로 검색하게 될 것이며 이 거울을 통해 구매하려고 하는 제품이 자신의 체형에 맞는지 확인할 수 있고, 최신 유행에 따른 스타일링으로 제품을 추천을 받을 수 있을 것이다.

(9) 옷장

현재의 소비자들은 자신들이 구매한 옷에 대해 세탁법, 건조법, 관리법에 대해 확실하게 알고 구매하지 않고 자신의 스타일 또는 실용성을 고려하여 구매한다. 그로 인해 세탁을 잘못하거나 건조를 잘못하여 옷의 맵시와 제품성을 해치는 경우가 많다. 이를 위해 옷장에 인터넷을 접목시켜 옷장을 만든다. 이 옷장은 소비자가 구매한 옷의 정보를 매장에서 실시간을 전송받는다. 정보를 전송받은 옷장은 옷의 상태, 청결도, 세탁 시기, 건조법 등을 소비자에게 알려준다.

13.4 사물인터넷 미래 적용방안

(1) 농업 - 기후와 토양

농사짓는 토양에 IoT 센서를 심어 토양의 상태를 측정해, 필요한 비료, 해충을 예방할 수 있는 정보를 사용자의 PC나 스마트폰에 전송한다. 사용자가 설정해놓은 기간 동안 일조량과 강수량을 측정한 정보를 사용자에게 보내 최적의 환경에서 농작물이 자라날 수 있도록 돕는다.

여기에 스프링클러를 설치해 물까지 자동으로 줄 수 있다. 조금이라도 해충과 같은 피해를 농작물이 입지 않도록 농부에게 최상의 농작물 환경정보를 제공하고, 해충이 생기더라도 이에 맞는 세계 여러 지역의 치료책과 정보를 제공한다.

(2) 미용 – 피부측정

몇 년 동안 이어져온 불경기로 인해 사람들의 소비심리가 많이 위축됐다. 이로 인해 명품가방, 외제차, 부동산 등의 큼직한 과시형 소비보다는 소소한 만족을 추구하는 자기 위안적 소비로 변하면서 뷰티업계에 새로운 바람이 불고 있다.

각 채널마다 뷰티 프로그램이 생기고, 다양한 메이크업 방법을 소개해주는 어플들이 등장하고 있다. 이제 뷰티는 성별과 세대의 관계없는 모두의 관심인 것이다.

피부측정기기로 피부를 측정하면, 피부분석을 통한 상태정보(피부 수분도, 민감도, 피부타입 등)를 사용자에게 스마트폰을 통해 제공하고, 단순히 상태정보만을 제공하는 것이 아니라 그에 따른 피부 개선방안, 매일 달라지는 피부 상태에 맞는 화장법을 추천해주며, 사용자의 모습을 사진 찍어 전송하면 개인의 체형과 얼굴에 맞는 옷 코디법까지 추천해줘 사용자를 더욱 아름답게 만들어 줄 수 있다.

(3) 외식 – 서빙

종종 식당에서 음식을 기다리면 다른 테이블 음식을 주는 종업원들의 실수를 경험한다. 이런 상황을 막기 위해 착안한 것이 서빙 IoT다. 서빙쟁반과 서빙 카트에 IoT 센서를 설치하여 쟁반과 카트에 기록해 놓은 음식접시를 놓으면 몇 번 테이블의 어떠한 음식인지 보여주어 종업원의 민망한 실수와 손님들의 불편한 상황을 막을 수 있다.

(4) 레저스포츠

가. 골프클럽 IoT

골프클럽에 사물인터넷을 적용한 골프클럽 IoT는 볼의 속도, 사용자의 자세를 분석해 더 나은 샷이 나올 수 있도록 각도의 조절이나 그립자세를 제시해

준다. 골프 초보자부터 프로 골퍼까지 자신에게 맞는 자세와 볼의 속도를 제공
해준다.

나. 낚싯대 IoT

낚싯대 끝에 IoT 센서를 설치하여 잡다한 것이 걸린 것인지 물고기가 걸린
것인지 낚시대 IoT가 사용자의 스마트폰에 전송한다. 다른 낚싯대 IoT를 분석
하여 실시간으로 물고기가 많이 잡히는 곳을 알려주고 그 중 현재 위치와 가장
가까운 곳을 안내해 준다.

13.5 IoT 기술의 문제점과 해결방안

(1) 문제점

미래의 새로운 기술로 떠오르는 IoT기술도 만능의 기술은 아니다. 존재하는
문제점도 많고, 해결해야 하는 부분도 많이 존재한다. 일단 기술적인 문제점이
가장 큰 걸림돌이다.

하드웨어적인 기술발전이 아직 완전히 이루어지지 못했다. 만약 하드웨어적
인 기술의 발전으로 상용화가 가능하다고 하더라도 소프트웨어적 어플이나 하
드웨어를 이용할 수 있는 프로그램의 부재도 문제점으로 지적될 수 있다. 또한

보안의 문제점이다. 사용자의 세세한 건강정보 또는 중요 개인정보를 상호교환 또는 커뮤니케이션을 하여 서비스를 제공하는 IoT 기술은 해킹이나 바이러스에 취약한 문제점을 들어내고 있다.

(2) 해결방안

하드웨어와 소프트웨어적인 기술적 문제점은 정부의 지원과 벤처기업들의 노력으로 어느 정도 해결되는 국면에 접어들었다. 새로운 아이디어를 창업 또는 개발의 길로 접어들 수 있도록 대기업과 정부의 협력을 통한 지원이 필요할 것이다.

보안적인 문제점 또한 IoT 기술 전문 보안업체 설립 또는 전 기업적인 차원에서 보안의 문제점을 인식 새로운 백신 또는 안티 해킹프로그램 개발에 손발을 걷어붙이고 나선다면, 완전한 답을 찾을 수는 없겠지만 최적의 방법을 찾을 수 있을 거라 생각된다.

1. 통합 삼성물산 첫 작품 … '의류+IT' 융합 사물인터넷

삼성그룹의 실질적 지주회사 역할을 맡게 될 통합 삼성물산이 1일 공식 출범한 가운데 첫 번째 성과물을 발표했다. 의류에 IT 기술을 접목한 웨어러블(Wearable) 제품이 그 주인공이다.

1일 업계에 따르면 삼성물산과 제일모직의 합병으로 탄생한 통합 삼성물산(이하 삼성물산)의 패션부문은 의류업계 최초로 오는 4일부터 9일까지 독일 베를린에서 열리는 세계 최대 규모의 가전박람회 'IFA 2015'에 참가해 전용 부스를 꾸린다.

삼성물산은 건설(최치훈 사장)과 상사(김신 사장), 패션(윤주화 사장), 리조트·건설(김봉영 사장) 등 4개 사업부문으로 구성돼 있다. 이번 박람회에서 삼성물산 패션부문은 의류와 IT의 융합을 담아낸 ▲ 스마트 슈트 ▲ 온백 ▲ 바디 콤파스 ▲ 퍼펙트 웰렛 등 모두 네 가지 제품을 선보일 계획이다.

스마트 슈트(Smart Suit)는 지난 2013년 가을 및 겨울(F/W) 시즌부터 삼성물산 패션부문의 남성복 브랜드 로가디스를 통해 소개된 제품의 후속작이다. NFC(근거리 무선통신) 태그가 이전처럼 주머니 속이 아닌 손목 부위의 스마트 버튼에 내장돼 신체의 가장 단순한 움직임만으로도 소비자가 원하는 기능을 실행시킬 수 있도록 설계됐다. 이 제품은 2015년 중 출시될 예정이다.

온백(On Bag)은 배터리 모듈이 내장된 스마트폰 충전 가방이다. 자석 젠더를 통한 무선(cable-less) 충전이 가능하다. 전용 애플리케이션과 연결하면 배터리 사용량을 확인하고 휴대폰 위치를 찾을 수도 있다.

바디 콤파스(Body Compass)는 바이오 스마트 셔츠로 불린다. 삼성전자와 협업해 선행 개발을 진행 중인 사례로 중장기적인 차원에서 연구이 계속 이뤄지고 있는 제품이다. 심전도(ECG)와 근전도(EMG) 센서가 박혀있어 심박과 호흡을 추적할 수 있다. 근육의 움직임과 호흡의 상관관계를 고려한 운동 코칭 기능도 제공한다.

퍼펙트 월렛(Perfect Wallet)은 NFC 태그가 장착된 지갑 형태의 남성용 액세서리다. 남성복 브랜드 엠비오를 통해 조만간 국내시장에 나올 전망이다.

이들 제품을 앞세워 삼성물산은 갈수록 커지는 웨어러블 시장을 선점할 목표다. 삼성전자가 TV와 백색가전 중심의 사물인터넷(IoT)에 초첨을 맞춘 사업에 집중하고 있다면 삼성물산은 의류와 접목한 '감성적인 사물인터넷'에 초첨을 맞춘 사업전략을 펼치고 있다.

삼성물산은 조직내부에 사물인터넷 전담팀도 꾸렸다. 이 조직을 통해 삼성전자와의 시너지 효과를 극대화할 것으로 보인다. 삼성전자는 전 세계 IT 업계에서 가장 많은 웨어러블 특허를 가진 기업이다.

미국 보스턴 소재 신기술 컨설팅업체 '룩스 리서치'가 최근 발표한 보고서에 따르면 지난 2010년부터 올해 3월까지 등록된 에어러블 기기 관련 특허는 모두 4만 1,301개로 집계됐다. 연평균 증가 속도는 40% 정도다. 삼성전자는 전체 특허 중 4%를 점유해 단일 기업으로는 가장 큰 비중을 차지했다. 퀄컴과 애플은 각각 3%와 2.2%를 차지, 삼성전자 뒤를 이었다.

삼성물산은 매출액과 자산규모 면에서 삼성전자, 삼성생명과 함께 그룹의 주축회사다. 미래 신수종 사업을 찾고 수익으로 연결시키는 일이 앞으로 핵심 과제다. 이와 같은 연장선상에서 패션부문의 웨어러블 제품들이 한몫을 담당할 것으로 예측된다.

업계 관계자는 "합병 후 삼성물산의 첫 번째 작품은 웨어러블 제품이다"면서 "이를 통해 내부 시너지 효과를 얻는 데 온 힘을 쏟고 있는 삼성물산이 삼성전자와도 협업을 바탕으로 한 상승효과를 이끌어 낼 수 있을 것"이라고 말했다.

　　한편 삼성물산은 이날 합병법인 출범식을 연 이후 다음 날인 2일 첫 합병법인 이사회를 개최한다. 이 자리에서 이사회 의장을 선출하며 4일에는 합병의 마지막 절차나 다름 없는 등기 절차를 마무리하게 된다.

최종희, 통합 삼성물산 첫 작품… '의류+IT' 융합 사물인터넷, 뉴데일리경제, 2015.09.01.
http://biz.newdaily.co.kr/news/article.html?no=10084456

2. 쌍둥이 젖 먹이다 나온 아이디어로 사물인터넷 창업

국내 최대 IoT 경진대회 우승팀, 스타트업 시동
'수유 도우미'로 호평 … 상금 100만 원도 재투자

쌍둥이의 아빠 이상용(38) 씨는 지난 3월 회사에 육아휴직을 신청하고 갓 난 아기들을 도맡았다. 쌍둥이를 앞뒤로 멘 아내가 안쓰러워 용단을 내렸다.

이씨가 휴직 중에 우연히 참가한 국내 최대 사물인터넷(IoT) 경진대회에서 쌍둥이를 떠올린 것은 당연했다. 제때 따뜻한 분유를 먹이려 애쓰던 경험이 아이디어의 씨앗이 됐다.

대회에서 한 팀으로 의기투합한 김성수(25)씨, 신혁(32) 씨, 임영선(24) 씨, 정지영(26) 씨는 사전준비 기간에 실제 아이를 키우는 부모들을 심층 인터뷰하면서 아이디어를 키워나갔다.

그렇게 해서 내놓은 제품이 'IoT 수유 도우미'(가칭)다. 수유 도우미는 전용 스마트폰 애플리케이션으로 당일 아기에게 먹일 분유량과 시간을 알린다. 수유 시간이 되면 알람을 울리고, 수유가 끝나면 젖병 무게로 수유량을 체크한다.

젖병에 든 분유의 온도를 섭씨 37도로 유지하는 기능도 있다. 식은 분유를 다시 데우기 번거롭다는 육아 경험자의 의견을 반영해 젖병 거치대 아래에 열선을 깐 덕분이다.

수유 도우미는 분유를 언제 얼마나 먹였는지 빅데이터 분석을 제공해 별도로 수유 일지를 쓰는 수고를 덜어준다. 또래 아기의 평균 수유량을 그래프로 비교할 수 있어 유용하다.

한지훈, 쌍둥이 젖 먹이다 나온 아이디어로 사물인터넷 창업, 연합뉴스, 2015.8.30.
http://www.yonhapnews.co.kr/bulletin/2015/08/28/0200000000AKR2015082816310001
7.HTML?input=1195m

3. [IFA 2015] 위닉스, IFA 첫 출격 … 사물인터넷 적용 공기청정기 '눈길'

위닉스는 지난 4일부터 독일 베를린에서 열리고 있는 유럽 최대 규모의 가전 박람회인 IFA에 처음으로 참가, 세계 각지의 바이어와 소비자들을 만나고 있다고 7일 밝혔다. 제습기 국내 1위 브랜드인 위닉스는 기존에 해외 시장에서 판매하고 있는 공기청정기, 에어워셔 외에도 습기가 많은 중남부유럽 시장 공략을 위해 위닉스뽀송 제습기를 전시해 소개하고 있다. 더불어 위닉스는 자체 개발한 사물인터넷(IoT)을 적용한 공기청정기 2종을 스마트폰으로 제어하는 시연을 선보여 관람객들의 주목을 받고 있다.

IFA는 유럽 최대 규모의 가전 전시회로 올해는 세계 각국에서 1,600개가 넘는 업체가 참가했고, 20만 명이 넘는 관람객이 다녀갈 것으로고 주최측은 추산하고 있다. 국내에서는 삼성, LG 등의 대기업을 비롯 위닉스, 휴롬, 바디프렌드 등의 중견기업들까지 60여 개 남짓한 업체가 참가했다.

위닉스 관계자는 "유럽 현지 소비자들이 위닉스 제품의 뛰어난 디자인과 사물인터넷을 적용한 제품에 많은 관심을 보여주고 있다"며 "이번 전시회를 그동안 내수 시장에 집약되었던 매출 비중을 해외 시장으로 나누어 안정적인 수익 구조를 만드는 기회로 삼겠다"고 말했다.

2005년 미국 Sears백화점 공기청정기 수출을 시작으로 지금까지 줄곧 미국 시장에서 공기청정기로 브랜드 인지도를 높여온 위닉스는 지난 3월 대기 오염 문제가 심각한 중국에 자체 개발한 사물인터넷(IoT)을 적용한 공기청정기를 출시해 본격적인 판매에 돌입했다.

IFA 전시회는 오는 9일까지 개최되며, 위닉스 부스는 메세베를린(Messe Berlin) 8.1홀 내 214번 부스에 위치해 있다.

송영록, [IFA 2015] 위닉스, IFA 첫 출격…사물인터넷 적용 공기청정기 '눈길', 이투데이, 2015.09.07. http://www.etoday.co.kr/news/section/newsview.php?idxno=1194501

1. 고정길 외(2013), "스마트 디바이스와 사물인터넷 융합기술", 「전자통신동향분석」. 한국전자통신연구원, 제28권 4호.
2. 윤미영·권정은(2013), "창조적 가치연결 초연결사회의 도래", 「IT Future & Strategy」, 정보화진흥원 제10호.
3. 장원규·이성협(2013), "국내외 사물인터넷 정책 및 시장동향과 주요 서비스 사례", 「동향과 전망: 방송·통신·전파」, 제64호.
4. 정보통신산업진흥원(2013), "사물인터넷 발전을 위한 EU의 정책 제안", 「해외 ICT R&D 정책동향」. 제6호.
5. 정보통신산업진흥원(2013), "사물인터넷 산업의 주요 동향", 「해외 ICT R&D 및 정책동향」. 제6호.
6. 조철희 외(2013), "사물인터넷 기술·서비스·정책", 「주간기술동향」. 제1625호.
7. 한국방송통신전파진흥원(2012), "미래인터넷의 진화방향", 「PM 이슈리포트」. 제2권.
8. 한국경제신문(2013), SK텔레콤 사물인터넷으로 가능한 서비스 보여줘. 12.20.
9. 한국일보(2013), 사물인터넷 시대 성큼.
10. 헤럴드경제(2013), 사람과 사물을 이어주는 모두의 인터넷 IoE 시대 온다. 9.28.

CHAPTER 14

공공정보데이터 개방전략과 활용

공공정보데이터 개방의 개념

(1) 공공정보데이터 개방의 배경

공공데이터 개방과 활용으로 공공－민간－시민 간 관계의 근본적인 패러다임이 변화하고, 이를 통해 새로운 사업 창출과 부가가치 증대가 이루어지고 있다. 유럽연합(EU)은 공공데이터 개방과 활용에 따라 GDP의 약 0.3%에 해당하는 520억 유로에 이르는 시장규모와 1,860억 유로에 달하는 경제적 효과가 있을 것으로 추산하고 있다. 또한, 영국은 약 150억 파운드의 경제적 효과와 2017년까지 58,000개의 일자리 창출을 기대하고 있으며, 미국은 900억 달러의 경제적 가치 창출과 기상데이터를 활용한 4,000개 이상의 일자리 창출 효과를 가져올 것으로 기대하고 있다. 이와 같이 공공데이터의 활용은 엄청난 경제적 효과를 창출할 것으로 예상되고 있으며, 동시에 국가적 차원에서 정책 및 예산의 투명성을 확보하고, 보다 객관적인 데이터 및 의견 수렴이 가능하며, 정책의 효율성을 높일 수 있을 것으로 보인다.

'공공데이터의 제공 및 이용 활성화에 관한 법률'에 의하면 '공공데이터'란 공공기관이 생성 또는 취득하여 관리하고 있는 광(光) 또는 전자적 방식으로 처리되어 부호·문자·도형·색채·음성·음향·이미지 및 영상 등(이들의 복합체 포함)으로 표현된 모든 종류의 자료 또는 정보를 말한다. 빅데이터 활용의 선두주자는 기업이지만 빅데이터 시대를 맞아 공공데이터의 필요성은 계속 증가하고 있다. 특히 검색과 전자상거래 기업은 방대한 고객데이터를 분석해 다양한 마케팅 활동을 하고 있다.

주요국 정부는 정부데이터를 공개하는 전용 사이트를 만들어 데이터를 활용한 새로운 지식을 만들기 위해 노력하고 있다. 영국(www.data.gov.uk)과 미국(www.data.gov), 호주(www.data.gov.au)는 공공 부문의 데이터 공개를 통해 정부의 투명성을 높이고 국민의 알 권리를 향상시키며 시간과 자원을 절감하는 효과를 지향하고 있다. 이러한 정부데이터 공개정책은 빅데이터 시대에 소통과 공유, 협업전략이 무엇보다 중요하다는 것을 의미한다. 우리나라에서도 안행부의 '공공데이터포털'(www.data.go.kr)에서 국가가 개방하는 다양한 공공데이터를 확인할 수 있도록 하고 국토부의 '국가공간정보 유통시스템'(www.nsic.go.kr) 등 각 기관별 시스템을 통해서도 데이터를 제공받을 수 있도록 개방한다.

(2) 공공정보데이터 개방과 빅데이터

공공 부문도 위험관리시스템, 탈세 등 부정행위방지, 공공데이터 공개정책 등 빅데이터를 활용하기 위해 다양한 노력을 기울이고 있다. 민간 분야뿐 아니라 정부를 포함한 공공 부문에서도 빅데이터를 활용하기 위해 노력하고 있다. 또한, 맥킨지(McKinsey)는 의료, 소매, 제조, 개인 위치정보 이외에 공공 분야도 빅데이터 활용 사례로 소개했다. 특히 유럽연합(EU)의 공공행정 부문에서는 행정비용의 15~20%에 해당하는 최대 3,000억 유로의 비용절감이 가능할 것으로 내다봤다. 싱가포르와 미국 정부는 보안과 위험관리 분야에 빅데이터를 활용하고 있다. 싱가포르 정부는 재난방재와 테러감지, 전염병 확산과 같은 불확실한 미래를 대비하기 위해 2004년부터 국가위험관리시스템을 추진했다. 다양한 국가적 위험 데이터를 수집·분석해 사전에 예측하고 대응방안을 모색하고 있다.

미국 연방수사국(FBI)의 DNA 색인시스템도 빅데이터 활용사례다. 빅데이터를 활용해 단시간에 범인을 검거하는 시스템을 운영하고 있다. 오바마 정부가 추진한 필박스(Pillbox) 프로젝트는 국립보건원(NIH) 전용 사이트를 통해 의약품 정보 서비스를 제공하고 제조사와 사용자 간 유기적인 정보 공유를 가능하게 했다. 이를 통해 후천성면역결핍증 등 관리 대상 주요 질병의 분포와 증감 현황 데이터를 수집·분석할 수 있게 되었다.

미국 미시간 주정부는 관련 정부기관 통합 데이터웨어하우스 구축으로 시민에 대한 보다 나은 서비스를 제공하고 비용을 절감했다. 미시간주의 21개 정부기관은 데이터 통합을 통해 공공의료보험 부정행위 발생 감지, 개인 건강관리 개선, 최적의 입양가정 선택 등 공공 서비스 품질 개선에 활용하고 있다. 오하이오주와 오클라호마주 정부는 국세청(IRS) 데이터과 고용데이터를 분석해 새로운 세원을 확보하고 미납세금을 확인하고 있다.

14.2 국내 공공정보데이터 개방사례

(1) 공공정보 개방에 따른 서비스 현황

현재 정부 3.0은 공공정보를 적극 개방하고 국민 맞춤형 서비스를 제공할 것을 요구하고 있다. 무조건 많은 수의 데이터를 개방하거나, 개발자를 대상으로 한 Open API 방식으로 단순히 데이터를 제공하는 것 이상이 필요하며 이를 위해 기관의 신뢰성 있는 데이터를 효과적으로 개방하고, 국민은 시각화로 한 눈에 데이터를 이해할 수 있게 해야 한다.

한편, 공공정보의 축적에서 나아가 연계, 공개를 통한 공공정보 활용 촉진이 국가정보화의 큰 흐름으로 자리 잡고 있는 시점에서, 공공정보데이터 품질관리를 위한 프레임워크, 단계별 품질관리, 품질진단 개선활동 등은 매우 중요한 사항이다. 공공정보데이터 품질관리에 대한 정답은 없다. 국가 기관 차원에서 정보화 및 데이터관리의 궁극적 비전, 목표를 바라보며, 가장 적절한 전략과 방안을 도출하여 설정에 맞게 적용하여야 한다.

표 14-1   전자거래의 개념 변화

	• "서울데이트팝" – 텐핑거스 • 서비스: 서울시 테마별 데이트코스 제공 및 미션 수행 등 • 활용정보: 국내관광정보(한국관광공사) • 다운로드: 32만 건 이상
	• "맞춤형 유전체 정보 분석" – 씨더스㈜ • 서비스: 유전체 분석을 통한 육종지원, 컨설팅 및 진단키트 • 활용정보: 농진청(유전체 정보) • 연매출: ('13년) 4억 원 → ('14년) 7억 원 예상

	• "모두의 주차장" – 모두컴퍼니
	• 서비스: 주변의 공영, 민영, 무료 주차장과 주차장,
	  허용구간, 시간 등 안내
	• 활용정보: 공영주차장 정보(서울시, 인천시 등)
	• 다운로드: 100만 건 이상, 네이버와 제휴를 통해
	  지도서비스 실시
	• 연매출: 5,000만 원, 2013 대한민국 모바일 앱 혁신상
	  수상

	• "메디라떼" – 메디라떼에이디벤처스㈜ • 서비스: 병원의 모든 정보를 한눈에 확인(영업시간, 주소, 전화번호, 카톡, 시술사진, 의료진 약력 등) • 활용정보: 전국 병의원 정보(건강보험심사평가원) • 다운로드: 80만 건 • 연매출: 12억 원, 고용창출 40명, 100만 달러 투자유치

	• "하이닥" – 엠써클 • 서비스: 전 국민 대상 건강지수, 건강 체크, 출입 병원의 　　의사 등록/관리 • 활용정보: 기상청 생활기상(보건기상) 지수 등 • 다운로드: 10만 건 • 연매출: 총 250억 원(공공데이터 활용 영역 구분 불가), 　　직원 수 214명, 네이버와 의료정보 제휴 등
	• "김기사" – 록앤올 • 서비스: 실시간 교통정보를 이용 정확하고 빠른 길 안내 • 활용정보: 교통정보(한국도로공사) • 다운로드: 1,000만 건 • 연매출: 37억 원, 직원 34명, 국내 네비 시장 1위, '14년 　　일본시장 진출

자료: 안전행정부 보도자료, 공공데이터법 시행 1년, 생활 속으로 들어온 데이터, 2014. 11.(일부 발췌)

　그럼에도 공공정보데이터 품질관리에 대한 이론적 탐구, 정책·제도개발, 표준·방법론 확립, 교육·홍보 등 일련의 노력들이 필요한 것은, 이를 바탕으로 국가 차원 데이터 품질관리 체계구축, 공공기관 데이터 품질관리 문화 정착이 보다 빨리 결실을 맺을 수 있기 때문이다. 데이터 품질관리는 그 스스로가 목적이 아니라, 선진 공공정보 서비스의 실현을 통한 국가 경쟁력의 향상을 위해 존재한다는 것을 잊어서는 안 될 것이다.

(2) 공공정보 개방 관련 주요 사이트

가. https://www.data.go.kr: 공공데이터포털

■ 목적

　공공데이터포털은 공공기관이 생성 또는 취득하여 관리하고 있는 공공데이터를 한 곳에서 제공하는 통합 창구이다. 포털에서는 국민이 쉽고 편리하게 공공데이터를 이용할 수 있도록 파일 데이터, 오픈API, 시각화 등 다양한 방식으로 제공하고 있으며, 누구라도 쉽고 편리한 검색을 통해 원하는 공공데이터를 빠르고 정확하게 찾을 수 있다.

■ 주요 서비스

데이터셋▶
파일데이터/오픈API/데이터시각화 검색 및 활용신청

기업탐방 인터뷰▶
공공데이터를 활용한 기업 인터뷰 기사 제공

기업지원 정책정보▶
각종 기업지원 정보 제공

개발자 네트워크▶
공공데이터 관련하여 개발자간의 지식 기술공유

활용사례▶
국내외 활용사례 및 가공된 데이터 공유

공공데이터 제공신청▶
제공하지 않는 공공데이터를 신청할 수 있는 접수창구 제

문의상담▶
Q&A, FAQ 를 이용하여 이용자들의 문의사항에 대해
전문적이고 빠른 답변 제공

나. https://www.odsc.go.kr: 공공데이터전략위원회

공공데이터전략위원회는 공공데이터에 관한 정부의 주요 정책과 계획을 심의 조정하고 그 추진 사항을 점검하고 평가를 하는 조직이다. 공공데이터라 함은 각 정부 기관이 전자적으로 생성 또는 취득하여 관리하고 있는 모든 데이터베이스(DB), 전자화된 파일 등을 말하며, 공공정보의 민간 활용을 통한 국민편의 향상, 신규 비즈니스 및 일자리 창출이 목적이다.

공공데이터전략위원회는 국민의 공공데이터에 대한 이용권을 보장하고, 공공데이터의 민간 활용을 통한 삶의 질 향상과 국민경제 발전에 이바지함을 목적으로 정책의 심의·조정·점검 등 지식재산 분야의 컨트롤 타워 역할을 수행하는 국무총리소속 기관으로 '공공데이터의 제공 및 이용 활성화에 관한 법률' 제5조에 의거 설립되었다.

다. https://www.gov30.go.kr: 정부 3.0

정부 3.0은 새로운 정부운영 패러다임, 즉 공공정보를 적극적으로 개방하고 공유하며 부처 간 칸막이를 없애 소통하고 협력함으로써, 국민 맞춤형 서비스를 제공하고 동시에 일자리 창출과 창조경제를 지원하는 새로운 정부운영 패러다임이다. 투명한 정부, 유능한 정부, 서비스 정부로 구성되어 있다.

(3) 대용량 공공데이터 개방사례

오픈API	제공 내용	분야
국제기구채용정보 (외교부)	외교부에서 구축하여 보유하고 있는 국제기구 채용정보(국제기구 채용, 국제기구 인사센터 소개 등), 국제기구 진출설명회/국제기구 진출 한국인 초청 간담회(동영상 자료, PPT 자료 등), 유엔 공석정보(최근 공석정보, 기구별 공석정보, 분야별 공석정보 등), 기타 공석정보(JPO/UNV/인턴십) 등 국민이 쉽게 제공받아 활용할 수 있도록 오픈API 방식으로 개방	고용 노동
고용·산재보험정보 (근로복지공단)	사업장의 고용·산재보험 가입정보 및 산재병원/재활병원 정보 서비스를 관련 기관 및 민간에서 활용할 수 있도록 오픈API 형태로 개방	
자립형노인일자리정보 (한국노인인력개발원)	장수시대로 진입하는 시점에서 정부 재정지원 일자리 외 60세 이상을 대상으로 하는 자립형 일자리 운영기관, 모집공고, 행정구역 등의 정보를 민간이 쉽게 활용할 수 있도록 오픈API 형태로 개방	
국가연안공간정보 (해양수산부)	해양수산부에서 생산/보유하고 있는 연안주제도, 연안정보도, 해수욕장 CCTV 정보 등의 국가연안 공공정보를 국민 및 공공기관 사용자를 대상으로 오픈API 형태로 개방	국토
등산로정보 (산림청)	산림과 관련한 다양한 휴양문화(등산, 산정보, 교육 프로그램 등)정보를 민간이 쉽게 제공받아 활용할 수 있도록 오픈API 형태로 개방	
부산관광정보 (부산광역시)	부산지역 고유의 관광지, 축제, 맛집, 숙박, 영화, 역사, 체험 프로그램, 공연/전시 등의 서비스를 민간이 활용할 수 있도록 오픈API 형태로 개방	
강원도관광정보 (강원도)	강원도에 고유하거나 세부적인 관광정보(지역 내 관광지, 축제/행사, 숙박업소, 음식점 등)를 필요로 하는 기관이나, 기업이 쉽게 제공받아 활용할 수 있도록 오픈API 형태로 개방	문화 관광
체험마을정보 (한국농어촌공사)	건강보험심사평가원에서 제공하고 있는 특수진료 병원약국정보, 질병정보, 비급여정보, 진료행위 정보데이터를 공공 및 민간이 활용할 수 있도록 오픈API 형태로 개방	
사회복지시설정보 (한국보건복지정보개발원)	사회복지시설의 목록, 사업정보, 행사, 구인정보와 시설 후원 내역, 민간과 공공시설 자원 등에 대한 정보를 민간이 쉽게 제공받아 활용할 수 있도록 오픈API 형태로 개방	
특수진료병원정보 (건강보험심사평가원)	건강보험심사평가원에서 제공하고 있는 특수진료 병원약국정보, 질병정보, 비급여정보, 진료행위 정보데이터를 공공 및 민간이 활용할 수 있도록 오픈API 형태로 개방	
잔류물질DB정보 (식품의약품안전평가원)	'일반인'대상의 잔류농약정보, 잔류동물용 의약품정보와 '전문가'대상의 잔류농약정보, 농약별·식품별 잔류농약정보 등의 잔류물질 데이터베이스의 정보를 오픈API 형태로 개방	식품 의약

식품이력추적관리정보 (식품의약품안전처)	식품이력추적관리시스템에서 제품이력정보, 식품이력현황별 정보 서비스를 민간이 쉽게 제공받아 활용할 수 있도록 오픈API 형태로 개방	
식품의약품종합정보 (식품의약품안전처)	식의약품종합정보서비스 내부 6종 공공데이터(의약품 행정처분정보, 임상시험 실시기관정보, 의료기기 GMP 현황정보, 의료기기 회수/판매 중지정보, 기능성화장품 심사목록정보, 기능성화장품 보고품목정보)를 민간이 쉽게 활용할 수 있도록 오픈API 형태로 개방	
생약종합정보 (식품의약품안전처)	생약종합정보시스템의 정보서비스 정보(생약기원정보, 생약자료, 표준 생약정보, 생약품질 등)를 민간에 오픈API 형태로 개방	
재난정보 (소방방재청)	지자체별로 관리하고 있는 화재현황 및 무더위쉼터정보 서비스를 민간이 쉽게 제공받아 활용할 수 있도록 오픈API 형태로 개방	재해 안전
군수품조달정보 (방위사업청)	군수물품에 대한 국내외 조달계획, 입찰공고, 입찰결과, 계약정보 등 국방전자조달시스템에서 생성된 조달정보를 민간에서 쉽게 활용할 수 있도록 오픈API 형태로 개방	조달
해양수산연구정보 (국립수산과학원)	해양관측지점별 측정정보, 이상해양환경발생정보, 위성해양영상정보, 해양생물종정보 등의 정보 서비스를 오픈API 형태로 개방	해양 수산
특허기술거래정보 (특허청)	現 시스템에서 유료로 제공하고 있는 특허 관련 기술정보를 수요가 높은 아이템을 선별하여 XML 문서로 웹서비스를 제공받아 무료로 활용할 수 있도록 오픈API 형태로 개방	
특허 및 산업재산권정보 (특허청)	특허청에서 발간하는 특허공보문서(특허, 디자인, 상표, 심판, 서지정보, 도면 등) 정보를 쉽게 찾아 활용할 수 있도록 오픈API 형태로 개방	
전통지식정보 (특허청)	특허청에서 수집, 구축한 다양한 한국의 전통지식정보 자원(약재, 처방, 유사처방, 병종 및 전통식품, 전통공예, 화합물 정보 등)에 대하여 검색, 조회 및 의견을 게재할 수 있도록 지원하는 정보 서비스를 오픈API 형태로 개방	특허
정부R&D특허성과정보 (특허청)	국가 연구개발사업으로 창출된 특허 성과의 검색 및 통계정보를 조회할 수 있는 정보 서비스를 오픈API 형태로 개방	
수출입무역통계정보 (관세청)	수출입신고서에 개제된 정보를 취합하여 제공하고 있는 무역통계 서비스(수출입총괄 조회, 품목별, 국가별, 성질별, 대륙별, 경제권별, 세관별 항구/공항별 등)를 공공기관, 민간 등이 쉽게 제공받아 활용할 수 있도록 기존 엑셀형식에서 오픈API 형태로 개방	무역
무역정보 (산업통상자원부)	국내 기업들의 수출 관련 기업정보, 거래품목, 규모, 빈도, 지역간의 거래정보와 국내 기업 간 수출용 물품에 소요되는 원자재 또는 완제품의 거래정보 및 내국 거래실적정보를 관련 유관기관(국세청) 및 민간기업 등이 활용할 수 있도록 오픈API 형태로 개방	
대학정보공시 정보 (한국대학교육협의회)	대학알리미를 통해 서비스되는 대학정보공시 중 정보수요자가 요구하는 대학정보공시 서비스를 제공받아 활용할 수 있도록 오픈API 형태로 개방	교육

14.3 해외 공공정보데이터 개방사례

세계 주요국 정부는 공공데이터 개방과 활용을 위한 정책을 적극 실행하는 단계에 진입하였다. 특히, 미국, 영국 등 주요 선진국 정부는 공공데이터 개방과 활용을 위한 구체적인 실행계획을 속속 발표하고 있으며, 최근 전 세계적인 차원의 정책 공조로까지 발전하고 있는 단계이다. 또한, 북아일랜드(Northern Ireland) G8 정상회의에서 각국 정상은 공공데이터 참여 원칙을 담은 '오픈데이터 헌장'(Open Data Charter)에 조인하였다.

표 14-2 주요국의 공공데이터 개방 & 활용 관련 정책

국 가	주요 정책	주요 내용
미 국	열린정부 이니셔티브(2009)	정부가 보유한 공공데이터의 개방원칙 천명
	data.gov(2009)	일원화된 공공데이터 개방 포털 설치
	오픈데이터 이니셔티브(2012)	데이터 기반 서비스 창출 지원 및 관련 신생 벤처 육성사업 소개
영 국	data.gov.uk(2010)	일원화된 공공데이터 개방 포털 설치
	투명성 어젠다(2010)	공공데이터 공개원칙을 정부기관에 지시
	오픈데이터 인스티튜트(ODI)(2011)	데이터 기반 서비스 창업을 위한 교육 실시
일 본	전자행정 오픈데이터 전략(2012)	정부가 보유한 공공데이터 개방원칙 결정
	액티브 재팬 ICT(2012)	데이터 개방 ICT 융합서비스 육성

자료: 삼성 경제연구소(2013).

또한, G8 오픈데이터 헌장에는 가치가 높아 우선적으로 공개해야 할 공공데이터들을 적시했는데, 기상, 지리, 보건의료 등 빈번히 거론되는 공공데이터 이외에 공공계약, 발주, 치안 등 활용처가 아직 덜 발굴된 부분에도 주목하는 등 그 범위가 광범위하다. 다시 말해, 정부활동과 관련된 거의 모든 공공데이터를 개방하여 민간 부문에서 적극 활용하자는 것으로, 이를 통해 새로운 부가가치를 창출하고 국가 발전에 활용하려는 의지를 보였다고 할 수 있을 것이다.

(1) 유럽

유럽은 2006년부터 실시하던 'e-Contentplus' 프로그램을 통해서 공공정보 재활용을 추진해 왔으며, 2011년 12월 경제성장 및 사회현안 해결을 위해서 과학기술 선도, 행정의 투명성과 효율성 증대 등을 목적으로 EU 기구와 28개 회원국에 소속된 공공기관의 모든 공공데이터에 대해서 온라인 개방을 의무화한 'Open Data Strategy'를 발표하였다. 또한 각국의 공공기관이 생산한 공공정보를 의무적으로 재사용하도록 '공공정보 재사용에 관한 지침' 개정을 추진하였다. EC 부위원장 닐리 크로스는 'PSI(Public Sector Information)의 활용은 소비자에게 더 많은 기회와 경제적 가치를 제공하며, 앞으로 새로운 일자리와 비즈니스를 창출할 수 있는 잠재력을 갖고 있다'고 하였다. 또한 그는 PSI와 관련된 모바일 앱 시장은 2013년 150억 유로로 성장했지만, 아직 유럽의 PSI 재활용이 많이 부족하다고 보고 있다. 따라서 PSI의 경제적 잠재력을 방해하는 모든 장애를 개선하여 PSI 재활용을 위한 EU룰을 어떻게 마련해야 할지 심사숙고할 필요가 있다고 주장하고 있다.

한편, Data.gour.fr는 프랑스의 공공정보 개발 포털로써, 2011년 12월 5일 서비스를 시작하였다. 프랑스 공공행정정보 공개를 목적으로 하는 Data.gour.fr는 프랑수와 피용(Francois Fillon) 프랑스 총리의 "오픈데이터 포털"구축에 대한 지시로 추진되었다. 이를 바탕으로 지방자치단체와 개인 등이 수집하고 소유한 정보를 재이용할 수 있도록 돕는 역할을 수행하고 있다.

Data.gour.fr에서는 90개의 기관에서 생산하는 352,000개의 공용데이터 및 기타 데이터를 제공하고 있다. 또한 오픈 데이터에 대한 정부의 「오픈 라이센스(Open License)」 정책에 따라 설계되어 있는 Data.gour.fr는 대부분 XLS로 데이터 형식을 제공하고 있으며, PDF, PDC, XLS, CSV 등의 형식 또한 지원하여 사용자의 편리함과 호환성을 지원한다. Data.gour.fr는 데이터의 재사용, 복제,

재배포, 개작을 법적으로 보장하고 있으며 상업적 이용을 허용하여 다른 정보
공개 포털보다 재사용을 활발히 촉진하고 있다.

표 14-3 G8이 선정한 가치가 높은 공공데이터와 활용 예시

분야	데이터	활용방안 예시
범죄 · 치안	범죄통계, 안전정보	점포 설치, 업무활동 시 경보 발신
지구관측	기상 및 기후, 농업, 임업, 어업, 수렵활동 정보	기상정보 연동 농수산물 작황 및 가격예측, 계절상품 수급변동예측
교육	학교 목록 및 성적 기록, 디지털 기술	맞춤형 학습지도, 적성검사, 진학상담, 경력관리
에너지 · 환경	오염 수준, 에너지 소비	스마트 에너지 관리, 위해물질 사전 경고
금융거래	거래 금액, 계약 및 입찰정보(입찰모집/입찰공고), 중앙 및 지방정부의 예산과 지출 내역	공공사업 참여계획 정교화, 경쟁업체의 부정행위 감시
지리	지형, 우편, 국가지도, 지방지도	최적 경로 추천, 서비스 내용 지역별 시각화
국제개발	원조, 식량 안보, 개발자원, 토지	자원의 글로벌 이동 파악, 개발 최적입지와 자원 선정
책무 & 민주주의	정부 접촉 창구, 선거결과, 법률 및 법령, 급여, 의전 및 선물	국가별 산업환경 위험파악
보건	처방데이터, 치료효과데이터	신약개발 효율화
과학연구	게놈데이터, 연구 및 교육활동, 실험결과	맞춤형 의료 서비스, 헬스케어 신사업 개발
통계	국가통계, 인구 센서스, 인프라, 재산, 기술	국가별 시장 특성 및 잠재가치 예측, 국가별 기술 경쟁력 파악
사회이동성 · 복지	주택, 의료보험, 실업급여	사회공헌 전략 수립
교통 · 인프라	대중교통 시간표, 광대역 인터넷 보급정보	최적 스케줄 안내, ICT 신제품 시장성 파악

자료: 삼성경제연구소(2013).

(2) 영국

영국 정부는 2012년 6월 28일 '데이터 개방 계획(Open Data White Paper)'을 발표하였다. '데이터 개방 계획'은 정부의 데이터를 무료로 개방해 일반 기업은 물론 연구단체 및 개인이 웹 포털에서 쉽게 데이터를 확인 또는 이용할 수 있도록 개방하는 정책이다. 영국의 디지털 장관 스테판 팀스는 '영국 정부는 공공성격의 정부데이터를 자유롭게 공개함으로써 영국의 경제·사회에 새로운 비즈니스 기회를 제공하게 될 것으로 기대한다'고 하였다. 즉, 산업계가 영국 정부의 공공데이터를 창조적으로 자유롭게 이용함으로써 새로운 서비스를 개발하고, 더 많은 경제적 가치를 창출할 것으로 내다보고 있다.

현재 영국의 공공 데이터 포털에 방문자는 280만 명, 매월 방문자 중 약 70%가 새로운 방문자로 나타나고 있다. 영국 정부는 각 공공기관에서 제공하는 데이터에 대해서 개방형 표준 기반을 마련하고, 각각의 데이터가 어느 정도의 활용가치를 갖고 있는지 지속적으로 관찰하고 있다. 또한 개발자들은 자신이 원하는 데이터를 정부에 요구하고, 정부가 개방한 데이터의 문제점을 지적하여 공공 데이터의 관리 및 수집의 효율성을 높이고 있다.

한편, 영국 정부는 공공 부문의 정보공유 및 활용에 따른 가치창출을 위해 "정보의 힘(POI)" 보고서를 기반으로 공공정보 공개 사이트를 구축하고, 공공정보 공개를 통해 공공 서비스의 선진화 및 경제활성화를 주도하는 역할을 수행하고 있다. data.gov.uk를 통해 시민들이 공공정보에 대한 검색, 인가 및 재사용을 쉽게 할 수 있도록 하고, 정부가 소유한 풍부한 정보를 시민에게 제공하고 있으며, 별도의 사이트 「Show us a better way」를 개설해 시민의 아이디어를 수렴하고 있다. 시민의 아이디어 제공을 활성화하기 위한 참여 메커니즘으로 기금조성 및 포상제를 실시하고, 블로그, 시민의 제안 또는 애플리케이션 등록 창을 제공하고, 위키피디아를 모방한 Wiki 창도 제공하고 있다. 또한 사이트 개선을 위한 시민들의 의견 공유 및 제시 창도 함께 제공한다.

data.gov.uk의 모든 데이터는 상업적으로도 이용이 가능하며, 이미 공개된 정보 이외에 웹사이트에서 공개하는 데이터는 개인정보가 포함되어 있지 않으며, 개인을 구분할 수 있는 어떠한 방법도 제공되지 않는다는 특징이 있다. data.gov.uk는 국민에게 정부데이터 접근성 확대와 정부 투명성 제고, 가치있는 공공정보를 제공하여 정부와 관련 산업의 기능을 더욱 효율화하기 위한 목적으로 기획되었으며, 인터페이스 설계 시 웹을 기반으로 오픈표준, 오픈소스, 오픈데이터를 이용하였다. 또한 Linked Data 이용으로 필요한 데이터를 연계하여 활용할 수 있게 하여 중복데이터를 방지하고 데이터의 신뢰도를 충족시키며 데이터 재활용의 가치를 높였다.

(3) 일본

"새로운 정보통신 기술전략"에 따른 행정정보의 공개와 제공, 시민의 정책 결정 참여 등의 공공정보를 활용하는 정부 기반의 플랫폼으로 전체적으로는 실질적인 민원 서비스 신청 및 처리보다 행정정보 검색기능이 중심이며, 2011년 동 일본 대재해 이후, 관련 정보검색이나 정보를 안내하는 지리정보 서비스도 제공하고 있다. 시민의 정책 결정 참여를 촉진하며, 행정기관의 공공정보 공개와 제공을 목표로 하는 「openlabs.go.jp」 사이트와 결합하여 시민의 편의를 도모하고 있다.

정보제공 서비스, 법령 검색, 행정 수속안내 검색, 퍼블릭 코멘트, e−Gov 전자신청시스템, 행정문서 파일관리, 개인정보 파일 등의 정부 부처의 횡단적 정보 제공, 동일본 대지진·재난에 관한 전반적인 정보 제공, 피난소, 안위 확인정보, 피해자 지원 요청에 관한 정보 제공, e−gov 재해 관계 모바일 사이트, 국민의 소리를 수렴하기 위한 「Idea Box」 제공, 국내외 열린 정부 정보의 집대성, 트위터를 이용한 시민과의 소통 강화, 통계 활용 사이트 「Data Box」 운영부처 및 행정에 관한 정보 안내, 부처별 행정정보 안내, 각 부처별 예산집행정보, 광고보도, 조직, 법령, 정책 등 카테고리별 행정정보를 안내하고 있다.

일본 정부는 트위터를 이용하여 국민의 의견을 수렴하며, 국내외 열린 행정 정보를 운영하고, 행정정보의 고도화 및 효율화 지원이나 반복되는 재난상황 및 복구에 대비한 지리공간정보의 정비, 제공, 유통에 관한 지침을 만들고 지리 공간정보의 제공 유통을 촉진하는 등 지리공간정보에 관한 종합적이고 체계적 기반을 구축하고자 하였다. e.gov.go.jp는 본 검색기능 이외에 시민들의 자발적 참여와 지리정보시스템의 활용으로 보다 고도화된 행정 서비스를 제공할 수 있 게 되었다. 현재 행정기관이 정책 입안을 위한 안을 공표하고 국민들의 의견이 나 정보를 받는 장으로, 현재 의견 개진 중인 다양한 정책 안건들이 올라가 있 으며, 안건검색 기능을 제공하여 편의성을 도모하고 있다. e.gov.go.jp 플랫폼 에서는 개인정보와 관련된 정보나 정보로서의 가치가 부족한 정보 등은 공개에 서 배제하고, 비용 대비 효과를 검증하며 정보공개를 진행하고 있다.

(4) 미국

2009년 오바마 대통령은 정부부처 및 공공기관이 참여하는 'Open Government Initiative'를 통해서 공공데이터의 전면적인 개방을 추진해 왔다. 이에 따라 연 방정부는 각 기관별로 보유한 공공데이터를 통합하여 제공하는 공공데이터 개 방 포털 사이트를 운영하고 있다. 이후 미국 정부는 2012년 5월 '디지털정부 전 략(Digital Government Strategy)'을 발표하여 민간 분야의 다양한 이해관계자들이 정부의 데이터 및 대국민 서비스를 언제, 어디서나, 어떤 단말에서든 자유롭게 접속하여 데이터를 활용할 수 있도록 유도하고 있다.

한편, "Data.gov" 사이트를 통해서 미국 연방정부는 공개 가능한 정부의 데 이터에 대해 시민의 접근을 가능하게 하고, 일반 시민들이 관련 정보를 이해하 고 재활용하기 쉽도록 하는 플랫폼을 구축하여 현재 29개 주와 11개 도시의 정 보공개 사이트와 연계하고 있으며 교통, 의약품, 안전, 범죄, 비만, 고용, 보건 등 다양한 공공정보를 Raw Data 수준으로 공개하고 있다. 또한 페이스북, 트위 터, 마이스페이스 등 소셜미디어를 적극 활용하여 일반 시민에게 정보와 데이 터를 쉽고 편리하게 제공하고 있다.

플랫폼화를 통해 생긴 부가가치로, 국민들은 가공되지 않은 일차데이터(raw data) 다운로드나, data.gov에서 제공하는 위젯이나 다른 툴을 이용하여 특정 데이터를 가공, 융합한 차트나 지도, 스냅샷 생성이 가능하며, 여러 지방행정기관에 분산되어 있는 경제, 보건, 환경 등에 관련된 데이터 셋을 상호 호환될 수 있는 데이터 포맷으로 제공하고 있다. 이런 플랫폼을 통해 시민들은 관심 있는 정보에 쉽게 접근하여 필요에 따른 분석을 할 수도 있고, 정부정책과 관련하여 새로운 아이디어까지 제안할 수 있는 쌍방향적 공공 서비스를 제공받을 수 있고, 구축된 data.gov의 일부를 시맨틱 Web 표준 포맷으로 변환하여 링크시킨 데이터로도 공개하고 있다. data.gov는 정보의 투명성, 시민참여, 협업체계 제고라는 비전·가치 달성을 위해 미국 오바마 정부의 "열린 정부 구상"을 실현하기 위한 수단으로 추진되어, 미국 연방정부의 각종 데이터에 대해 일반 시민이 쉽게 접근하여 다운로드 받고, 그 자료를 활용할 수 있게 지원하는 목적으로 기획되었다. 2009년 3월 미국 연방정부는 정부기관 전체 차원의 연방데이터 저장소를 구축하는 계획안을 발표하였고, 2009년 5월 미국 연방정부의 "Data.gov"사이트 구축을 완료하여 일반 시민에게 공개하였다.

또한, 미국에서는 민간 사업자들의 공공데이터 활용이 활발하게 일어나고 있다. 대표적인 사례로 질로우닷컴을 꼽을 수 있다. 질로우닷컴은 GIS(Geographic Information System)를 이용해 부동산정보를 서비스하고 있다. 미국에서 집을 사거나 빌리려면 반드시 들어가야 할 사이트로 사람들에게 인정받고 있다. 질로우닷컴은 부동산정보를 인터넷에 공개하고, 광고를 통해서 수익을 얻고 있다.

미국 정부와 언론이 질로우닷컴 정보나 통계를 인용할 정도로 영향력이 확대되고 있다. 질로우닷컴은 주택의 가격, 크기, 형태 등과 같은 단순한 정보뿐만 아니라 집을 설명할 수 있는 다양한 주변정보, 교통, 학군 등을 소개하고 있다. 따라서 부동산 구매 및 임대를 원하는 소비자들은 질로우닷컴을 통해서 자녀들의 교육환경, 지리적 교통, 운동과 관련된 헬스환경, 지역 범죄 등 다양한 정보를 한 번에 알아볼 수 있다.

14.4 전략과 활용

정부는 2013년 7월 공공데이터법을 제정하는 한편, 국가오픈데이터 포럼을 출범하면서 공공데이터 개방을 위한 민관합동 추진체계를 마련하였다. 2013년 안전행정부는 기관별 공공데이터 보유현황 및 개방계획을 전수 조사하였는데, 중앙부처·자자체·공공기관 등 1,576개 기관에서 21,087종의 데이터를 보유하고 있고 그 중 3,395종을 개방하고 있는 것으로 나타났다. 향후 전 기관이 5개년에 걸쳐 6,075종을 추가 개방함으로써 현재보다 2.5배 이상 많은 공공데이터를 국민들에게 제공할 계획이다.

공공데이터의 개방과 활용은 세계적 이슈로 국제기구(EU, OECD, WB)와 국가(영국, 미국, 프랑스 등), 지방정부(뉴욕, 런던 등) 등 다양한 부문에서 핵심으로 꼽는 당면한 이슈라고 할 수 있다. 공공데이터 개방과 활용은 투명성 제고, 공개 요구 증대, 그리고 신규 서비스 창출로 나누어 설명할 수 있다. 먼저, 투명성 제고인데, 각국의 전자정부 구현수준이 고도화 되면서 공급자 측면에서의 구현단계를 지나, 시민참여를 확대시키는 새로운 단계로 진입하였다. 전자정보는 정부업무의 편리성과 효율성 제고 단계를 지나, 공공정책과 서비스 설계·제공에 시민참여를 유도하고, 시민의 알 권리를 충족시키면서 정책의 투명성을 확대하는 단계에 들어섰다.

따라서 정부의 투명성을 제고시키고 시민참여를 유도하기 위한 최우선 정책은 시민을 위한 공공정보 개방과 시민의견의 청취와 수렴이 되어야 한다(이정아, 2010). 다음으로, 공개요구의 증대이다. 영리·비영리 측면에서 공공정보를 활용하기 위해 공개를 요구하는 시민의 새로운 수요가 급증하는 추세이며, ICT 신기술과 공공정보를 접목한 응용 프로그램과 킬러 서비스, 다양한 수익모델 발굴에 대한 시민의 관심이 급증하고 있다. 또한 소프트웨어 개발 사업자, 앱

개발자 등은 공개되는 공공정보를 자유롭게 활용해 신산업과 사업, 수익을 창출하기 위해 활용을 촉진하고 있는 실정이다.

지금까지의 공유경제는 민간 부문에서만 집중되고 관리되어져 왔다고 할 수 있다. 하지만 공공 부문과 민간 부문 간의 실질적인 공유경제가 시작되어야 하고 여기에서 발생하는 경제적 효과 및 일자리 창출효과는 기존의 민간 부문에서만 다루어져왔던 규모에 비해서는 엄청난 규모가 될 것이라는 것을 쉽게 예측할 수 있다. 정부가 보유한 정보를 데이터베이스(DB)화해서 제공하는 데이터 개방도 추진 중이다. 우리나라 정보는 2015년에 1,580종, 2016년에는 871종의 데이터를 공개해 공공 DB 개방을 지속적으로 확대하고 있다. 그러나 공공 DB 개방에 앞서 민간 수요 파악이 적절하게 이뤄지지 않아 기업들이 활용할 수 있는 데이터 개방이 이뤄지지 않고 있다는 지적이다. 상당수 공공기관이 데이터 개방건수만을 신경 써 숫자만 늘릴 뿐 기업이 필요로 하는 데이터는 민감정보라는 이유로 개방을 기피하고 있다.

데이터 개방을 기피하는 이유는 가장 먼저 심각한 데이터 오류율 때문이다. 실제 현장과 시스템에 입력된 데이터가 불일치한 경우가 많다. 공공정보 DB의 데이터 품질을 높이기 위해 정부가 지난 몇 년간 꾸준히 노력해왔지만 여전히 오류율은 심각한 수준이다. 데이터 개방에 따른 민원 제기도 공개를 기피하는 배경이다. 이외 지방자치단체의 인·허가정보 등 상당수가 공개에 따른 민원 제기 등을 우려해 개방하지 않고 있다. 이에 우리나라 정보는 공공데이터전략위원회를 출범, 현재 16%에 머물고 있는 공공정보 개방률을 2017년까지 60%로 끌어 올린다는 계획이다. 특히 기상·특허·교통 등 산업적 파급효과가 큰 15대 전략 부분을 선정 우선적으로 개방하기로 했다.

끝으로 공공데이터 개방에 따른 기대효과로서는 신규 서비스의 창출이다. 공공정보를 활용한 고부가가치 서비스를 창출해 낼 전망인데, 각종 스마트 기기의 발전으로 시민이 편리하게 이용할 수 있는 다양한 애플리케이션 개발과 활용이 스마트 사회의 기반으로 자리매김 하고 있다. 따라서 공개된 공공정보가 개방과 공유화에만 그치는 것이 아니라, 공공정보를 활용해 부가가치가 높은 상품과 서비스를 개발하는 추세라고 할 수 있다.

1. 특허청, 'IP 데이터 활용한 아이디어 경진대회' 개최

아이디어 · 서비스 상품화 기획 부문 공모

특허청은 지식재산 정보활용을 촉진하기 위해 '지식재산(IP) 데이터 활용 아이디어 경진대회' 참가자를 모집한다고 12일 발표했다.

특허청은 "올해 처음 열리는 이번 대회는 '정부 3.0 공공데이터 개방 정책에 부응하기 위한 것"이라며 "특허청이 개방하고 있는 IP 데이터를 민간이 적극적으로 활용하고 발굴된 아이디어가 창업까지 이어질 수 있도록 지원하는데 중점을 두고 있다"고 설명했다.

아이디어 경진대회는 아이디어 기획, 서비스 상품화 기획의 2개 부문으로 나눠 진행된다.

아이디어 기획 부문은 IP 데이터와 기존에 제공되고 있는 다른 분야의 기술, 기업, 상품 등의 공공데이터를 연계·융합해 특화된 IP 서비스 제공에 대한 아이디어를 공모한다. 서비스 상품화 기획 부문은 빅데이터와 같은 최신 정보통신기술(ICT) 기술을 활용한 상품 및 서비스 개발을 위한 비즈니스 모델(모바일 앱, 웹 서비스, 소프트웨어)을 공모한다.

각 분야별 수상자에게는 특허청장상과 한국특허정보원장상을 수여한다.

특허청 관계자는 "이번 경진대회를 통해 일반 대중들에게 IP 데이터 활용에 대한 인식을 제고시키고자 한다"며 "창의적인 아이디어를 조기에 발굴하여 창업 및 사업화로 열매를 맺을수 있도록 적극 지원해 나가겠다"고 말했다.

한편 참가신청은 특허정보활용서비스 홈페이지(http://plus.kipris.or.kr)를 통해 내달 11일 오후 6시까지 접수하면 된다. 참가신청에 관한 자세한 내용의 문의는 특허청 정보활용팀(042 − 481 − 5347)이나 한국특허정보원 특허정보활용지원센터(02 − 6915 − 1433)에서 가능하다.

박철근, 특허청, 'IP 데이터 활용한 아이디어 경진대회' 개최, 이데일리, 2015.08.12.
http://www.edaily.co.kr/news/NewsRead.edy?SCD=JC61&newsid=
02643686609466664&DCD=A00306&OutLnkChk=Y

2. 인천공항, 스마트폰 실시간 운항정보 제공

인천국제공항의 항공기 운항정보를 모바일 기기를 통해서도 실시간으로 편리하게 확인할 수 있게 됐다.

인천국제공항공사(사장 박완수)는 스마트폰 등 모바일 기기의 네이버 검색창을 이용해 실시간으로 운항정보를 제공하는 서비스를 1일 시작했다고 밝혔다.

이번 신규 검색서비스는 인천공항에서 제공하는 공공데이터를 활용한 사례로, 인천공항을 이용하고자 하는 국민은 네이버 검색창(앱 또는 웹)에 항공기 편명을 입력하여 해당 항공기의 출발시간, 체크인카운터, 탑승구 위치 등 기본적인 운항정보를 간편하게 조회할 수 있다.

특히, 항공기의 운항정보뿐만 아니라 기상악화 등으로 인한 항공기의 지연, 결항 여부를 스마트폰을 통해 언제 어디서나 실시간으로 확인할 수 있어, 공항 이용객의 편의가 한층 증대될 것으로 기대된다.

인천공항공사는 정부 3.0의 핵심사업 중 하나인 공공데이터 개방과 활용 촉진을 위해 민간업체를 상대로 컨설팅과 기술지원 등 적극적인 지원활동을 벌이고 있다. 올해 안에 다국어 운항정보, 주차정보, 편의시설 정보 등 공공데이터를 추가로 개방할 예정으로, 모바일 기기로도 이용 가능한 서비스 개발을 유도하여 한층 편리한 공항 이용을 도모할 계획이다.

강필주, 인천공항, 스마트폰 실시간 운항정보 제공, OSEN 뉴스, 2015.06.02.
http://osen.mt.co.kr/article/G1110167512

3. 국립중앙도서관. 개방형 연결데이터 활용 장 연다.

국립중앙도서관(관장 임원선)이 개방형 연결데이터(Linked Open Data·LOD) 기술 활용을 위한 논의의 장을 마련한다고 2일 밝혔다.

5일 오전 9시 30부터 같은 날 오후 6시까지 국립중앙도서관 국제회의장 1층에서 여는 '링크드 오픈 데이터 컨퍼런스'가 그것이다.

LOD는 누구나 자유롭게 공유하고 활용 가능한 데이터(Open Data)를 웹에서 서로 편리하게 연결(Linked Data), 웹을 하나의 데이터베이스처럼 사용할 수 있도록 구조화된 형식으로 발행한 데이터를 가리킨다.

최근 정부 3.0의 핵심 가치인 '개방, 공유, 소통, 협력'을 위해 공공정보의 적극적인 개방과 공유에 대한 관심이 높아지고 있다. 이를 위해 국내의 공공 및 민간 영역에서 LOD의 도입과 확산을 위한 노력도 본격화되고 있다.

국립중앙도서관은 그동안 도서관 관련 시스템 간에서만 활용되던 정보자원을 도서관 밖 다양한 분야의 기관·개발자·이용자들이 직접 활용하고, 다양한 웹 자원과 자유롭게 연계하여 도서관 및 웹 데이터를 더욱 풍부하게 만드는 기반을 조성하고자 소장 데이터 약 880만건을 LOD 방식으로 제공하고 있다.

국립중앙도서관은 "이러한 노력의 하나로 개최하는 이번 컨퍼런스는 '오픈 데이터, 링크드 오픈 데이터'를 주제로 공공데이터, LOD 기술, LOD 발행 및 활용 사례, LOD의 발전방향을 살펴볼 수 있는 4개의 세션으로 구성된다"면서 "학계·공공기관·민간 전문가 13명의 주제발표로 진행될 예정"이라고 알렸다.

특히 정보수요자가 공공데이터를 자유롭게 재사용·연결·공유할 수 있게 하는 핵심 기술인 LOD와 지식산업의 기반으로서의 공공데이터와 오픈데이터를 제공·활용하기 위한 여러 분야 기관들의 다양한 노력을 살펴볼 수 있는 기회가 될 것으로 보인다.

한편 국립중앙도서관은 2009년부터 관련 전문가 그룹과 연계해 시맨틱 웹, 빅데이터, LOD 등 관련 컨퍼런스를 매년 열고 있다.

이재훈, 국립중앙도서관, 개방형 연결데이터 활용 장 연다, NEWSIS, 2015.02.02.
http://www.newsis.com/ar_detail/view.html?ar_id=NISX20150202_
0013452360&cID=10701&pID=10700

CHAPTER 15

정보시스템과 아웃소싱

크라우드소싱(crowd sourcing)은 남아도는 개인들의 재능을 적극 활용해 창의적이고 생산적인 결과물을 만들어낸다는 점에서, 사회적으로나 기업경영 측면에서 중요한 경쟁력으로 부각되고 있다. 크라우드소싱이란 대중의 참여로 아이디어, 콘텐츠, 제품, 서비스 등을 만들어가는 프로세스를 뜻한다. 본업 외에 자신이 좋아하는 일을 가진 사람들이 여가시간을 이용해 크라우드소싱에 참여한다. 크라우드소싱에 청사진을 제공한 게 바로 오픈소스(open source) 소프트웨어 운동이다. 가장 인기 있는 오픈소스 코드 저장소인 깃허브(GitHub)에는 900만 명의 개발자들이 모여 수많은 프로젝트를 등록하고 있으며, 협업을 통해 코드를 작성하고 관리하고 있다.

소프트웨어 산업에서 리눅스, 안드로이드 등 다양한 오픈소스 성공사례들이 나오면서 오픈소스 하드웨어도 등장했다. 오픈소스 하드웨어란 제품을 만드는 데 필요한 회로도, 재료 명세서, 도면 등을 공개한 하드웨어를 뜻한다. 누구나 공개된 디자인에 근거해 하드웨어를 배우고, 수정하고, 배포하고, 제조하고, 팔 수 있다. 예전 칼럼에서 소개한 적이 있는 아두이노(Arduino)가 대표적이다.

근래 들어 크라우드소싱은 소프트웨어, 하드웨어뿐만 아니라 서비스 분야로도 계속 확장되고 있다. 크라우드소싱은 한마디로 '모든 사람이 문제 해결에 달려든다면 해결하지 못할 문제는 없다'는 철학에서 출발한다. 예를 들어 이노센티브(InnoCentive)는 크라우드소싱을 연구개발(R&D) 문제 해결에 도입했다. 기업은 자체적으로 해결하지 못한 연구개발 문제를 이노센티브에 등록하고, 전 세계 과학기술자들이 해당 문제의 해결에 나서는 구조다. 문제를 해결한 사람에게는 적지 않은 상금이 주어진다. 이를 부업으로 평일에는 회사에 다니고 주말에는 이노센티브에 등록된 문제 해결을 하면서 짭짤한 수익을 올리는 사람들도 많다. 2013년 8월 기준, 전 세계 200여 개 국가의 과학기술자 약 35만 명이 1,650건의 문제 중 85%를 해결하고 약 4,000만 달러의 상금을 받았다.

크라우드소싱은 건축업에도 영향을 미치고 있다. 오픈소스 기반의 건축 위키하우스(WikiHouse)는 크라우드소싱과 3D프린팅을 기반으로 만든다. 위키하우스는 설계도면과 집 짓는 과정을 전부 공개하고 있다. 이를 이용해 누구든지 집을 지을 수 있고, 커뮤니티를 통해 정보를 공유하고 크라우드소싱 방식으로 개선해나가고 있다.

3D프린팅은 크라우드소싱의 범위를 확대시키는 촉매제 역할을 하고 있다. 메이커봇(MakerBot)이 운영하고 있는 씽기버스(Thingiverse)에서는 사용자들이 서로 3D프린팅 콘텐츠를 공유하고 의견을 교환한다. 또한 원본을 리믹스(remix)하여 새로운 3D프린팅 콘텐츠를 만들 수도 있다. 씽기버스에는 10만 개 이상의 3D프린팅 콘텐츠가 등록되어 있는데, 사용자와 콘텐츠가 작업 내용에 따라 연결되어 있어 하나의 거대한 유기체처럼 보인다.

한국의 경우 선진 지식 강국들과 비교해 활발한 크라우드소싱 문화를 갖고 있다고 보긴 어렵다. 이는 특유의 교육시스템, 조직문화, 산업구조(갑을문화) 등이 강한 사회적 압력으로 사람들이 많이 지쳐 있고, 상호간의 신뢰가 부족하기 때문인 것으로 추정된다. 그보다 우리 사회가 풀어야 할 과제는 서로 다른 회사의 사람들과 다른 직종의 사람들이 만나서 즐겁게 협업을 할 수 있는 문화를 만드는 것이다. 본업 외에 자신의 재능을 발휘할 수 있는 문화를 만들어야 한다. 세계가 그런 방향으로 가고 있으며, 미래에는 그것이 중요한 국가 경쟁력으로 작용할 것이기 때문이다.

15.1 아웃소싱의 정의 및 도입 이유

아웃소싱에 대한 학자들의 정의를 살펴보면, '외부 공급자와 데이터 센터의 관리, 운영, 하드웨어의 지원, 네트워크, 애플리케이션의 개발 및 유지보수와 같은 정보시스템 기능에 관해서 체결하는 계약'이라 했고, Lor and Venkatraman 은 '조직 내의 정보기술 인프라의 전체 또는 특정 부분과 관련된 인적·물적자원을 외부 공급업자로부터 공급 받는 것, 또 Richard는 조직 내의 데이터 처리, 하드웨어, 소프트웨어, 커뮤니케이션 네트워크, 시스템 부서 직원 등의 전부 혹은 일부를 제3의 기관에 이전하는 것'이라고 정의했다.[1]

한편 정부기술 전문조사기관인 가트너 그룹은 '정보시스템 사용기관이 정보시스템과 관련된 자산(H/W, S/W, 관련 인력 등)을 외부의 정보시스템 서비스 전문회사에 이양하고 일정 기간(주로 장기)을 걸쳐 정보시스템 서비스 계약을 체결하여 일정 서비스 수준과 질을 요구하고 그 서비스 제공에 대한 요금을 외부 전문회사에 지불하는 계약'이라 정의했다. 또 IDC(International Data Corporation)는 '고객의 정보기술 기능 중에서 일부 혹은 전부를 지속적으로 위탁 관리하는 활동'이라고 정

---

1) 남기찬·정태석, "정보시스템 아웃소싱의 계약통제요인에 관한 연구," 서강대학교 경영논총, 1999, pp. 49~71.

의하고 있다.

위의 견해들을 종합해 볼 때 일반적으로 IT 아웃소싱이란 '고객의 다양한 정보시스템 관리 및 개발업무를 외부 전문회사가 위탁받아 수행하는 것'이라고 할 수 있다. 다시 말해 기업을 운영하는 데 필요한 전산업무의 일부 또는 전부를 외부의 전문업체에 맡겨 운영하는 것을 일컫는다고 볼 수 있다.

국내에서는 아웃소싱을 '명확한 전략적 목표하에서 정보시스템 관련 활동의 전부 또는 일부를 외부의 전문기관에 의탁하여 관리하게 하는 장·단기 계약'으로 정의하고 있으며, '고객의 다양한 정보시스템 관리 및 개발업무를 외부 전문회사가 위탁받아 수행하는 것'으로 정의하였다.

따라서 정보시스템 아웃소싱이란 '조직이 급변하는 외부환경에 적응하기 위해 핵심역량을 강화할 필요가 있고, 조직은 이를 달성하기 위한 수단으로 비핵심으로 인식되는 업무 영역을 외부 전문기관에 장·단기 계약하여 위탁하는 것'이라고 볼 수 있다.

한편, 정보시스템을 아웃소싱함으로써 얻을 수 있는 장점과 단점은 여러 가지가 있을 수 있다. 장점으로서는 인력을 핵심 업무에 투입하여 업무의 질적 개선을 도모하고 정보화 관련 직원들의 사기향상을 할 수 있으며, 민간의 전문 기술을 활용하여 행정 서비스의 고도화, 정보시스템의 안정적 운영이라는 장점 등을 들 수 있다. 다음으로 기업들이 아웃소싱을 하게 되는 이유들을 전반적으로 살펴보도록 한다.

- 업무나 기능을 자체적으로 제공하거나 유지하기에는 채산성이 부족하다.
  비용의 절감 및 서비스 수준의 향상을 위해서는 외부에 위탁하는 편이 유리하다. 그리고 자체적으로 직접 할 수도 있지만 외부에 맡길 경우 내부에서 하는 것과 같은 기능을 제공받을 수 있으면서 동시에 비용을 절감할 수 있다.

■ 조직 내부적인 정치적 갈등을 해결하기 위해 제3자에게 문제를 위임한다.

내부적인 이해충돌이 있을 경우 제3자의 중립적인 위치가 문제해결에 적합하다. 조직 내의 갈등은 보통 조직이 큰 변화에 직면하게 될 때 발생하는데, 이러한 변화에 대한 반발이 회사 자체의 문제로 존재할 때 이를 극복하기 위해서는 외부의 도움에 의존할 수밖에 없다.

■ 내부적인 전문성이 없으나 현재 당장 그 기능이 필요하다.

이러한 부분은 특히 재무관리 부문의 위험관리 기능에서 많이 나타나고 있다. 즉, 자신의 핵심적인 능력을 중심으로 기업의 경쟁력을 제고하기 위해서 부가적인 가치를 제공하는 기관들로부터 도움 받는 것을 의미하는데, 단순히 과학기술이나 지식뿐 아니라 물류, 생산, 마케팅 등 다양한 분야의 외부 전문성을 자신의 핵심역량과 접속하여 서비스의 부가가치를 높이는 차원에서 아웃소싱을 고려한다. 이러한 형태의 아웃소싱은 소위 전략적 제휴 또는 컨소시엄 등의 형태로 이루어지는 것이 보통이다.

■ 조직의 유연성을 확보할 수 있다.

기업의 핵심 경영전략 중 하나는 조직이 불확실한 환경에 유연하게 적응할 수 있는 능력을 확보하는 것이다. 즉, 조직이 변화에 대응하는 능력을 제고하기 위해서는 조직의 기능이 분산화되면서 재정과 통제는 중앙집중화되는 조직의 형태가 갖추어져야 한다. 소위 네트워킹 조직의 필요성이 이제는 기업 전체뿐 아니라 특정 부서에서 필요로 할 수 있다. 예를 들어, 신제품개발부서 등에도 요구되고 있다. 아웃소싱이 이러한 조직구조의 실현 방안으로 활용될 수 있다. 단순반복적인 업무를 외주하여 일반 관리자의 과업 범위를 축소함으로써 조직의 기동성을 높인다.

■ 재무적 상태를 개선하기 위한 적극적인 조치로 아웃소싱이 활용될 수 있다.

고정투자의 부담이 높은 부문을 되도록 유동화하기 위해 아웃소싱을 활용한다. 정보기술 부문의 경우 무형의 IS 자산을 유동화하는 경향이 커지고 있는데, 이는 일반적으로 IS 투자 중 고정투자가 대부분을 차지하기 때문이다(Mcfarlan and Nolan, 1995). 다시 말해서 아웃소싱을 투자전략의 차원에서 고려할 수 있다.

■ 외주된 업무나 기능에 대한 변화를 감지하는 속도가 감소하여 환경 변화에 대한 능동적인 대응력이 떨어질 수 있다.
  결국, 아웃소싱을 하더라도 외주된 기능에 대한 지속적인 모니터링이 필요하다.

■ 아웃소싱 계약의 중도파기로 예상치 못했던 비용이 발생할 수 있다.
  따라서 아웃소싱을 위해서는 치밀한 계약 체결과 사후관리가 매우 중요하다.

■ 사내의 정보나 데이터가 외주 공급업체에 의해 유출될 위험이 있다.
  이 점 또한 계약과 사후관리를 통해 해결해야 할 문제다.

표 15-1 아웃소싱의 장점과 단점

장 점	단 점
• 보다 핵심적인 활동에 조직자원을 집중 • 보다 부가가치가 높은 기능에 자원을 집중 • 규모의 경제를 활용하여 비용절감 • 각 기술 분야에서 가장 앞선 외부 조직의 기술이나 경험을 활용 • 기초 및 기반기술에 대한 투자없이 응용기술을 바로 활용 • 교육훈련의 노력없이 이미 교육되고 훈련된 인력을 활용 • 새로운 업무개발 및 운영비용을 구체화시켜 예측성과 통제성 증진 • 고정자산에 대한 투자를 회피함으로써 유동성 증진 • 환경이나 기술 변화에 곧바로 대응 가능	• 환경 변화 및 조직의 요구 변화에 능동적으로 대응하기 어려움 • 계약중단이나 파기, 그리고 공급업체의 변경이 어렵고 변경하려 할 때 높은 교체비용이 발생 • 외부 업무의 개발 과정이나 개발된 업무의 질에 대한 통제가 곤란 • 사내의 정보나 데이터에 대한 보안유지가 어려움 • 공급자가 계약을 준수하도록 하기 위한 추가적 비용과 노력이 필요 • 협력관계관리에 추가적 비용이 소요 • 내부 전문인력의 직업 안정성을 위협 • 공급업체에 대한 과도한 의존으로 기업의 유연성 결여 • 내부의 외주된 기능의 약화

자료: 김영수 외, 핵심만 빼고 모두 아웃소싱 하라, 삼성경제연구소, 1999.

이외에도 <표 15-1>에도 보듯이 여러 장·단점이 있겠으나 국내 현실에서 가장 민감한 문제는 역시 내부 전문인력의 직업 안정성일 것이다. 경영자는 단순 반복적인 업무부터 아웃소싱을 시도하여 아웃소싱을 인력감축 방안으로 활용하기보다는 전 조직원의 부가가치 창출능력의 제고 방안으로 활용해야 할 것이다.

15.2 정보시스템 아웃소싱

(1) 정보기술 아웃소싱의 목적

기업이 아웃소싱을 고려하는 이유를 간단히 설명하면 비용절감과 위험분산, 그리고 정보시스템의 성과향상을 통해 경영의 유연성과 효율성을 극대화하여 기업의 경쟁우위를 확보하는 것이라 할 수 있다.

기업활동을 크게 생산활동과 거래활동으로 나누어 볼 때 이에 소요되는 비용 역시 생산비용과 거래비용으로 구분할 수 있다. 만일 기업 내에서 생산하는 비용이 시장에서 구입하는 비용보다 크다면 당연히 시장에서 구입하게 된다.

이는 기업의 구조와 형태에도 적용될 수 있는데, 특정 부서를 소유하는 것보다 외부 전문업체를 이용하는 것이 훨씬 효율적이라면 외부에서 서비스 받는 것을 택할 것이다. 이러한 비용우위에 따른 비용절감효과는 기업들이 아웃소싱을 하는 가장 큰 이유이다.

또 한편으로 정보시스템 부서의 운영비용이 매년 20~30% 정도 증가하여, 정보기술의 변화속도가 너무나 급속하게 이루어지기 때문에 일반적으로 대규모의 투자자금이 소요되고, 선진 IT기술을 적시에 받아들여, 유지하는 데는 자사

전산부서로는 불가능하기 때문에 이러한 정보기술을 자체적으로 보유하고 유지하는 데는 위험을 어느 정도 감소시킬 수 있다.

이러한 이유들과 함께 기업이 아웃소싱을 하는 목적을 자세히 살펴보면 다음과 같다.

- **경제성 측면**: 기업 내부에 정보시스템 조직을 유지하기보다 외부의 전문공급업체에게 맡김으로써 공급사에 의한 규모의 경제효과로 비용절감을 실현할 수 있고, 공급업체의 전문성에 의해 적은 비용으로도 고부가가치의 업무를 수행할 수 있다.

- **최신 기술의 습득**: 외부 공급사들은 경험이나 최신 정보기술 습득능력에서 고객사보다 뛰어나기 때문에 그들이 제공하는 서비스는 공급사 자체 내에서 수행하는 것보다 효과적이고 품질이 높다.

- **예측가능성**: 계약에 의해 서비스 비용을 협의하기 때문에 발생 가능한 향후 비용을 예측할 수 있다.

- **유연성**: 대상 업무 영역에 근무하는 인력까지 아웃소싱함으로써 자사의 인력수급에 유연성을 확보할 수 있다.

- **인적자원의 효율적 활용**: 기업 자체의 능력 있는 전문인력이 전산센터를 관리·운영하는 단순 업무를 탈피하여 전략적으로 중요한 업무에 집중하여 활동하도록 할 수 있다.

- **재무자산의 효율적 활용**: 정보기술에 투자한 자산을 외부 공급사에게 매각함으로써 재무자산을 효율적으로 활용할 수 있다.

결국 기업은 IT 아웃소싱을 함으로써 비용절감과 정보시스템 성과향상이라는 목적이 달성되리라는 판단을 하게 되면 아웃소싱을 선택할 것이다. 즉, 기업은 인소싱함으로써 발생 가능한 여러 내부적인 갈등과 문제점을 제거하고, 경쟁우위를 획득할 수 있는 다른 차별화 요인에 기업자원을 집중적으로 투자함으로써 기업의 경쟁력을 강화하고 효율성을 극대화하고자 하는 것이다.

아웃소싱의 목적을 달성하기 위해서는 아웃소싱의 여러 가지 장점과 단점들을 살펴볼 필요가 있다. 아웃소싱이 성공적으로 수행되었을 경우 비용절감과 자원의 효율적인 관리와 배분 등을 통해 핵심 기능에 역량을 집중할 수 있어 기업의 성과를 향상시킬 수 있다는 장점이 있으나, 아웃소싱을 추진하는 과정에서 여러 가지 위험이 발생할 수 있는데 그 위험으로는 통제력의 상실, 위험의 증가 등이 있다. 따라서 아웃소싱을 고려할 때는 이러한 기대효과뿐만 아니라 발생 가능한 위험을 명확히 인식하고 적절한 대처를 취해야 한다.

만약 이러한 사항들에 주위를 기울이지 않는다면 IT 아웃소싱은 오히려 역효과를 발생하여 기업의 경쟁력을 상실시킬 수도 있다. 따라서 아웃소싱을 의뢰하기 전에 내부자원과 기능 그리고 서비스 공급사의 능력과 신뢰성에 대한 충분한 검토, 선정을 행한 후 고객의 핵심역량과 공급사의 핵심역량을 조화시켜 기업의 부가가치를 극대화시키는 공생전략인 윈-윈(win-win)전략을 구사해야 한다.[2]

(2) 정보기술 아웃소싱의 형태

정보시스템 분야의 아웃소싱은 비교적 짧은 역사로 인하여 다양한 형태로 이루어지며, 그 형태에 따라서 여러 가지 용어들이 쓰이곤 한다. 아웃소싱에 대한 유형을 구분해 보면,[3]

---

2) 김영수 외, 핵심기능만 빼고 전부 아웃소싱하라, 삼성경제연구소, 1999.
3) 유상훈 외, 정보기술 아웃소싱, 아이티웍스, 1999.

- 먼저 형태에 따라 시스템 통합(Systems Integration: SI), 시스템 관리(Systems Management: SM)로 분류할 수 있다. SI란 기존의 정보시스템을 통합하거나 혹은 새로이 개발하는 것에 초점을 맞춘 것이며, SM이란 구축보다는 이미 개발된 시스템을 운영, 유지, 보수하는 부분을 의미한다. 최근 들어서 아웃소싱이라고 할 때, 전산인력 및 시설의 이관을 포함한 SM계약을 말하는 추세이지만 과거에 행해지던 SI 형태도 아웃소싱이라 하기도 한다.

- 정보시스템의 세부적인 기능에 따라 컨설팅, 애플리케이션 개발, 네트워크 설치 및 관리, PC 관리 및 서비스, 사용자 교육 등으로 구분한다. 구분의 기준은 기능에 의한 업무의 독립성이지만 이보다는 계약의 범위 및 편의에 따른 것이라고 보아야 할 것이다.

- 일괄적 아웃소싱과 선택적 아웃소싱이다. 일괄적 아웃소싱이란 정보시스템 업무 전체를 아웃소싱하는 경우이며, 선택적 아웃소싱이란 정보시스템 기능의 일부만 아웃소싱하는 경우를 말한다.
그러나 외국의 경우 일괄적 아웃소싱일 때는 보편적으로 한 개의 사업자를 선택하는 경우가 많으며, 선택적일 때는 여러 개의 사업자들을 그들의 전문 분야에 따라서 동시에 계약하는 것이 일반적이다. 이에 대한 예로는 코닥사와 IBM, DEC, 비즈니스랜드 간의 계약을 들 수 있다.

살펴본 바와 같이 아웃소싱에 대한 구분은 정보시스템의 일반적인 기능적 분류에 의하여 될 수도 있고, 혹은 사용자의 편의나 요구도에 따라 분류될 수 있는 것으로 정보기술의 발전과 함께 아웃소싱이라는 용어가 의미하는 범위와 규모는 지속적으로 변화된다고 보아야 할 것이다.

15.3 콜 센터 아웃소싱의 타당성 평가

일반적으로 아웃소싱을 행하기로 결정하기까지는 여러 단계의 의사결정 과정을 거치게 된다. 정보시스템 또는 콜 센터의 아웃소싱의 전략적 중요성이 인정된다고 하더라도 당장 모든 기능을 아웃소싱 해야만 하는 것은 아니다. 그런 의미에서 아웃소싱의 필요한 시기와 경우, 그리고 그 대상을 적절히 선택하는 것이 아웃소싱의 성공을 위해 중요하다.

고객센터의 경영에는 전문적 운영관리 지식 및 인력이 필요하기 때문에 기업의 측면에서 이러한 전문지식이나 인력을 가지고 있는 외부업체에게 용역을 주는 것도 기업이익의 극대화 측면에서 고려해 볼 가치가 있다.[4]

Harrington and Zell[5]은 Thomson Consumer Electronics와 NorCross 회사의 사례를 들면서, 기업들은 외주회사 선정 시 외주회사의 ① 명성 및 추천 정도, ② 복잡한 작업을 처리할 수 있는 광범위한 경험, ③ 강력한 지적인력, ④ 건전한 재무구조, ⑤ 주요 목표와 의뢰 고객의 요구를 정확히 이해하고 명료히 분석할 수 있는 능력, ⑥ 의뢰 회사와의 기업문화적 유사성과 공유(共有)된 가치관의 존재를 고려할 것을 제시한다. 하지만, 고객만족도 및 상담요원에 대한 통제력의 상실 그리고 고객정보의 타 회사로의 누출가능성이 존재한다는 점이 아웃소싱의 단점이다.[6]

---

4) 정기주, "한국고객센터의 생산성 향상 방안에 관한 조사연구," 경영논총, 전남대학교 경영대학원, 제25집, 2000, pp. 21~48.
5) Harrington and Zell, "Successfully on Call Management Your Outsourcing Partnership," 10th Anual World Conference and Exposition on Call Management, Conference Proceedings, Chicago: IL, USA, 1998.
6) Read, Brendan, *Designing the Best Call Center for Your Business*, CMP books, New Youk, 2000.

민간 부분 그리고 공공 부분에 있어 콜 센터 아웃소싱을 결정하기 위해서 여러 가지 평가요소가 존재할 수 있다. 즉, 민간 부분에서도 산업별 특성과 기업 경영 현안에 따라서 콜 센터 아웃소싱을 결정할 수 있으며, 공공 부분에 있어서도 전체 정보시스템을 아웃소싱 하기보다는 공공부분이 어떠한 업무와 영역에 대하여 보안성을 두고 있느냐 하는 문제에 좌우된다. 일반적으로 지자체의 주민등록 전산, 의료보험 관련 자료 등 개인의 정보에 관한 부분은 기업에 의하여 악용의 우려가 있기에 아웃소싱에서 제외되는 경우가 있다. 예를 들어, 지난 1999년에 국내 굴지의 정보산업업체인 D회사가 정부의 주민등록 전산시스템에 대하여 총괄 아웃소싱을 하려다가 결국 개인정보의 유출 가능성으로 보류된 적이 있다.

따라서 국내 민간 부분 또는 공공 부분 모두에게 있어서 조직이 아웃소싱을 본격적으로 실행하기 위해서는 무엇보다는 왜 아웃소싱을 해야 하는가에 대한 명확한 이해와 근거가 마련되어야 한다.

<그림 15-1>에서 보는 바와 같이 본 책에서는 민간 부분 또는 공공 부분에 있어 콜 센터 아웃소싱이 타당성을 검토하기 위해서 다음과 같은 평가방법을 개발하였다. 또한, 본 책에서 제시한 평가 요소들은 모든 조직에게 해당되는 것은 아니며 조직의 상황에 따라서 필요한 평가요소들을 추출하여 평가해 볼 수 있다.

특히, 본 책에서 강조하고 있는 콜 센터의 아웃소싱 타당성 평가는 민간 부분보다는 공공 부분을 더욱 강조하여 설명하고자 한다. 그 이유로는 민간 부분의 경우 이미 많은 부분에서 정보시스템 아웃소싱을 활용하고 있으나, 공공 부분은 그 특성상 정보시스템의 아웃소싱에 있어서 제약점이 다소 존재하는 것이 사실이기 때문이다.

그림 15-1 | 콜 센터 아웃소싱의 타당성 평가

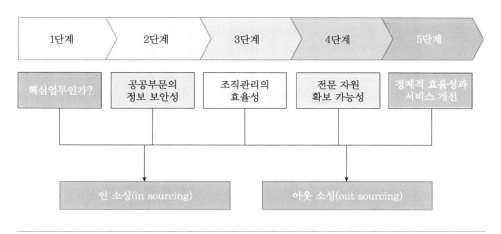

한편, 공공 부분의 경우 1995년 5월 21일 대통령 주재 국가정보화전략회의에서 정보통신부, 행정자치부, 기획예산위원회 공동으로 '국가사회정보화추진방안'이 최종 확정되고, 공공 부분 정보화 대책의 추진효율성 확보를 위해 공공부분 정보시스템의 통합과 연계하여 아웃소싱을 추진키로 합의하였다. 기획예산위원회에서는 <표 15-2>와 같은 내용의 아웃소싱 사업 선정기준을 제시하였다.

표 15-2 콜 센터 아웃소싱의 타당성 평가

아웃소싱 선정기준
• 서비스 개선, 비용절감 등의 효과가 크게 예상되는 사업
• 단순 집행업무 성격의 사업
• 민간의 창의와 효율성이 기대되는 사업
• 관련 산학단체가 있어 기존 인력과 노하우를 활용할 경우 개선이 기대되는 사업
• 민간 위탁시 공익성이 크게 손상되지 않는 사업

아웃소싱 불가대상
• 공공성 및 보안성이 요청되어 외부 위탁시 문제 발생의 소지가 큰 사업
• 사업 성격상 외부 위탁 필요성이 인정되나 민간시장의 미성숙으로 수탁기관을 선정하기 곤란한 사업
• 외부 위탁시 비용증가가 수반되는 사업

(1) 핵심 업무인가?

아웃소싱을 수행하는 진정한 출발점은 기업의 핵심역량을 정확히 파악하는 것으로 기존의 핵심역량이 제대로 파악되어질 때 생산적이고 효율적인 아웃소싱이 이루어질 수 있다. 따라서 한 조직의 핵심역량이나 기술을 정확히 파악하지 못하게 되면 아웃소싱으로 인하여 자칫 자사가 보유한 중요한 기술이나 역량이 외부로 유출되는 결과가 초래되어 미래 경쟁력의 원천을 상실할 우려가 있는 것이다.

그러므로 정확한 핵심역량의 파악은 이러한 역량을 개발하기 위해 외부로부터의 진정한 협력이 가능한 것인지, 아웃소싱을 하면 비용과 위험을 줄일 수 있는 것인지 등의 판단기준을 제공받을 수 있다.

(2) 정보 보안성

특히 공공 부분의 경우 현재 보안에 관한 문제는 중앙정부의 개입이 직접적이라는 점과 또한 공무원들의 보안문제에 대한 민감성이 강하다는 점 등이 아웃소싱을 어렵게 할 수 있다. 이것은 국가의 기본적인 정보를 외부업체에게 위탁할 수 없다는 기본의식이 있고 실제로 개인정보의 유출이라는 측면은 꼭 공공 부분에 국한되는 문제는 아니라고 평가할 수 있다. 최근 들어 금융권이나 카드회사의 경우에도 고객정보를 외부에 유출하고 있는 사례가 점점 더 늘어나고 있다. 따라서 정보 보안문제는 공공 부분이나 민간 부분 모두에게 해당되는 문제점인 것이다.

더욱이, 공공 부분에서는 보안이 절대적으로 필요하기 때문에 민간기업에 아웃소싱을 할 수 없다는 논리를 전개하는 경우가 많다. 앞서 이야기한 것처럼 개인 프라이버시와 밀접히 관계되거나 민감한 재무정보 또는 비밀정보를 가지고 있다고 누구나 동의하는 은행이나 국세청 등에서도 관련 정보시스템을 민간 SI업체에 아웃소싱하여 성공을 거두고 있는 사례는 국내·외를 막론하고 흔히 볼 수 있다.

보안유지를 위한 기술적 장치와 상호간의 보안 관련 계약 등을 통해 보안은 오히려 더 철저하게 유지될 수 있다는 것이 전문가들의 일반적인 견해이다. 따라서 보안 및 기밀유지를 이유로 아웃소싱을 할 수 없다는 논리는 민간 부분 또는 공공 부분 모두에게 더 이상 성립할 수 없다.

또한 아웃소싱이 쉽게 받아들여지지 못하는 큰 이유 중의 하나는 고객사가 고유자료에 대한 보안을 우려하기 때문이다. 외부로부터의 의도적인 침입에 의하여 발생되는 문제는 기술적인 방법에 의하여 전문사업자가 해결하여야 할 부분이다. 그러나 관리적인 부분은 전문사업자와 고객사의 직원이 같이 연루되어 있는 부분이므로 관리절차에 관한 정확한 지침이 설정되어져야 한다.

보안문제를 해결하기 위하여 시도될 수 있는 방법 중의 하나는 아웃소싱을 할 때 소유 지분을 공유하는 방법이다. 외국의 사례로 호주의 커먼월스은행이 호주 EDS와 37억 달러 규모의 아웃소싱 계약을 할 때 호주 EDS지분의 35%를 확보한 것이다. 지분의 공유는 양측으로 하여금 책임감과 신뢰감을 높일 수 있는 좋은 방법이지만, 보완에 관한 완벽성을 기하기 위하여 양측은 기술적인 부분과 관리적인 부분에 대한 지침을 설정하는 것이 바람직하다.[7]

(3) 조직관리의 효율성

Rainey(1976)는 공기업과 민간기업 간의 차이를 다음과 같은 세 가지 측면에서 요약하였다.

가. 환경적 요인에서의 차이점

공기업은 민간기업보다 시장에 대한 노출 정도가 낮아서 생산성, 효과성에

---

7) 남기찬, "아웃소싱의 4단계 관리전략," *Information Systems Review*, 1999.6, pp. 115~236.

대한 인센티브가 적고 시장정보의 유용성이 낮다. 반면에 법적·공식적인 제약이 민간기업에 비해 크고 이익집단의 영향력과 헌법으로부터의 인준과 같은 정치적 영향력이 높다.

나. 조직과 환경의 상호작용 측면

공기업은 정부로부터의 압력과 법적 허가로 인해 민간기업보다 더 많은 의무적인 활동을 한다. 또한, 공익을 우선시하고 민간기업에 비해 정부 관료로부터의 많은 감사를 받기 때문에 정부관료의 공평하고 정직한 활동에 대한 기대가 높다.

다. 내부구조와 절차에서의 차이점

공기업은 민간기업보다 복잡한 기준을 갖고 있고, 관리자는 의사결정에 대한 권한이 적다. 최고경영층은 정치적인 역할을 우선시하고 선거나 정치적 임명으로 인해 빈번히 교체된다. 개별 조직원들의 성과에 대한 인센티브를 계산하여 보상하기가 어렵다는 측면도 있다.

따라서 공공 부분 조직의 특성상 공무원들의 경우 순환보직제가 일반적인 현 상황이다. 어느 한 공무원이 어떤 한 직무에 전문성이 보장될 수 있는 최소한의 기간 내에 근무하면서 전문성을 확보하는 것이 콜 센터 업무의 전문성을 확보할 수 있는 중요한 요소이다.

그러나 현 근무원칙은 연속성을 확보하기 어려운 것이 명확한 상황이다. 또한 현 콜 센터 업무는 인바운드에 국한되어서 업무를 수행하고 있지만, 앞으로 텔레마케팅과 같은 아웃바운드 업무까지 그 영역을 넓혀간다면 현재보다도 더 높은 수준의 전문성을 필요로 할 것이기 때문에 업무의 연속성을 보장하기가 어려운 실정이다. 따라서 업무의 연속성 문제로 인하여 콜 센터의 아웃소싱에 대한 요구 사항은 더 높다고 할 수 있다.

(4) 전문자원 확보 가능성

가. 자원기반이론

자원기반이론은 아웃소싱의 경쟁우위 차원과 관련이 있는데, 자원은 기업에 투입되는 광범위한 투입을 의미한다.[8] 이 이론은 자원을 경쟁우위의 주요 원천이 되는 기업의 역량으로 본다. 이것은 경쟁우위 중 우위의 두 가지 주요 원천인 우수한 기능과 우수한 관련이 있다. 경쟁우위는 자원 이질성과 자원 고정성의 상황에서만 발생할 수 있으며, 자원이 경쟁우위 유지에 공헌하기 위해서는 가치, 희소성, 불완전한 모방성, 비대체성의 네 가지 속성을 지녀야 하는데, 이러한 요건이 충족되는 경우 기업자원은 경쟁우위 유지의 원천이 될 수 있다.[9]

아웃소싱과 관련하여 자원기반이론은 정보시스템 자원과 능력을 함께 검토하는 틀을 제공해 주는데, 아웃소싱은 전략관리상 전문자원과 전문능력 간의 갭(gap) 보충이며, 아웃소싱을 통한 자원과 능력의 갭 보충은 기업의 전략적 기회확대 및 경쟁우위 지위의 유지·확대를 위한 자원과 능력의 증대를 의미한다.

나. 자원의존이론

자원의존이론은 자원기반이론과 같이 가치 있는 자원을 보유하고 획득하는 것이 기업의 경쟁우위에 얼마나 공헌하는지를 설명하고자 하는 이론이나,[10] 자원과 능력에 대해 기업의 내부분석을 강조하는 자원기반이론과는 달리 기업의 외부환경에 초점을 두면서 정도의 차이는 있지만 모든 기업은 경쟁우위를 획득하기 위해 생산과정에 투입되는 자원의 조달을 다른 조직에 의존한다.

---

8) J. Barney, "Firm Resource and Sustained Competitive Advantage," *Journal of Management*, 1991, pp.99~120.

9) M. J. Cheon, V. Grover, and J. T. C. Teng, "Theoretical Perspectives on the Outsourcing of Information Systems," *Journal fo Information Technology*, 1995, pp. 211~212.

10) J. T. C. Teng, M. J. Cheon, and Grover, V., "Decision to Outsource Information Systems Functions," *Decision Science*, Vol. 26, No. 1, 1995, pp. 75~103.

조직의 생존은 희소가치가 있는 자원을 외부환경으로부터 안정적이고, 저원가로 획득할 수 있느냐에 의존하는데, 이 이론은 전략적 가치가 있는 자원의 안정적 획득을 위해서는 외부환경의 적절한 관리와 안정적 관계유지 등의 생존전략이 필요하다는 것을 강조한다. 이러한 전략은 과업환경에 의존하며, 환경에서 강한 단위와는 제휴를 맺거나 아웃소싱하고, 약한 단위에 대해서는 강한 통제를 행하는 것과 관련 있다.

아웃소싱과 관련하여 자원의존이론은 아웃소싱을 조직에 필요한 희소하고 가치있는 외부 정보시스템 자원을 획득하는 수단으로 보며, 내부 능력상의 갭이 발생하는 경우 정보시스템 자원을 외부환경으로부터 안전하게 조달하고자 하는 기업전략상의 성향을 설명하는 데 도움을 준다.

조직은 내부적 정보시스템 자원 조달이 불가능할 경우 부득이하게 외부서비스 제공회사로부터 조달할 수밖에 없는데, 정보시스템 자원의 외부조달은 정보시스템 자원에 대한 통제력 상실과 외부 서비스 제공회사에 대한 의존증대 등의 역효과를 초래하게 된다. 이러한 역효과를 최소화하기 위해 기업은 외부 전문서비스 제공회사 모니터·전략적 관계구축 등을 통해 외부 서비스 제공 회사에 대한 힘을 증대시키거나, 아니면 전략적 정보시스템 자원의 효율적 공급을 위한 집권화된 조직계층구조관리를 구축하게 된다.[11] 이 이론 역시 정보시스템 아웃소싱을 자원기반이론과 같이 기업 내부자원의 전문성 보유 성과가 기대에 미치지 못할 경우 이러한 갭을 메울 수 있는 하나의 전략으로 본다.

(5) 경제적 효율성과 서비스 개선

공공 부분 아웃소싱 추진 과정에서 범하기 쉬운 오류 중에 하나가 비용절감에 대한 잘못된 인식으로 아웃소싱을 기피하고 있다는 점이다. 아웃소싱의 목

---

11) M. H. Lee, "Factors Affecting Information Systems Sourcing Decisions: Data Processing Services in the Banking Industry," *Doctoral Dissertation*, The University of Texas At Arlington, December 1994.

적 가운데 일반적으로 비용절감을 들고 있지만 특정 공공기관의 경우 아웃소싱을 한다고 해서 비용절감이 이루어지지 않기 때문에 아웃소싱을 할 수 없다는 논리를 전개한다. 그러나 앞에서도 강조했듯이 비용절감은 아웃소싱의 직접적인 목표가 아니며 관련 담당자들도 비용절감을 위해서 아웃소싱을 하고 있다고는 생각하지 않는다.

따라서 비용절감이 되지 않기 때문에 아웃소싱을 할 수 없다는 잘못된 이해는 불식되어져야 한다. 또한 일반적으로 아웃소싱을 통한 비용절감은 시간이 흐르면서 서서히 나타나는 경향이 있으며, 단기적으로는 오히려 비용이 증가할 수도 있다는 점을 알아야 한다. 따라서 비용절감만을 목표로 하여 아웃소싱을 추진하면 실패할 가능성이 높다.

실제로 현재의 공공기관 정보시스템 아웃소싱이, 비용절감이 1차적인 목적으로 하는 경우는 극히 낮은 비율(4.2%)에 불과하다는 1998년도 공공 부분 정보자원 조사결과를 보더라도 비용절감만을 고려하는 추진전략은 수정되어야 함을 알 수 있다.

구체적으로는 최근 공공 구조개혁과 비용절감을 목표로 공공 부분에서 정보시스템 아웃소싱을 시도한 바 있으나, 개혁과 비용절감은 아웃소싱의 단기적인 성과로서 쉽게 찾아올 수 있는 열매가 아니라는 사실을 경험하였다. 이러한 점에서도 구조조정과 비용절감보다는 성과 및 서비스 개선과 경쟁력 강화를 위한 핵심적인 전략적 수단으로서 아웃소싱의 본질을 이해하고 추진하는 것이 바람직하다. 따라서 아웃소싱의 목적이 비용절감보다는 민간자원을 활용한 공공서비스의 질 및 정부 생산성의 향상에 맞추어져야 한다. 비용을 절감한다는 투입 측면보다는 서비스 혁신과 같은 산출 측면에서 접근해야만 바람직한 성과를 거둘 수 있을 것이다. 또한 마찬가지 맥락에서 공공 부분 아웃소싱이 비용절감과 함께 공공 부분의 구조조정을 위한 수단으로만 이루어질 경우에도 문제라고 할 수 있다. 인력을 줄이기 위한 방편으로 아웃소싱을 활용하는 것은 근본적인 출발점에서 오류를 범할 수 있다.

15.4 텔레마케팅(TeleMarketing)과 아웃소싱[12]

텔레마케팅 아웃소싱은 물건이나 서비스를 통신수단을 이용하여 단순히 판매하는 것뿐만 아니라 매출증대, 판매비용의 절감, 신규고객의 발굴, 휴면고객을 발굴하여 반복구매의 추진, 애프터서비스의 제공, 판매원의 방문약속, 주문접수, 대금회수, 고객정보수집, 정보의 제공, 예약 및 회원권의 갱신, 시장조사, 데이터베이스의 구축 등을 하는 것을 말한다. 텔레마케팅 아웃소싱의 필요성은 다음과 같다.

① 텔레마케팅에 필요한 콜 센터가 없거나 콜 센터가 있다 하더라도 비용과 기술 면에서 우수한 전문 콜 센터에 마케팅 업무를 위탁하는 것을 말한다.
② 콜 센터를 직접 운영할 때보다 평균 20~25% 정도의 운영비 절감이 가능하다. 콜 센터 구축비용을 제외하고 각 업체가 직접 콜 센터를 유지 및 관리하는 비용만을 산술적으로 계산하면 25% 정조의 비용절감효과를 기대할 수 있다. 직접 콜 센터 운영시를 100으로 잡으면 외부에 콜 센터를 위탁하면 75 정도면 동일한 효과를 올릴 수 있다.
③ 텔레마케팅 아웃소싱을 실시하는 것은 자체적으로 인소싱하는 것보다 외부에 아웃소싱하는 것이 비용과 마케팅 효과 면에서 낮거나, 텔레마케터에 대한 교육이 힘들고 콜 센터 요소인 장소와 장비 인원에 대한 투자가 어려울 경우 외부에 위탁하는 것을 말한다.
④ 콜 센터 전문업체의 경우 상담원을 자체 프로그램하는 교육시설을 갖추고 있어 전문 상담원을 통해 양질의 서비스가 가능한 점을 꼽는다. 또 전문업체는 사설교환기, 자동응답기(ARS), 음성 및 팩스 처리 시스템 등 콜 센터에서 필요한 장비를 모두 갖추고 있어 아웃소싱을 할 경우 업그레이드에 따른 별도의 비용이 들지 않는다.

---

12) http://www.hubiz.net/outsourcing.asp

⑤ 거래업체의 확장으로 업무가 폭주하여 자체 내에서 소화할 수 있는 일의 양을 넘었고 특정 상품이나 계절적 요소에 민감한 상품을 판매시 텔레마케팅 업무가 지속되지 않고 한시적으로 이루어질 때 외부에 위탁한다.

⑥ 광고 등 홍보의 효과로 단기간 특정일에 집중적으로 인원배치가 필요한 경우와 텔레마케팅에 대한 경험과 노하우가 부족한 경우 전문 콜 센터에 업무를 의뢰한다.

⑦ 기업체의 자금 사정으로 인하여 콜 센터를 자체 운영할 만한 능력이 되지 않고 또한 콜 센터는 갖추어져 있다고 하더라도 운영할 수 있는 자체 솔루션이 없는 경우 콜 센터와 솔루션이 갖추어진 전문업체에 업무를 위탁한다.

1. 농심NDS, '근로복지공단 정보시스템 유지보수 위탁사업' 수주

농심NDS(대표 김중원)는 근로복지공단 정보시스템 유지보수 위탁사업을 수주했다고 10일 밝혔다.

근로복지공단은 산재, 의료, 복지 등 다양한 분야의 정보시스템을 구축해 서비스를 해왔으며, 체계적인 IT아웃소싱으로 IT자원 관리체제와 긴급 장애복 구체계를 확보해 안정적인 대국민 서비스 제공을 목적으로 이 사업을 추진 했다.

이번 사업은 공단본부와 6개 지역본부 등 전국 79개소에 설치돼 있는 각종 HW 및 상용 SW 등 다양한 정보시스템의 유기적인 운영과 유지관리를 위한 통합유지보수 사업이다.

농심NDS는 이번 사업에서 정보시스템 유지보수와 사업관리 및 품질관리 등을 수행하게 된다. 특히 ITIL 기반 ITSM 체계 정립과 서비스 수준 고도화 및 평가지표 개선에 주안점을 두고 사업을 수행할 계획이다.

김중원 농심NDS 대표는 "다수의 공공기관 유지보수 경험과 기술력을 축적 한 농심NDS의 노하우가 결실을 맺었다"고 말했다.

심화영, 농심NDS, '근로복지공단 정보시스템 유지보수 위탁사업' 수주, 디지털 타임스, 2014.06.10.
http://www.dt.co.kr/contents.html?article_no=2014061002019960727003

2. SK C&C. 1296억원 규모 산은 IT 아웃소싱 수주

솔루션업체 SK C&C가 올해 금융권 최대 정보기술(IT) 아웃소싱 사업으로 꼽혀온 KDB산업은행의 정보기술 위탁처리 사업을 1,296억 원에 수주했다고 21일 밝혔다.

이에 따라 SK C&C는 앞으로 5년간 KDB산업은행의 전자금융·정보분석·경영관리스템을 포함한 은행 정보시스템의 전반적인 운영을 맡는다. SK C&C는 이번 사업에서 자사 IT 아웃소싱 기술력과 서비스를 유기적으로 결합한 자체 운영관리 시스템(TOMSOL)을 바탕으로 주요 시스템 점검을 자동화하고 관리 대상 서비스·운영조직·운영자별 운영 수준에 대한 실시간 평가 진단을 통해 선제적인 장애를 예방해 나갈 것이라고 밝혔다.

SK C&C는 KDB산업은행의 기존 IT 협력업체와 공조를 강화하는 한편 SK C&C의 주요 IT 아웃소싱 서비스 기술력에 대한 전수를 통해 안전한 은행 시스템 운영환경을 조성할 계획이다.

이기열 SK C&C 전략사업부문장은 "IT 아웃소싱을 바탕으로 KDB산업은행이 대외 금융 산업 변화에 능동적으로 대응하며 금융 비즈니스 혁신을 안정적으로 가져갈 수 있도록 노력할 것"이라며 "아시아를 대표하는 선도 은행으로서의 명성에 걸맞은 대표적인 금융 IT 아웃소싱 서비스 모델을 확립할 수 있도록 전략 IT 파트너로서의 역할을 충실히 수행할 것"이라고 말했다.

SK C&C는 KB국민은행, 수출입은행, 한국정책금융공사, 메트라이프생명, 한국증권금융, 한국투자증권, KAI(한국항공우주산업), 쌍용자동차, 팬택, EBS, LH공사 등 공공과 금융 제조·서비스 등 주요 산업에 IT 아웃소싱 서비스를 제공하고 있다.

손봉석, SK C&C, 1296억원 규모 산은 IT 아웃소싱 수주, 경향 비즈ⓝ라이프, 2013.11.21.
http://bizn.khan.co.kr/khan_art_view.html?artid=201311211914201&code=930100&med=khan

3. 이노릭스. 티에이케이정보시스템과 파트너십 체결

기업용 파일전송 솔루션 전문기업 이노릭스(대표 권홍열)가 IT 관련 아웃소싱 및 컨설팅 등의 서비스 제공을 전문으로 하고 있는 티에이케이정보시스템(대표 곽우식)과 파트너 계약을 체결했다고 밝혔다.

티에이케이정보시스템은 시스템 개발 및 유지보수와 전사적 자원관리 등의 SI 업무는 물론 정보시스템 운영 서비스와 네트워크, 데이터센터 서비스 등의 아웃소싱, 네트워크 측정부터 관리까지 제공하는 IT 컨설팅 서비스 등을 수행하고 있다.

티에이케이정보시스템의 다양한 서비스는 도레이첨단소재의 FTA 원산지인증과 임원정보, 모바일 그룹웨어 등의 시스템 구축에 적용된 바 있고, 이 외에도 마포구와 인천공항, LG CNS, 맥스무비, 새한프라텍, SK플래닛, SK하이닉스 등 국내 유수의 기업 및 공공기관에서 도입되면서 기술력을 인정 받아오고 있다.

티에이케이정보시스템은 이노릭스와의 파트너 계약을 통해 SI 업무나 전사적 자원관리, 네트워크 통합 등에 있어 방대한 데이터를 효율적으로 전송할 수 있게 돼 이를 통해 보다 안정적이고 효율적인 서비스를 제공할 것으로 기대된다.

이노릭스 권홍열 대표는 "티에이케이정보시스템의 우수한 기술력에 파일전송 전문 기술을 가미돼 더욱 발전된 서비스를 제공하길 기대한다"고 말했다.

강석오, 이노릭스, 티에이케이정보시스템과 파트너십 체결, DATANET, 2014.06.13.
http://www.datanet.co.kr/news/articleView.html?idxno=72967

저자소개

김승욱

　연세대학교 경영연구소에서 선임연구요원으로 근무하였으며 삼일회계법인(PWC: Price Waterhouse Coopers)와 안진회계법인(Deloitte Korea)에서는 경영컨설턴트로서 글로벌 기업들의 다양한 경영 현안에 대한 경영컨설팅을 수행하였다. 글로벌 소프트웨어 및 솔루션 기업인 SAP Korea에서는 Digital Business Service에 대한 정보시스템 구축 업무를 수행하였다.

　현재 평택대학교 경영학과 교수로 재직 중에 있으며 빅데이터 분석 및 활용을 통한 고객관계관리 및 디지털 비즈니스와 관련된 연구 분야에 관심이 있다. 또한 전통시장 특화육성 사업, 글로벌 스타트업 지원, 스마트 시티 추진, 지역 문화향유 격차 해소 등과 관련된 연구 및 자문활동을 수행하고 있다.

　최근에는 State University of New York(SUNY) Korea, Stony Brook University에서 Visiting Professor(방문 교수)로 연구활동을 수행하였으며 주요 저서로는 고객관계관리(2019), 디자인씽킹과 서비스경영(2019), 경영학원론(2018), 디지털 콘텐츠 비즈니스(2018) 등이 있다.

제2판
인공지능시대의
경영정보시스템

제2판 발행	2020년 3월 15일
중판 발행	2023년 1월 30일
지은이	김승욱
펴낸이	안종만 · 안상준
편 집	우석진
기획/마케팅	김한유
표지디자인	박현정
제 작	우인도 · 고철민
펴낸곳	(주) 박영사
	서울특별시 종로구 새문안로3길 36, 1601
	등록 1959. 3. 11. 제300-1959-1호(倫)
전 화	02)733-6771
f a x	02)736-4818
e-mail	pys@pybook.co.kr
homepage	www.pybook.co.kr
ISBN	979-11-303-0865-4 93320

copyright©김승욱, 2020, Printed in Korea

* 잘못된 책은 바꿔드립니다. 본서의 무단복제행위를 금합니다.
* 저자와 협의하여 인지첩부를 생략합니다.

정 가 28,000원